无线传感器网络目标定位跟踪技术与应用

刘　美　刘桂雄　张晓平　编著

科 学 出 版 社

北　京

内 容 简 介

本书主要论述基于无线传感器网络的目标定位与跟踪的理论、技术与方法，主要内容包括局部回归建模、节点预测唤醒、快速建模定位方法基于支持向量回归建模定位理论和包括节点任务分配、数据融合、图模型建模的无线传感器网络目标跟踪理论、算法与应用。

本书既可作为无线传感器网络领域的研究人员及广大对无线传感器网络感兴趣的工程技术人员的参考用书，也可作为高等院校网络、通信、计算机、电子和自动化等专业本科和研究生的学习参考教材。

图书在版编目（CIP）数据

无线传感器网络目标定位跟踪技术与应用/刘美，刘桂雄，张晓平编著. —北京：科学出版社，2017.7

ISBN 978-7-03-053094-3

Ⅰ. ①无… Ⅱ. ①刘… ②刘… ③张… Ⅲ. ①无线电通信–传感器–定位跟踪–研究 Ⅳ. ①TP212

中国版本图书馆 CIP 数据核字（2017）第 125422 号

责任编辑：郭勇斌 彭婧煜 / 责任校对：贾伟娟
责任印制：张 伟 / 封面设计：蔡美宇

科 学 出 版 社 出版
北京东黄城根北街 16 号
邮政编码：100717
http://www.sciencep.com

北京中石油彩色印刷有限责任公司 印刷
科学出版社发行 各地新华书店经销
*
2017 年 7 月第 一 版 开本：787×1092 1/16
2019 年 2 月第四次印刷 印张：9 1/2
字数：218 000

定价：58.00 元

（如有印装质量问题，我社负责调换）

前　言

目标定位与跟踪是无线传感器网络（wireless sensor networks，WSN）的重要应用之一，实现高效可靠的节点定位对事件观测、目标跟踪及提高路由效率等方面具有重要的实际价值。

本书重点研究基于 WSN 的目标定位与跟踪的理论、技术与方法。第 1 章介绍基于 WSN 目标定位与跟踪概述；第 2 章介绍最小二乘支持向量机（least square support vector regression，LSSVR）回归建模 WSN 目标定位的数学基础及特性；第 3 章介绍基于 LSSVR 局部建模的 WSN 目标定位方法；第 4 章介绍 LSSVR 建模目标定位的 WSN 节点唤醒机制；第 5 章介绍 WSN 目标定位 LSSVR 快速建模定位与通信机制；第 6 章介绍 WSN-MTT 节点任务分配；第 7 章介绍 WSN 网内监测数据融合；第 8 章介绍 WSN 多目标定位跟踪方法。

本书是作者从事 WSN 定位跟踪应用理论与方法研究的成果总结。第 1 章由刘美教授、刘桂雄教授、张晓平博士执笔，第 2～5 章由刘桂雄教授、张晓平博士执笔，第 6～8 章由刘美教授、刘桂雄教授执笔。徐小玲等多位老师也参与了部分章节的编辑整理。全书在刘桂雄教授指导下由刘美教授统稿。

本书得到了广东省高等学校高层次人才项目（粤教师函[2012]118 号、粤财教[2013]246 号）、广东省高等学校学科与专业建设专项资金科研类项目（2013KJCX0133）的资助，在此表示衷心的感谢！

由于作者水平有限，书中难免有不足之处，恳请专家、读者批评指正。

作　者

2016 年 12 月

目　录

第 1 章　WSN 目标定位与跟踪概述

1.1　WSN 概述

信息的生成、获取、存储、传输、处理及应用是现代信息科学的六大组成部分，其中信息的获取是信息技术产业链上重要的环节之一。随着现代微电子技术、微机电系统、片上系统、纳米材料、无线通信技术、信号处理技术、计算机网络技术等的进步及互联网的迅猛发展，传统的传感器信息获取技术从独立的单一化模式向集成化、微型化、智能化、网络化方向发展，成为信息获取最重要和最基本的技术之一。

无线传感器网络（wireless sensor networks，WSN）是微电子机械系统、计算机、通信和自动控制等学科飞速发展所孕育的一种新型的测控网络，通过各类微传感器协作地实时感知监测网络分布区域内的各种环境或监测对象的信息，以自组多跳的网络方式传送到用户终端，实现物理世界、计算世界及人类社会三元世界的连通，在国防军事、环境监测、城市管理、抢险救灾等许多领域具有广阔的应用前景和应用价值[1-3]。

传感器网络系统通常包括传感器节点（sensor node）、汇聚节点（sink node）和管理节点。大量传感器节点随机部署在监测区域（sensor field）内部或附近，能够通过自组织方式构成网络。传感器节点监测的数据沿着其他传感器节点逐跳地进行传输，在传输过程中监测数据可能被多个节点处理，经过多跳后路由到汇聚节点，最后通过互联网或卫星到达管理节点。用户通过管理节点对传感器网络进行配置和管理，发布监测任务及收集监测数据。

位置信息是传感器节点采集数据中不可缺少的一部分，传感器节点必须明确自身位置才能详细说明在什么位置或区域发生了什么样的特定事件，才能作出进一步的措施和决策。节点位置信息除了用来报告事件发生的地点外，还具有目标跟踪（如实时监视目标的行动路线，预测目标的前进轨迹）、辅助路由（如直接利用节点位置信息进行数据传递的地理路由协议，避免信息在整个网络中的扩散，实现网络的负载均衡及网络拓扑的自配置）、网络管理（如利用传感器节点传回的位置信息构建网络拓扑图，向部署者报告网络的覆盖质量，对节点密度低的区域及时采取必要的措施）等用途。因此，实现高效可靠的节点定位在事件观测、目标跟踪及提高路由效率等方面具有重要的实际价值。

因此，目标定位是 WSN 的重要应用之一，具有其他诸如 GPS 所不具备的特点：①布置方法灵活，WSN 目标定位对固定基础支持设施要求较低，可通过飞行器抛洒或人工方式在广阔环境中灵活布置；②体积小、低成本、低能耗，WSN 节点成本低廉、体积小，为进行大规模的布置、获取丰富信息和在复杂环境下隐蔽性长久生存提供了可能；③自组织与鲁棒性能好，WSN 具有良好的自组织和鲁棒性能，易于实现 WSN 分布式智能计算。WSN 的这些特点使它在国防军事、环境监测、智能交通、安全监控等方面体现出重要的应用价值。

目标跟踪（target tracking，TT）是 WSN 的另一重要应用。与传统的目标跟踪系统相比，基于 WSN 的目标跟踪系统具有如下特点：①传感器节点很小，可以近距离或直接置于监视环境中，不易被监视目标发现；②WSN 可以快速部署、自组织、自配置，可以根据特定的监视任务进行组网和任务分工，目标跟踪更加灵活可靠；③在一些不能手工配置监控设备的区域，如受污染区域、面积广阔的原始森林、敌方战场等，难以使用传统的目标跟踪设备和方法，WSN 是最佳的选择。以上这些特点使得 WSN 非常适合于地面复杂环境和特殊应用场合中的目标跟踪应用，拓展了传统目标跟踪系统的应用范围[4, 5]。

1.2 WSN 目标定位概述

1.2.1 WSN 目标定位基本过程

WSN 目标定位的基本工作原理是利用有效的数学工具融合某探测时刻各节点探测信息，估计出该时刻的目标位置，结合节点协同机制，完成目标移动下的连续定位。根据各环节作用的时间先后，WSN 移动目标定位过程（以下简称目标定位）可分为目标探测（target detection，TD）[6]、定位计算（localization calculation，LC）[7]、目标预测（target prediction，TP）[8]、节点唤醒（node awaken，NA）[9]等基本环节。

1. 目标探测环节

目标探测环节为目标定位过程的第一个环节，它是指目标进入节点测量区域后，节点测量目标信号的过程。在目标探测过程中，参与探测目标的节点都为探测节点（detection node，DN）[10]。其中，能测量到目标信号的有效探测节点为测量节点（measuring node，MN）[11]；负责汇聚、处理测量数据的探测节点为簇头节点（head node，HN）[12]，目标进入网络区域，距离目标较近的探测节点先作为簇头节点。簇头节点发送信息通告周围探测节点组成节点簇，协同探测目标。测量节点将记录有节点标识号、测量数据和测量时间等信息的数据包发送到簇头节点。

2. 定位计算环节

定位计算环节为目标定位过程的第二个环节，它是指簇头节点根据测量节点数据估计目标坐标值的计算过程。测量数据根据传感器节点的不同分为非双元（non-binary data，ND，信号强度值、到达时间、到达角度等）[13]和双元（binary data，BD，利用“1”或“0”表示）[14]两种测量数据类型。簇头节点收集到各个测量节点某一时刻的数据后，通过合理的定位算法融合估计出该时刻的目标坐标值。在定位计算环节中，定位融合估计算法（fusion estimation algorithm for localization，FEAL）是非常重要的。

3. 目标预测环节

目标预测环节为目标定位过程的第三个环节，它是指为了保证定位过程的连续性，估计下一时刻目标即将到达何处的预测过程。WSN 目标定位过程通常仅利用部分网络节点组成节点簇，不用于构成节点簇的节点则处于低功耗的休眠状态。目标的移动会使节点簇发生变化，通过目标预测环节预测目标位置，可实时更新节点簇。

4. 节点唤醒环节

节点唤醒环节为目标定位过程的第四个环节，它是指簇头节点通过发送信息控制其他节点的工作状态（唤醒或休眠节点），实现节点簇的更新。当目标预测位置与节点簇测量区域相对位置关系满足设定条件时，簇头节点唤醒目标预测位置附近节点成为新的探测节点，并休眠原有探测节点。在新的探测节点中重新选择簇头节点，这些节点构成新节点簇负责下一时刻的目标定位。

图 1-1 为 WSN 移动目标定位流程图。节点发现目标并构建初始节点簇后，WSN 移动目标定位实际就是目标探测、定位计算、目标预测和节点唤醒（满足节点簇更新条件下）的交替循环过程。

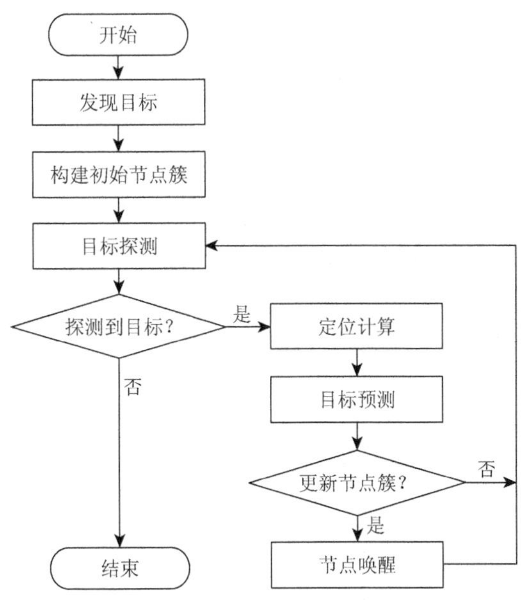

图 1-1　WSN 移动目标定位流程图

1.2.2　WSN 目标定位方法

根据测距、非测距及信息处理手段的不同，WSN 目标定位方法可分成非测距极大似然估计（non-distance measurement maximum likelihood estimation，NDM-MLE）定位方法、非测距覆盖关系（non-distance measurement covering based localization，NDM-CL）定位方法、非测距模式匹配（non-distance measurement pattern matching，NDM-PM）定位方法、基于测距（distance measurement based localization method，DM-LM）定位方法。

1. 非测距极大似然估计定位方法

非测距极大似然估计定位方法的原理是基于无线信道统计模型所构造的表征目标坐标概率密度的似然函数，根据目标信号强度测量值，求解最大似然函数值下的目标坐标，完成目标定位。该方法直接利用节点通信模块测量目标信号强度，减少了节点成本、功耗和体积，有助于进行大规模网络部署，具有实施便利、适用环境广的特点。

典型的极大似然估计（maximum likelihood estimate，MLE）目标定位方法的似然函数形式为

$$L(\boldsymbol{P}\,|\,\boldsymbol{\theta})=(2\pi)^{-(n/2)}\exp\left\{-\frac{1}{2}(\boldsymbol{P}-\boldsymbol{GD}^{\mathrm{T}})(\boldsymbol{P}-\boldsymbol{GD})\right\} \tag{1-1}$$

式中，$\boldsymbol{\theta}=(A,x_{\mathrm{t}},y_{\mathrm{t}})$ 为由无线信道参数 A 和目标坐标 $(x_{\mathrm{t}},y_{\mathrm{t}})$ 组成的向量；n 为测量节点数量；$\boldsymbol{D}=(\bar{P}_1,\bar{P}_2,\cdots,\bar{P}_n)^{\mathrm{T}}$ 为由第 i 个节点平均信号强度 $\bar{P}_i$ 组成的向量；$\boldsymbol{P}=\left(\dfrac{P_1-\mu_1}{\sigma_1},\dfrac{P_2-\mu_2}{\sigma_2},\cdots,\dfrac{P_N-\mu_N}{\sigma_N}\right)$ 为利用信号强度测量值 P_i $(P_i=\bar{P}_i+\xi_i)$、测量噪声 ξ_i 的均值 μ_i、标准差 σ_i 构造的向量；$\boldsymbol{G}=\mathrm{diag}\left(\dfrac{1}{\sigma_1},\dfrac{1}{\sigma_2},\cdots,\dfrac{1}{\sigma_N}\right)$。

然而，复杂环境因素通常使信道模型参数 A 发生改变或信道不稳定传输，这将直接影响 MLE 目标定位效果。为此，国内外许多专家、学者提出匹配信道建模理论、对测量数据预处理的方法来克服这些因素对 MLE 目标定位准确度的影响。

日本大阪大学的 Zemek 等[15]充分考虑环境因素的影响，通过似然函数优化求解，同时估计目标坐标值和信道模型参数，实现了无线信道自适应建模。构造出包括信道参数和目标坐标信息的似然函数：

$$L(\boldsymbol{P}\,|\,\boldsymbol{d},A,n_{\mathrm{r}})=\prod_{i=1}^{n}\prod_{j=1}^{m}p(P_{ij}\,|\,d_i,A,n_{\mathrm{r}}) \tag{1-2}$$

式中，A、n_{r} 为信道模型参数；d_i 为目标到第 i 个节点的距离；P_{ij} 为第 i 个节点的第 j 个测量值；n、m 分别为测量节点数和测量次数；$\boldsymbol{P}$、$\boldsymbol{d}$ 分别为由节点测量值 P_{ij}、目标距离值 d_i 组成的向量。通过求解式（1-2）可以得到目标坐标值 $(x_{\mathrm{t}},y_{\mathrm{t}})$ 和信道模型参数 A，实验测得走廊内目标定位平均误差值为 2.24 m。美国锡拉丘兹大学的 Ozdemir 等[16]将无线信道缺陷作为构造极大似然函数的考量因素，根据不同解码类型的比特错误率等信道统计量构造似然函数，使信道模型更切合于实际，形成了考虑无线信道缺陷的信道自觉 MLE 目标定位方法。图 1-2 为硬解码双元信道模型。图中，q_0 和 q_1 分别为测量节点发送双元数据 0 或 1 到簇头节点的比特错误率。若测量节点 S_i $(i=1,2,\cdots,n)$ 的测量值被量化为整形数据 $m_i\in[0,L-1]$，利用比特错误率 q_0 和 q_1 可以求出簇头节点接收值等于 $\tilde{m}_i$ 的条件概率 $p(\tilde{m}_i\,|\,m_i)$，由此构造的极大似然函数为

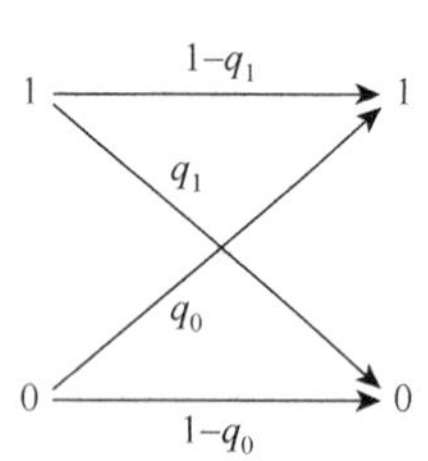

图 1-2　硬解码双元信道模型

$$L(\boldsymbol{P}\,|\,\boldsymbol{\theta})=\prod_{i=1}^{n}\left[\sum_{m_i=0}^{l-1}p(\tilde{m}_i\,|\,m_i)p(m_i\,|\,\boldsymbol{\theta})\right] \tag{1-3}$$

式中，$\boldsymbol{P}$ 为簇头节点接收测量数据 $\tilde{m}_i$ 组成的向量。采用 400 个节点进行目标定位实验，当双元信道比特错误率 $q_0=q_1=0.1$ 时，定位误差约为 5.5 m。

对测量数据进行预处理也是提高 MLE 准确度的方法之一。例如，美国锡拉丘兹大学

的 Niu 等提出基于多个时间帧的平均测量数据、减小测量噪声的 MLE 目标定位方法。但该方法在目标移动较快时，难以获取同一目标位置的多个测量值。日本大阪市立大学的 Anzai 和 Hara 等[17]通过迭代计算依次挑选出产生异常测量数据的节点，形成一种能够滤除异常测量数据的 MLE 目标定位方法。该方法将节点到目标定位位置距离与节点到目标测量距离差值最大的节点作为新增异常数据节点。令 k 个异常数据节点权重为 0，$n-k$ 个非异常数据节点权重为 1，并最大化下面的加权极大似然函数：

$$L_{\mathrm{w}}(\theta_{\mathrm{L}k})=\sum_{i=1}^{n}\sum_{j=1}^{m}w_i\log p(P_{ij}\,|\,\theta_{\mathrm{L}k}) \tag{1-4}$$

式中，w_i 为节点 S_i 的权重；P_{ij} 为节点 S_i 第 j 次测量值；$\theta_{\mathrm{L}k}=(\hat{x}_{\mathrm{T}k},\hat{y}_{\mathrm{T}k})$ 为目标估计坐标值。在非异常数据节点平均似然概率 ρ_k 满足 $\rho_k-\rho_{k-1}>0$ 的条件下，根据目标估计坐标 $\theta_{\mathrm{L}k}$ 挑选新的异常数据节点。

以上 MLE 目标定位方法通过基于无线信道特点构造似然函数、预处理节点测量数据等手段，增强了定位方法在复杂环境中的适应性，但也增加了定位求解计算量，一定程度上影响了移动目标定位的实时性。

2. 非测距覆盖关系定位方法

非测距覆盖关系定位方法[18-22]的原理是基于测量到目标信号的双元传感器节点，运用不同的几何方法（如质心法、加权质心法、空间拓扑法等）估计目标位置。该方法具有通信能耗小、计算复杂度低等特点，但仅适合于双元传感器网络。

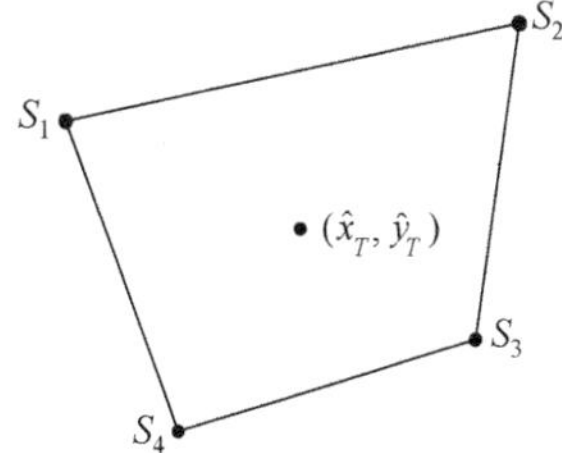

图 1-3　质心法定位原理图

质心法是将所有测量节点位置的质心作为目标估计位置。图 1-3 为质心法定位原理图，若某时刻测量节点为 $S_i(x_i,y_i)$ $(i=1,2,\cdots,n)$，则目标估计坐标为

$$\begin{cases}\hat{x}_{\mathrm{T}}=\sum_{i=1}^{n}x_i\Big/n\\ \hat{y}_{\mathrm{T}}=\sum_{i=1}^{n}y_i\Big/n\end{cases} \tag{1-5}$$

显然，增加测量节点数量、提高分布均匀性有助于提高质心法定位的准确度，但这些方法会受网络资源、地理环境的限制。南京大学的 Yang 等[18]通过自适应调节测量节点密度、分布的节点分簇和唤醒策略的办法，提高了质心法定位性能。加权质心法是对质心法的完善，它根据测量节点对目标定位结果影响力大小确定节点权重，利用权重值修正测量节点质心来估计目标位置[19, 20]。若测量节点 $S_i(x_i,y_i)$ 权重为 w_i，则加权质心法目标估计坐标为

$$\hat{x}_{\mathrm{t}}=w_ix_i\Big/\sum_{i=1}^{n}w_i,\quad \hat{y}_{\mathrm{t}}=w_iy_i\Big/\sum_{i=1}^{n}w_i \tag{1-6}$$

美国路易斯维尔大学的 Liu 等[21]研究基于节点空间拓扑目标定位方法（图 1-4），根据节点拓扑、探测距离将网络区域划分为不同组节点对应多个子区域，把测量节点子区域的几何中心作为目标估计位置。在图 1-4 中，$S_i\,(i=1,2,3,4)$ 为传感器节点，R_{s} 为探测半径。若

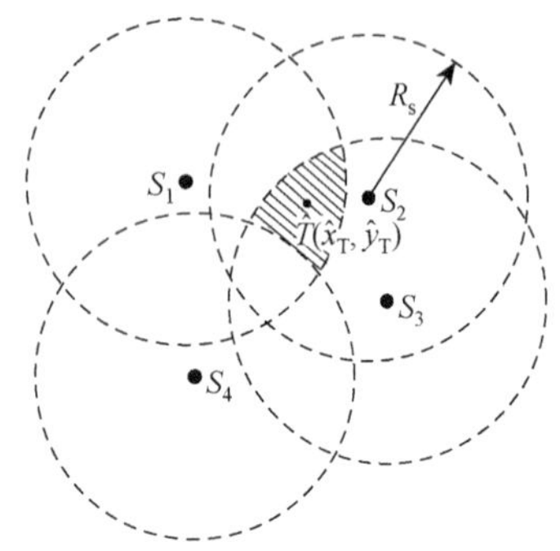

图 1-4　基于节点空间拓扑目标定位示意图

某时刻测量节点为 S_i $(i=1,2,3)$，则目标估计位置为图中阴影区域几何中心 $\hat{T}(\hat{x}_T, \hat{y}_T)$。为克服节点拓扑动态变化对定位的不利影响，中国科学院计算技术研究所的周全等[22]采用求取测量节点最小包含圆圆心的方法来估计目标位置，该方法在非均匀节点拓扑传感器网络中具有较好效果。节点通信半径在 40～200 m 变化时，最小包含圆定位误差为15%～20% 通信半径，质心法定位误差为 17%～22% 通信半径。

以上非测距覆盖关系定位方法降低了定位方法对网络条件的依赖性，但双元测量数据本身携带的目标信息较少，一定程度上影响了定位准确度，因此该方法主要适用于粗粒度目标定位场合。

3. 非测距模式匹配定位方法

非测距模式匹配定位方法[23, 24]基于目标位置与节点测量值对应关系的经验数据库，利用神经网络、最近邻法、模糊逻辑等智能算法匹配估计出目标坐标值。经验数据有不同的形式，它可以将目标定位转化为模式分类问题即确定性非测距模式匹配定位方法，也可以从概率统计、模糊数学角度估计目标位置即非确定性非测距模式匹配定位方法。

加拿大达尔豪西大学的 Al-Hertani 和 Ilow 等基于节点接收信号强度向量类别数据（将目标置于各测量节点处），利用神经网络作为分类器，对待定位目标信号强度向量进行分类，把归属类别的测量节点位置作为目标估计位置[23]。当训练数据信噪比为 10 dB 时，利用人工神经网络进行定位的平均误差约为 1.8 m。文献 [25] 介绍了一种室内定位系统，见图 1-5。图中实心圆为参考位置点，B_i $(i=1,2,3)$为节点。基于参考位置目标的接收信号强度向量经验数据，利用最近邻法，求得目标信号强度向量空间距离最近的经验向量所对应的参考位置。

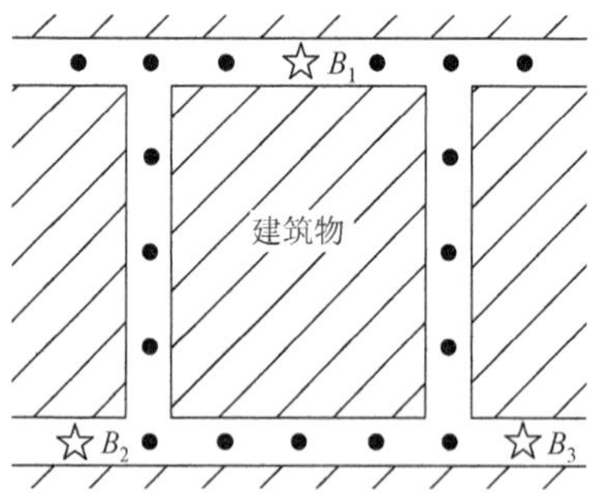

图 1-5　室内定位系统示意图

北京大学的 Wu 等[24]基于节点测量数据构造了信号强度概率密度分布函数，计算待定位目标位置概率进行定位。利用 21 个规则分布节点定位目标，定位误差小于 3 m 时累积概率约为 0.98。根据任意目标和参考位置目标接收信号强度向量的空间距离，构造了模糊逻辑矩阵：

$$\boldsymbol{R}_{D\times L} = (r_{ij})_{N\times N} = (\mu_{\boldsymbol{R}}(a_i, b_j)), \quad i, j = 1, 2, \cdots, N \tag{1-7}$$

式中，μ_R 为隶属度函数；r_{ij} 为模糊逻辑矩阵元素；N 为参考位置数量；a_i 为接收信号强度向量空间距离；b_j 为参考位置坐标。将待定位目标信号强度向量输入模糊逻辑矩阵，获得目标坐标。

以上非测距模式匹配定位方法将智能算法引入定位过程，丰富了目标定位研究手段。但它们将目标定位结果局限在预先选定的参考位置，获取经验数据的工作量相对较大。

4. 基于测距定位方法

基于测距定位方法[26-28]通常是根据节点到目标的距离，利用最小二乘估计（least square estimation，LSE）等方法确定目标位置。该方法计算复杂度较低，测距误差对定位结果影响较大。

美国 Kestrel 研究所的 Anlauff 和 Sunbul 阐述基于三圆共点原理的三边测量目标定位方法，根据节点到目标的实际距离，求解目标距离公式非线性方程组，得到准确的目标坐标[26]。图 1-6 中，$S_i(x_i,y_i)\,(i=1,2,3)$ 为测量节点，$T(x_{\mathrm{T}},y_{\mathrm{T}})$ 为目标，$d_i(i=1,2,3)$ 为测量节点到目标的距离。根据三边测量法求得目标坐标值为

$$\begin{bmatrix} x_{\mathrm{T}} \\ y_{\mathrm{T}} \end{bmatrix}=\frac{1}{2}\begin{bmatrix} x_1-x_3 & y_1-y_3 \\ x_2-x_3 & y_2-y_3 \end{bmatrix}^{-1}\begin{bmatrix} x_1^2-x_3^2+y_1^2-y_3^2+d_3^2-d_1^2 \\ x_1^2-x_3^2+y_2^2-y_3^2+d_3^2-d_2^2 \end{bmatrix} \tag{1-8}$$

采用最小二乘估计可减小测量误差对定位结果的影响。若某时刻测量节点 $S_i(x_i,y_i)$ $(i=1,2,\cdots,n)$ 到目标测量距离为 d_i'，令

$$\boldsymbol{X}=\begin{bmatrix} 2(x_n-x_1) & 2(y_n-y_1) \\ \vdots & \vdots \\ 2(x_n-x_{n-1}) & 2(y_n-y_{n-1}) \end{bmatrix},\quad \boldsymbol{Y}=\begin{bmatrix} -x_1^2-y_1^2+d_1'^2+x_n^2+y_n^2-d_n'^2 \\ \vdots \\ -x_{n-1}^2-y_{n-1}^2+d_{n-1}'^2+x_n^2+y_n^2-d_n'^2 \end{bmatrix},\quad \hat{\boldsymbol{\theta}}_{\mathrm{T}}=\begin{bmatrix} \hat{x}_{\mathrm{T}} \\ \hat{y}_{\mathrm{T}} \end{bmatrix}$$

则目标坐标最小二乘估计值为

$$\hat{\boldsymbol{\theta}}_{\mathrm{T}}=(\boldsymbol{X}^{\mathrm{T}}\boldsymbol{X})^{-1}\boldsymbol{X}^{\mathrm{T}}\boldsymbol{Y} \tag{1-9}$$

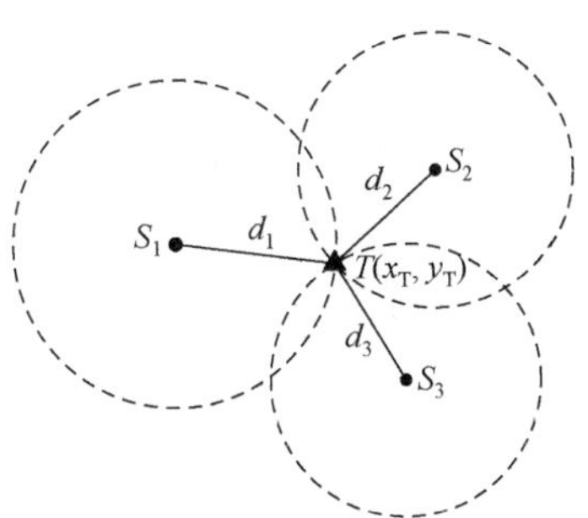

图 1-6　三边测量定位示意图

此外，日本大阪大学的 Ohta 等通过调节测量节点分布区域半径来控制不同密度网络测量节点数量，既提高了测距定位方法准确度，又降低了网络能耗[27]；仿真实验采用 100 个节点定位目标时，得到平均定位误差约为 2.3 m；印度理工学院的 Sadaphal 和 Jain[28]研究了网络密度对测距定位误差的影响特性，理论推导证明了网络密度阈值的存在。

以上基于测距定位方法实现了不同测距条件下的目标定位，通过优化测量节点数量、网络密度等手段，提高定位效果。考虑精确测距技术（超声测距、激光测距）受节点成本、功耗、环境等因素的制约，通过增强定位方法自身抗噪能力来减小测距误差的不利影响，将是提高测距定位性能的重要途径之一。

表 1-1 为 WSN 目标定位方法性能比较表，综合对比目标定位准确度及其性能特点。可以看出：①相比非测距覆盖关系定位方法，非测距极大似然估计定位方法、非测距模式匹配定位方法、基于测距定位方法等基于信号强度探测，信息量较大、实施便利、适用环境广；②增强定位方法自身抗噪能力以减少测量误差的影响，能弥补粗测距技术的不足；③预处理节点数据等方法虽一定程度上减少测量误差，但需考虑降低其计算复杂度的问题。

表 1-1　WSN 目标定位方法性能比较表

定位方法	具体定位方式	定位准确度	性能特点
非测距极大似然估计定位方法	基于自适应的信道建模原理	2.24 m[15]	准确信道建模，环境适应性好，计算量大
	考虑无线信道缺陷的信道自觉定位	5.5 m[16]	考虑信道统计特性，消除信道缺陷影响
非测距覆盖关系定位方法	求取测量节点质心	17%～22%通信半径[29]	通信能耗小，易于实现
	求取测量节点最小包含圆的圆心	15%～20%通信半径[22]	鲁棒性好，定位准确度相对较高
非测距模式匹配定位方法	利用神经网络作分类器	1.8 m[23]	工作量大，预设位置点数量直接影响准确度
	利用目标信号概率密度函数定位目标	≤3 m（累积概率 0.98）[30]	收敛快，预设位置点数量直接影响准确度
基于测距定位方法	基于 RSSI 测距的 LSE 定位	2.3 m[31]	定位结果受测距误差影响大，计算量较小

1.2.3　WSN 目标预测方法

目标预测是 WSN 目标定位过程中非常重要的环节。根据预测建模机理、表达方式的不同，WSN 目标定位预测方法可分为轨迹预测（trajectory based prediction，TP）方法、置信区域预测（confidence region based prediction，CRP）方法、滤波预测（filtering based prediction，FP）方法。

1. 轨迹预测方法

轨迹预测方法是基于目标定位结果，采用一定的拟合方法（如线性拟合、非线性拟合）拟合其运动轨迹，预测目标下一时刻的位置。该方法计算复杂度较低，主要适用于目标运动速度变化不大的定位场合。

若相邻定位时刻目标运动可近似为匀速直线运动，则可采用线性拟合方法估计目标运动速度来预测下一时刻目标坐标值。设 t_{k-1}、t_k 时刻目标定位坐标分别为 $(\hat{x}_{k-1},\hat{y}_{k-1})$、$(\hat{x}_k,\hat{y}_k)$，$\Delta t_{k+1}$ $(\Delta t_{k+1}=t_{k+1}-t_k)$ 为预测时间间隔，则 t_{k+1} 时刻目标预测坐标为

$$x'_{k+1} = \hat{x}_k + \frac{\hat{x}_k - \hat{x}_{k-1}}{t_k - t_{k-1}} \Delta t_{k+1}, \quad y'_{k+1} = \hat{y}_k + \frac{\hat{y}_k - \hat{y}_{k-1}}{t_k - t_{k-1}} \Delta t_{k+1} \tag{1-10}$$

美国伦斯勒理工学院的 Yang 和 Sikdar[32]、路易斯维尔大学的 Liu 等[21]分别将线性拟合预测方法应用于 WSN 目标定位，根据目标预测位置唤醒节点来定位目标。

若目标运动形式主要为曲线运动，则可采用非线性拟合方法拟合多个时刻的目标坐标，得到近似描述目标运动轨迹的非线性函数。通常采用最小二乘法拟合目标坐标，根据 $m+1$ 个时刻的定位坐标可得到 m 次多项式函数：

$$y_{\mathrm{T}} = F(x_{\mathrm{T}}) = a_0 + a_1 x_{\mathrm{T}} + \cdots + a_m x_{\mathrm{T}}^m \tag{1-11}$$

在图 1-7 中，曲线为拟合的目标运动轨迹，$\hat{T}_k\ (k=1,\cdots,6)$ 为目标定位位置。文献[33]通过分段曲线拟合方法来减小拟合误差，将一段时间内的目标运动轨迹分作若干段首尾相接的曲线，根据拟合点参与拟合次数的不同设定相应权重，利用加权最小二乘法求解得到轨迹曲线的分段函数。

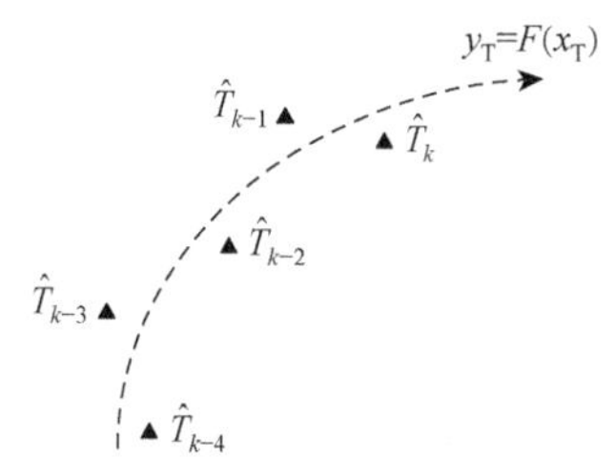

图 1-7　非线性拟合预测示意图

2. 置信区域预测方法

置信区域预测方法基于目标定位坐标，利用贝叶斯估计等方法预测下一时刻目标存在的置信区域（图 1-8）。该方法的预测结果是一个置信区域范围，而不是轨迹预测法的某个位置。在图 1-8 中，曲线为目标运动轨迹，$T_{k-i}\ (i=0,1,\cdots,4)$ 为目标实际位置，$T_{\mathrm{p}k}$ 为目标预测位置，圆为半径等于 R 的置信区域。

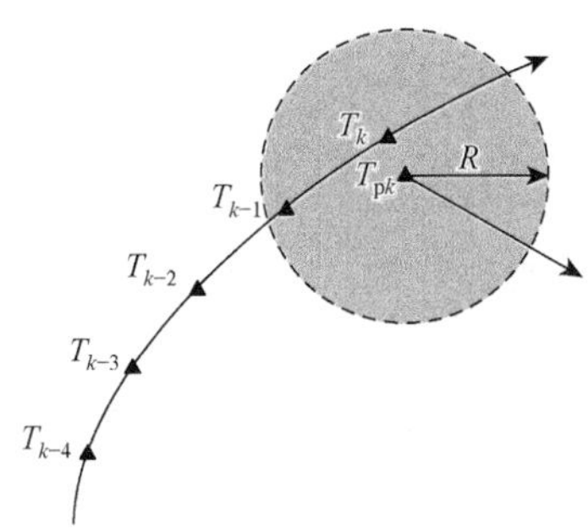

图 1-8　置信区域预测示意图

中国科学技术大学的 Gu 等[34]采用线性拟合等方法首先预测目标位置，然后结合目标运动先验信息，根据贝叶斯定理得到以预测位置为中心的目标置信区域。若 $\theta = (x_{\mathrm{T}}, y_{\mathrm{T}})$ 为目标坐标，ε 为测量数据，π 为先验分布，则有

$$f(\theta \mid \varepsilon) = \frac{f(\varepsilon \mid \theta)\pi(\theta)}{\int_{-\infty}^{+\infty} f(\varepsilon \mid \theta)\pi(\theta)\mathrm{d}\theta} \tag{1-12}$$

对于给定概率值 $H\ (0 \leqslant H \leqslant 1)$，根据式（1-11）推导出置信区域半径 R 满足：

$$R \geqslant |\sigma| \sqrt{2\ln\frac{1}{1-H}} \tag{1-13}$$

目标位于置信区域内的概率大于 H 。

3. 滤波预测方法

滤波预测方法采用滤波算法［如卡尔曼滤波（Kalman filter，KF）、Variational 滤波、粒子滤波（particle filter，PF）］实时估计目标运动参数，根据参数估计结果预测目标坐标值[35-39]。该方法对非机动目标预测准确度较高，但节点通信能耗、计算量较大。

美国加利福尼亚大学戴维斯分校的 Yick 和 Mukherjee[38]利用 KF 估计目标运动状态，根据前一时刻目标状态估计值和状态转移矩阵预测下一时刻目标位置。若 $\boldsymbol{X}_k=(\hat{x}_k,\hat{y}_k,\hat{v}_{xk},\hat{v}_{yk})$ 为 t_k 时刻目标状态向量， $\boldsymbol{A}_k$ 为状态转移矩阵，则 t_{k+1} 时刻目标预测坐标 $(x_{\mathrm{p}(k+1)},y_{\mathrm{p}(k+1)})$ 为

$$\begin{cases} x_{\mathrm{p}(k+1)}=(\boldsymbol{A}_k\boldsymbol{X}_k)^{(1)} \\ y_{\mathrm{p}(k+1)}=(\boldsymbol{A}_k\boldsymbol{X}_k)^{(2)} \end{cases} \tag{1-14}$$

式中， $(\boldsymbol{A}_k\boldsymbol{X}_k)^{(i)}$ 为向量 $\boldsymbol{A}_k\boldsymbol{X}_k$ 的第 i 个分量；法国特鲁瓦技术大学的 Majdi 和 Cuello[39]利用目标坐标、坐标均值、方差（目标坐标服从高斯分布）构造状态向量，通过 Variational 滤波算法估计各时刻状态向量，把状态向量包含的坐标均值作为目标预测坐标；清华大学的 Wang 等[40]将 PF 算法应用于 WSN 目标预测，通过相邻时刻传递目标状态采样粒子得到目标预测坐标。若 $\boldsymbol{X}_k^i$ 、 $\boldsymbol{\xi}_k^i$ 为 t_k 时刻第 i 个状态粒子及噪声向量， $\boldsymbol{G}$ 为噪声矩阵，则 t_{k+1} 时刻转移状态粒子为

$$\hat{\boldsymbol{X}}_{k+1}^i=\boldsymbol{F}\boldsymbol{X}_k^i+\boldsymbol{G}\boldsymbol{\xi}_k^i \tag{1-15}$$

由此得到目标预测坐标

$$\begin{cases} x_{\mathrm{p}(k+1)}=\sum\limits_{i=1}^{N_{\mathrm{s}}}\hat{x}_{k+1}^i\Big/N_{\mathrm{s}} \\ y_{\mathrm{p}(k+1)}=\sum\limits_{i=1}^{N_{\mathrm{s}}}\hat{y}_{k+1}^i\Big/N_{\mathrm{s}} \end{cases} \tag{1-16}$$

式中， $\hat{x}_{k+1}^i$、 $\hat{y}_{k+1}^i$ 为转移状态粒子坐标分量； N_{s} 为粒子个数。

轨迹拟合预测方法、置信区域预测方法受目标机动影响较小，但目标预测模型难以准确描述目标运动特性；滤波预测方法根据目标运动规律预测目标坐标，对机动目标适应性较差。

1.2.4 WSN 目标定位节点唤醒与能耗

合理的节点唤醒是保证低能耗下实现准确、可靠定位的环节和条件。根据唤醒节点产生机制的不同，WSN 节点唤醒有单独式（separate node awaking，SNA）节点唤醒方法和整体式（collective node awaking，CNA）节点唤醒方法两种基本方法。

1. 单独式节点唤醒方法

单独式节点唤醒方法[41-45]基于单个节点信息量、能耗相关的某种形式函数，根据节点函数值是否满足阈值条件来决定是否应该节点唤醒。相对来讲，单独式节点唤醒方法具有决策灵活、速度快、通信能耗低等特点，适用于实时性要求较高的目标定位场合。

浙江大学的王智等将节点到目标预测位置的距离值作为节点唤醒依据，唤醒目标预测位置距离小于半径 R_a 的节点参与定位。若某时刻有效探测到目标的节点数量不符合定位条件，根据目标估计速度 V_t 调节节点唤醒半径 R_w：

$$R_w = R_a + 2R_s + V_t T_s \tag{1-17}$$

式中，R_s 为目标探测半径；T_s 为采样时间间隔[8]。华中科技大学的 Chen 和 Yu 在节点唤醒中优先考虑节点能耗，根据节点剩余能量和休眠时间决定节点唤醒概率，构造了如下函数[41]：

$$T = \frac{P_W}{1-(P_W \times C)\bmod[1/P_W]}\left[\frac{E_{curr}}{E_{max}} + \left[C_s/[1/P_W]\right]\left(1-\frac{E_{curr}}{E_{max}}\right)\right] \tag{1-18}$$

式中，P_W 为测量节点比例；C_s 为节点休眠次数；C 为当前轮数；E_{max}、E_{curr} 分别为节点的初始能量和剩余能量。节点唤醒时，每个备选节点计算函数值 T，并产生一个随机值。若节点随机值大于函数值，则唤醒该节点成为探测节点。

韩国亚洲大学的 Raza 等在机动性目标定位节点唤醒中，预测机动目标位置并估计目标运动偏角，唤醒距离预测位置最近节点、正负运动偏角内两节点协同定位目标[42]。在图 1-9 中，T_{pk} 为目标预测位置，v 为目标速度，α_k 为运动偏角，$S_{ki}\ (i=1,2,3)$ 为唤醒节点。美国加利福尼亚大学洛杉矶分校的 Wang 等将熵概念引入节点唤醒，分别计算每个备选节点测量数据熵值 H_i^v、基于目标估计位置的节点测量模型熵值 H_i^s 的差值，唤醒熵差较大的传感器节点参与目标定位[43]。备选节点 $S_i(i=1,\cdots,n)$ 的熵差函数为

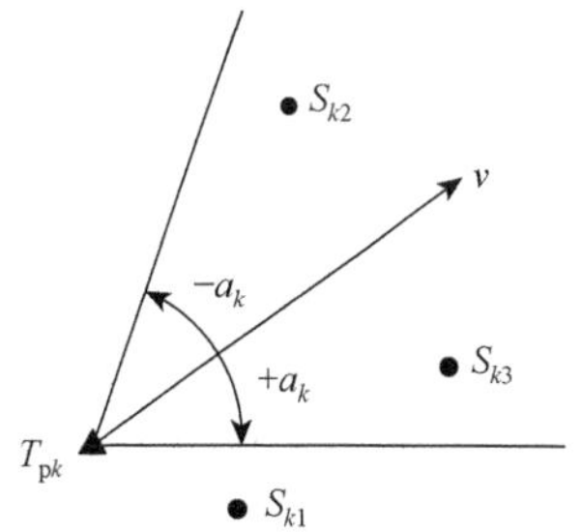

图 1-9　节点唤醒示意图

$$\Delta H_i = H_i^v - H_i^s = \sum_{m=1}^{M} p(\hat{x}^{(m)})\int p(z_i \mid \hat{x}^{(m)})\log_{10} p(z_i \mid \hat{x}^{(m)})\mathrm{d}z_i - \sum p(z_i^v)\log_{10} p(z_i^v)\mathrm{d}z_i^v \tag{1-19}$$

式中，z_i^v 为节点测量数据；$\hat{x}^{(m)}$ 为似然极值对应目标估计位置。

2. 整体式节点唤醒方法

整体式节点唤醒方法[44-48]基于衡量一组节点信息量、能耗的函数，通过启发式算法、组合优化方法唤醒函数值满足阈值条件的一组节点。相比单独式方法，整体式方法唤醒节点具有较高的定位能效，但唤醒计算比较复杂。

美国陆军研究实验室的 Kaplan 利用 Fisher 信息矩阵构造衡量唤醒节点定位效果的函数如下[46]：

$$\mu(N_a) = \frac{\det\{\tilde{\boldsymbol{J}}_{f,N_a}\}}{\mathrm{tr}\{\tilde{\boldsymbol{J}}_{f,N_a}\}} \tag{1-20}$$

式中，$\tilde{\boldsymbol{J}}_{f,N_a}$ 为 Fisher 信息矩阵的导出矩阵；N_a 表示备选节点集。基于上一时刻唤醒节点，通过启发式寻优逐步增选、唤醒新的节点，实现所有唤醒节点函数值的最大化。

美国亚拉巴马大学的 Joshi 和 Jannett 研究节点失效下冗余节点唤醒方法[47]，根据式（1-21）计算综合衡量冗余节点定位误差、能耗的函数值：

$$\mathrm{Cost}(S) = N_s c + \sum_{i\in S}\gamma(r_i - r) + \frac{\delta H}{T} + \eta\sum_{j=1}^{4}\frac{N_j}{R_j} \tag{1-21}$$

式中，N_s为冗余节点数；c为单位能耗；r为失效节点无惩罚区域半径；r_i为冗余节点与失效节点的距离；T为定位个数；H为大于定位误差阈值的位置点数量；N_j为可以唤醒节点数量；R_j为冗余节点；γ、δ、η为权重因子。分别计算失效节点周围不同组冗余节点函数值，唤醒函数值最小的一组冗余节点参与定位。斯坦福大学的 Ercan 等在图像传感器网络目标定位研究中，将二维平面内的目标定位误差作为节点唤醒依据，通过优化选取探测节点组合来定位目标[48]。

单独式节点唤醒方法针对单个节点判别唤醒条件，唤醒过程灵活、简单；整体式节点唤醒方法从大系统角度出发，针对多个节点进行综合唤醒决策，理论上具有优势。在定位规律未摸透的情况下，多节点联合优化选取是一个相当难的工作，更适用于特定场合下的节点唤醒。

1.2.5 WSN 目标定位评价指标及影响因素

1. 目标定位性能评价指标

评价 WSN 目标定位性能，应包括能够反映出目标定位的准确性（accuracy）[49]、快速性（rapidity）[50]、可靠性（reliability）[51]和网络工作寿命（lifetime）等方面的内容，下面简要介绍定位误差（localization error，LE）[52, 53]、定位时间（localization time，LT）[54]、失跟率（miss probability，MP）[55, 56]、网络能耗（energy comsumption，EC）[57, 58]等几个主要的性能评价指标。

（1）定位误差e_{L}是指目标定位估计位置偏离实际位置的空间距离。通常用多次目标定位误差的均方根误差（root mean square error，RMSE）e_{rmse}表示目标定位的准确度：

$$e_{\mathrm{rmse}}=\sqrt{\sum_{i=1}^{N}e_{\mathrm{L}i}^{2}\Big/N}=\sqrt{\sum_{i=1}^{N}\left((x_i-\hat{x}_i)^2+(y_i-\hat{y}_i)^2\right)\Big/N} \tag{1-22}$$

式中，N为目标定位次数；(x_i,y_i)为目标实际坐标值；$(\hat{x}_i,\hat{y}_i)$为目标定位估计坐标值；$e_{\mathrm{L}i}$为目标定位误差。

（2）目标定位快速性的衡量指标为定位时间t_{L}，它是指完成一次目标定位所用的时间，包括定位计算时间t_{c}、通信时间t_{T}。减少定位计算的复杂度（computation complexity，CC）[59]、采用合适的节点通信机制（communication mechanism，CM）[60]，可提高目标定位的快速性。

（3）失跟率p_{m}是指定位过程中目标发生丢失的概率，通常用多次定位的目标丢失次数n_{m}占定位次数N的百分比来表示：

$$p_{\mathrm{m}}\approx n_{\mathrm{m}}/N\times 100\% \tag{1-23}$$

失跟率p_{m}可以从侧面反映目标定位系统的稳定性、可靠性。

（4）定位能耗W是指目标定位过程中所有网络节点的能耗总和。其中，单个节点能耗又包括待机能耗W_{d}、计算能耗W_{j}、接收能耗W_{s}、发送能耗W_{f}和休眠能耗W_{x}。WSN 节点采用低能耗设计方案，典型的 CC2430 节点单位时间内待机能耗单位为毫焦级，休眠能耗单位则为微焦级。

2. 主要影响因素分析

WSN 通过各基本环节完成目标定位过程，这些环节中的因素对目标定位性能指标产生影响。

首先，目标定位各个基本环节均与某些因素直接相关。其中，节点测量目标信号并汇聚到簇头节点的探测环节直接受测量数据质量、节点通信机制等因素影响；定位计算环节、目标预测环节与对应的定位算法、预测算法直接相关；节点通信机制、唤醒节点数量等因素对节点唤醒环节影响很大；目标预测、节点唤醒环节综合决定了需要测量节点数量的大小。

其次，上述因素共同影响目标定位性能指标。其中，测量数据质量、定位算法、测量节点数量直接影响目标定位误差大小，改善测量数据质量、提高定位算法抗噪性能、增加测量节点数量，都可以减少目标定位误差；节点通信机制、定位算法和预测算法与定位时间指标相关，采用合适的节点通信机制、降低定位算法及预测算法复杂度，均能减少定位时间；测量节点数量、唤醒节点数量影响目标失跟率，增加测量节点数量和唤醒节点数量，可以降低目标失跟率；唤醒节点数量、节点通信机制影响定位能耗指标，减少唤醒节点数量、采用合适的通信机制，可以降低定位能耗。

因此，各个基本定位环节都能影响定位性能指标，形成综合影响关系。基于以上分析，结合实现目标定位过程，绘制了图 1-10 所示的定位基本环节包含因素及其影响各项性能指标关系图。提高定位性能指标，必须综合研究基于定位基本环节优化性能指标的理论与方法。

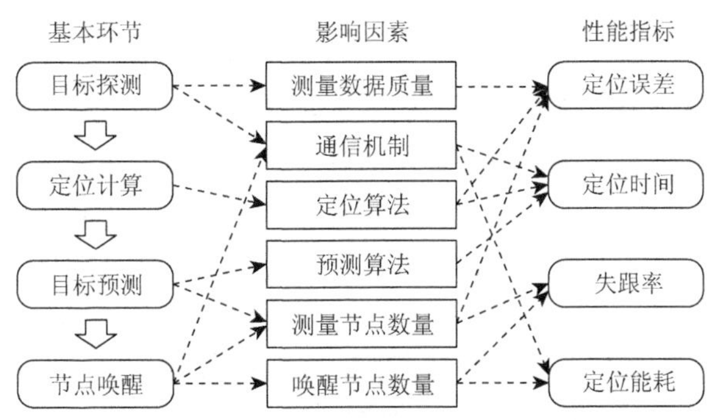

图 1-10　目标定位性能指标影响因素示意图

1.3　WSN 目标跟踪概述

1.3.1　WSN 目标跟踪类型与 WSN-MTT 基本过程

1. WSN 目标跟踪类型

目标跟踪通常定义为对被关注运动目标状态建模、估计、跟踪的过程。对于 WSN 目标跟踪来说，有不同的分类方法。依据被跟踪目标数量的不同，若多个传感器节点协作跟踪同一个目标，则称为单目标跟踪（single target tracking，STT）；若多个传感器节点协作跟踪多个目标，则称为多目标跟踪（mult-target tracking，MTT）[61]。基于被跟踪对象特征的不同，MTT 有配合式（tagged）MTT 模式和非配合式（untagged）MTT 模式两种类型[62, 63]。

其中，配合式跟踪指那些被跟踪目标主动发出特征已知信号（如射频信号）以配合网络的跟踪，其特点是被跟踪目标可主动配合检测网络，有利于简化检测环节、提高跟踪精度，多用于已知目标的跟踪情况，如 ZebraNet 系统[64]、虚拟牛栏[65]、智能幼儿园（smart kindergarten）[66]等跟踪应用系统。目前它存在的核心问题主要在于实现有效的网络能量管理、准确的节点自身定位跟踪等，此外系统成本高、工作时间长问题及跟踪实时性等方面也是影响系统应用的因素。非配合式跟踪则指被跟踪目标不能发出特征已知信号以配合检测网络，而需要检测网络对之进行检测与识别，常用于军事领域中的战场监视、民用领域中的入侵监测，如 VigilNet[67]、Countersniper[68]、PEG（pursuer evader game）[69]等。实现准确的目标检测与分类，降低系统的虚替率、漏检率，降低应用难度，是该方法目前主要的关注点。

2. WSN-MTT 基本过程

在 MTT 过程中，如果多个目标相距都较远，那么对于其中某个目标来说，就是 STT 问题；如果两个、多个目标较接近或交叉，那么需引入源分离、目标分类等处理方法，以及优化分配传感器节点任务，构建多个动态监测联盟对各个目标进行协同跟踪的 MTT 模式[61]。

WSN-MTT 过程及信息传递关系示意图如图 1-11 所示。中间流程表示 WSN-MTT 过程，左边点划线表示 WSN 网内节点信息传递关系，右边表示 WSN-MTT 主要环节。当 WSN 上电初始化后，若监测区域有目标出现，探测到目标的节点把各自信息传送到汇聚节点，汇聚节点根据接收到的探测节点信息构建多目标多节点监测数据矩阵，从探测节点中选择测量节点构成各目标初始监测联盟、确定各联盟盟主，各联盟内节点观测数据传送到各盟主，由各盟主对所监测目标的监测数据进行数据融合、目标状态预测，并把结果传送到汇聚节点，当目标超出该联盟覆盖范围时，汇聚节点根据各目标状态预测和任务分配算法，选择节点构成下一时刻各目标的监测联盟，进行联盟交接，新的盟主组织联盟内节点继续目标监测过程，以保持对目标的跟踪信息。在移动目标跟踪过程中，包含初始监测联盟形成、联盟内部信息处理、联盟信息传送、节点任务协同分配、联盟交接等内容。

根据作用时间先后，WSN 在网络初始化后，MTT 过程可分为目标探测与节点任务分配、数据融合、目标状态预测三个主要环节。

（1）目标探测与节点任务分配环节。目标探测与节点任务分配环节是网络初始化后 WSN-MTT 的第一个主要环节，是指传感器节点探测到多个目标进入监测区域后，WSN 构建多目标多节点监测数据矩阵，从中选择、分配节点组成多个监测联盟去协同跟踪各目标的过程[70]。WSN 节点能量、存储容量、计算能力和通信带宽等都相当有限，难以独立完成复杂的跟踪任务，必须多个节点组成监测联盟协同检测目标，才能完成精确跟踪；同时，处于 MTT 模式下的多个目标也存在节点资源竞争冲突问题，必须把关键性的节点资源分配给合适的任务，进行节点任务的协同优化分配，构建多个监测联盟协同检测各目标，才能完成多目标的精确跟踪。因此，传感器节点监测联盟的优化分配方法在该环节中是非常重要的。

（2）数据融合环节。数据融合环节是 WSN-MTT 的第二个主要环节，是指把同一时刻来自不同传感器节点对同一目标的观测数据融合起来，代表这一时刻该目标的观测数据[71, 72]。WSN 通过密集分布的传感器节点采集大量相关原始数据，这些原始数据包含大量冗余、无效和可信度较差的信息，若不对这些数据预处理直接传至汇聚节点，不但网络数据传输量大，消耗能量多，而且影响收集数据的准确性。为了提高数据传输效率、节省网络能量、增强收集数据准确性，必须采取有效措施对网内数据进行融合。因此，合适的网内数据融合处理机制在该环节中是非常重要的。

（3）目标状态预测环节。目标状态预测环节为 WSN-MTT 的第三个主要环节，是指 WSN 根据当前时刻的观测值与前一时刻的目标状态（位置、速度、加速度等）估计下一时刻目标即将处于何种状态的预测过程[73]。WSN 按照设计好的目标状态预测方法预测目标状态，结合一定的传感节点任务分配方法，实时动态更新监测联盟，在目标跟踪的每个周期中只有目标的监测联盟节点处于激活状态，其他域的节点处于低功耗的探测状态，监测联盟随目标运动动态地改变预测目标状态。因此，目标预测算法是该环节中非常重要的内容。

由上面分析可知，当监测区域节点探测到目标出现后，WSN-MTT 实际就是构建多目标监测联盟、各目标观测、盟内数据融合、各目标状态预测的交替循环过程，如图 1-11 所示。

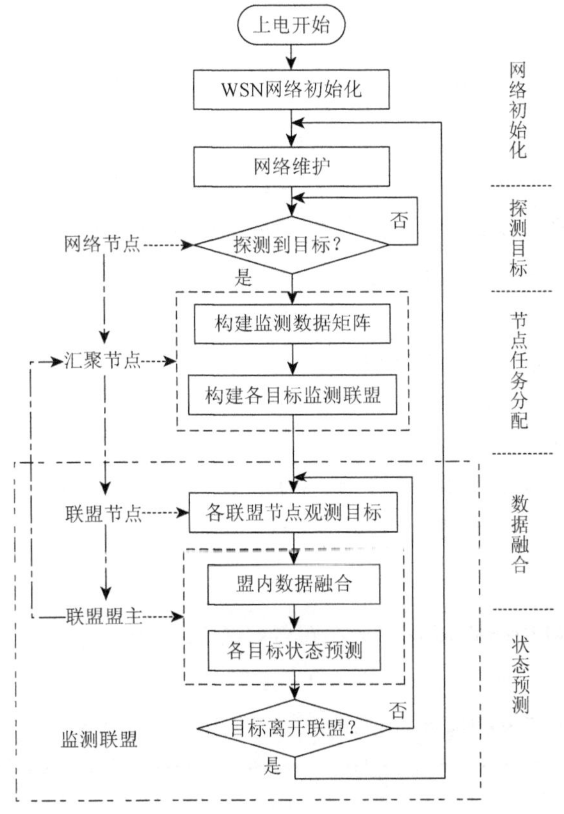

图 1-11　WSN-MTT 过程及信息传递关系示意图

1.3.2 WSN-MTT 节点任务分配方法

WSN-MTT 节点任务分配主要研究如何选择和分配传感器节点构成多个监测联盟进行协同工作，以实现对多个目标的高性能跟踪。其核心问题是依据 WSN-MTT 主要性能指标，建立合适的目标函数，通过优化目标函数选定工作的传感器节点及工作模式。WSN-MTT 节点任务分配方法必须综合考虑跟踪精度、网络能耗、跟踪实时性、鲁棒性、容错性、可扩展性和动态适应性等跟踪性能指标，基于任务分配建立目标函数依据的不同，下面讨论以跟踪精度为目标、基于低能耗与能量均衡原则和综合性能指标优化三类 WSN-MTT 节点任务分配方法。

1. 以跟踪精度为目标

以跟踪精度为目标的任务分配方法是以保持较高跟踪精度为目标，以 MTT 误差作为主要性能指标建立任务分配目标函数。该类方法保证多目标尽可能被可靠地跟踪，较少考虑能量消耗和传感器节点资源。Kalandros 提出利用基于预测协方差控制的原则来选择分配各个目标节点监测联盟[74]，节点资源分配方案表示为

$$\begin{cases} \hat{U}(k)=\arg\max E(t), \quad E(k)=\sum\limits_{i=1}^{s}\sum\limits_{j=1}^{T}x_{ij}^{k}u_{ij}^{k} \\ u_{ij}^{k}=\begin{cases}1, & \text{节点}\,i\,\text{分配给目标}\,j, \\ 0, & \text{节点}\,i\,\text{不分配给目标}\,j,\end{cases} \quad \sum\limits_{j=1}^{T}u_{ij}^{k}\leqslant a_i \end{cases} \tag{1-24}$$

式中，$\hat{U}(k)$ 为最优决策矩阵，表示 k 时刻各个传感器的最优分配结果；$E(k)$为在某种分配方案下的效能预测值；x_{ij}^{k} 与序列$\{u_{ij}^{t}\,(t=1,2,\cdots,k-1)\}$相关，表示传感器 i 在 k 时刻分配给目标 j 的效能预测值受到$\{t\,|\,t=1,2,\cdots,k-1\}$时间段内传感器资源分配结果的影响；$a_i$ 为单个传感器的工作能力约束；T 为目标数；s 为节点数。以预测误差协方差作为节点对目标的分配效能，分配方案为 $x_{ij}^{k}=\boldsymbol{P}_{j,k}^{-}$，$\boldsymbol{P}_{j,k}^{-}$ 为 k 时刻目标 j 的状态预测误差协方差阵。此外，刘先省等[75]、美国加利福尼亚州 Orincon 公司的 Nash[76]、俄亥俄州大学及麻省理工学院的 Ertin 等[77]分别采用最大信息增量、目标误差协方差矩阵的迹、均方根误差作为指标构建目标函数，再结合不同的优化方法来实现节点任务分配。以跟踪精度为目标任务分配方法的目标函数没有体现系统能耗和其他传感器节点资源，通信能量开销较大，较适合于 WSN 系统能量充足、节点资源丰富的目标跟踪场合。

2. 基于低能耗与能量均衡原则方法

基于低能耗与能量均衡原则方法是在跟踪精度满足应用要求下，以降低跟踪能耗、平衡系统能量、延长网络寿命为目标，以 MTT 系统能耗作为任务分配主要目标函数。如文献[78]在基于低能耗与能量均衡原则方法研究中，设有 N 个传感器节点构成 WSN 跟踪 M 个目标（$N>3M$），$\Omega_s=\{s_1,s_2,\cdots,s_n,\cdots,s_N\}$、$\Omega_t=\{t_1,t_2,\cdots,t_m,\cdots,t_M\}$ 分别为 N 个节点集合和 M 个目标集合，$\Omega_c=\{c_1,c_2,\cdots,c_m,\cdots,c_M\}$ 为 M 个联盟的集合，每个元素 $c_m=\{s_{m1},s_{m2},s_{m3}\}$

$(s_{m1}, s_{m2}, s_{m3} \in \Omega_s)$ 代表由三个节点组成的一个动态监测联盟，与一个目标 t_m 对应，用于跟踪目标 t_m。若 l_n 为从节点 n 传输的总数据量，d_{nk} 为节点 n 与所选择节点 k 之间的距离，ε_{amp} 为功率放大器每比特所需要能量，ε_{ele} 为滤波器等其他电子器件每比特所需要能量，采用分布式跟踪融合结构，则其总消耗能量为

$$E = \sum_{n \in \Omega_t} \sum_{k \neq n, k \in \Omega_t} [l_n \varepsilon_{\text{amp}} d_{nk}^4 + l_n \varepsilon_{\text{ele}}] \tag{1-25}$$

可以看出，通信距离 d_{nk} 对总能耗 E 影响很大，d_{nk} 增大，E 增大。若把通信能耗 E 最小化近似等效为 d_{nk} 之和最小化，设 d_{mn} 为节点 n 与所选择目标 m 之间的距离，令 a_{mn} 为 0-1 变量，在第 n $(n=1,2,\cdots,N)$ 个节点被分配跟踪目标 m $(m=1,2,\cdots,M)$ 下 $a_{mn}=1$，否则 $a_{mn}=0$，目标函数描述为

$$F = \min \sum_{m=1}^{M} \sum_{n=1}^{N} a_{mn} d_{mn} \tag{1-26}$$

最终基于神经网络优化算法完成优化任务分配策略，使系统能耗最小。此外，美国加利福尼亚大学洛杉矶分校 CENS 研究中心的 Park 和 Srivastava 提出能源任务分配框架，并采用模拟退火法对任务分解转换分配[79]；美国南加利福尼亚大学的 Krishnamachari 等以平衡每个簇首节点剩余能量与承受负载比例、延长整个网络生命期为目标，研究基于簇首节点任务分配最优方案，将任务分配归结为 0-1 非线性规划和目标函数最优化问题[80]。

3. 基于综合性能指标优化方法

基于综合性能指标优化方法是指综合考虑跟踪精度、网络能耗、跟踪实时性、鲁棒性和可扩展性等两个（或两个以上）性能指标建立目标函数的任务分配方法。例如，美国俄克拉荷马州立大学的 Kang 和 Li 提出能量感知的传感器节点选择算法，设 $\varphi(Z_i)$ 为节点信息效用，$\vartheta(j,i)$ 为通信能耗，$\varepsilon(i)$ 为剩余能量，定义目标函数为[81]

$$\begin{aligned} \lambda_i &= \alpha\varphi(Z_i) - \beta\vartheta(j,i) + \chi\varepsilon(i) \\ \alpha + \beta + \chi &= 1, \quad \alpha, \beta, \chi \leqslant 1 \end{aligned} \tag{1-27}$$

式中，α、β、χ 为权值。通过性能指标改进节点选择和路由效能，提高网络寿命和负载平衡。文献[82]根据任务总完成时间、能量损耗及网络负载状况，建立代价函数，设 ext_{ij} 为任务 i 在传感器 j 上的估计执行时间，C_{local} 为传感器处理任务能耗，C_{rou} 为通信能耗，任务总完成时间 K、能耗 C 及网络负载平衡度 P 分别为 $\operatorname*{Max}_{j=1}^{m}\left(\sum_{i=1}^{n} \text{ext}_{ij}\right)$、$\sum_{i=1}^{m}(C_{\text{local}}^i + C_{\text{rou}}^i)$、$1 - \sum_{i=1}^{m}(K - R(S_i)) / (mK)$，结合粒子群优化算法，实现优化任务分配策略。文献[83]根据节点执行时间和执行能耗，建立代价函数，采用粒子群优化算法完成优化任务分配策略；伊朗科技大学的 Zoghi 和 Kahaei 综合考虑目标跟踪准确度和网络能耗，根据节点空间相关性构造能耗函数进行节点优化选择[84]。

可以看出：以跟踪精度为目标任务分配方法的目标函数没有体现系统能耗和其他性能指标，适合于 WSN 系统能量充足、其他跟踪性能要求不高的目标跟踪场合；基于低能耗与能量均衡原则方法则强调低能耗与能量均衡，算法比较复杂；基于综合性能指标优化方

法根据实际情况综合考虑两项（或两项以上）性能指标，比较全面、客观、综合，是WSN-MTT节点任务分配的发展趋势，但目前该方法还不够完善，假设条件比较多，算法比较复杂。因此，根据实际应用需求，研究保证目标跟踪精度、尽量降低网络能耗，提高目标跟踪系统总体性能的实用型节点任务分配方法具有实际意义。

1.3.3　WSN-MTT 网内监测级数据融合方法

WSN-MTT 网内检测级数据融合是指在 WSN 多传感器分布检测系统中，每个传感器节点对所获得的观测先采用一定的数据处理方法进行预处理，然后将更有代表性的压缩信息传送给其他传感器，最后在某一中心汇总和融合这些信息产生全局检测判决[85, 86]。通过网内检测级数据融合，可以减少网络数据传输量，节省节点能量，降低传输拥塞程度，提高网络收集数据效率及准确性，使信息更有代表性。

从数据流通形式、网络节点处理方式看，WSN 网内数据融合主要有集中式、分布式两种方式[87]。集中式数据融合方式是由汇聚节点发出数据查询，相关的多个源（sources）节点将数据发送给汇聚节点，再由汇聚节点进行数据融合，在WSN节点分布较为密集的情况下，多个源节点对同一事件的数据表征存在近似的冗余信息，传输冗余信息将消耗更多的能量；分布式数据融合方式是源节点发送的数据经中间节点转发时，中间节点查看数据包内容，进行数据融合后再传送到汇聚节点，一定程度上可以提高网络数据收集的整体效率，减少传输数据量，降低能耗[72, 88, 89]。

根据数据融合原理和作用的不同，WSN-MTT 检测级数据融合算法除了传统方法（如野值剔除法、门限设定法、加权平均法、自适应加权法、最小二乘法、最小方差法、极大似然法）外，还有 KF、神经网络、模糊聚类、概率密度函数估计点样本分析等新兴智能数据处理方法[90]。传统数据处理方法原理简单、计算量较小，但融合精度较低；而新兴智能数据处理算法融合精度高，在WSN数据融合领域应用越来越广泛。下面仅就模糊聚类法、概率密度函数估计点样本分析方法进行介绍。

1. 模糊聚类法

模糊 C 均值聚类（fuzzy C-means，FCM）算法是一类有代表性的模糊聚类方法，它通过优化模糊目标函数得到每个样本点相对类中心的隶属度，决定样本归属并求出类中心以代表数据样本，从而实现对数据样本分类、估计样本数值。设待聚类样本集合为 $X=\{x_1,x_2,\cdots,x_n\}$，类的个数为 $c\ (2\leqslant c\leqslant n)$，聚类中心为 $V=\{v_1,v_2,\cdots,v_c\}$，$\boldsymbol{U}$ 为图中 $c\times n$ 阶的实矩阵，$\boldsymbol{U}=\{u_{ik}\}$，$u_{ik}$ 是样本 x_i 对聚类中心 v_k 的隶属度，$J_m(U,V)$ 表示样本 x_k 与各聚类中心 v_i 的带权距离平方和，m 是模糊权重因子（控制聚类模糊程度的常数），那么定义的目标函数：

$$J_m(U,V)=\sum_{k=1}^{n}\sum_{i=1}^{c}u_{ik}^m d_{ik}^2,\quad d_{ik}^2=\left\|x_k-v_i\right\|^2 \tag{1-28}$$

样本集 X 最佳模糊划分满足 $v_i=\sum_{k=1}^{n}u_{ik}^m x_i\Big/\sum_{k=1}^{n}u_{ik}^m,\forall i$；$u_{ik}=1\Big/\sum_{k=1}^{n}(d_{ik}/d_{jk})^{2/(m-1)},\forall i,k$，通过迭代不断调整聚类中心，计算各样本对各类中心隶属度，当目标函数最小时，可得到各聚

类中心和各样本对各类的隶属度，其中，聚类中心代表样本数据值；文献[91]利用模糊 C 均值算法，通过在不同传感器所对应的观测空间上建立多目标运动状态投影，将单传感器数据关联算法推广到多传感器信息融合系统，从而实现在密集杂波环境下多目标的数据关联与精确跟踪。文献[92]利用分布式 K 均值聚类算法实现 WSN 节点传感数据的快速合理分组，结合基于自适应加权的网内数据融合方法，将分组后的节点感知数据根据其对应权重值的大小进行融合处理，降低网络数据冗余度，节省存储资源和网络带宽。

2. 概率密度函数估计点样本分析方法

概率密度函数（probability density function，PDF）是对点样本进行分析和建模的重要手段，点样本潜在的概率密度函数可反映出点样本的分布特性。概率密度函数估计按照估计过程中对参数依赖的不同，分为参数密度估计（parametric density estimation，PDE）和非参数密度估计（nonparametric density estimation，NPDE）两类方法[93]。其中，参数密度估计方法需要有先验信息，依赖于特定分布类型，有时不能满足实际应用需求；非参数密度估计方法主要依赖数据自身结构，不需要该分布的先验知识和任何概率分布形式的假设，仅从采样数据本身就可对概率密度函数进行较精确鲁棒的估计，能够表达任何密度函数。非参数密度估计方法有直方图密度估计（histogram density estimation）方法、核密度估计（kernel density estimation，KDE）方法[94]。

直方图密度估计方法概念简单，易于使用，不需保留采样点，在样本容量较大、带宽较小的情况下，结果可表示密度基本特征，牛君[95]应用直方图密度估计像素点样本，实现了对运动目标在受到部分遮挡等情况下的精确跟踪。但直方图密度估计存在估计结果不连续、在多变量数据的图形化表达方面存在困难、在高维空间很少有实效等问题。

KDE 方法估计结果精确平滑、连续可微，在多变量数据的图形化表达方面具有优势[96]。设一组独立同分布采样点集 $\{x_1, x_2, \cdots, x_n\}$，$x_i \in R^D$，服从概率密度函数 $f(x)$，区域 R 为以估计点 x 为中心，边长为 h 的 D 维超立方体，则定义 $f(x)$ 的 KDE 式：

$$\hat{f}(x) = \frac{1}{nh^D}\sum_{i=1}^{n} K_{\mathrm{H}}\left(\frac{x - x_i}{h}\right) \tag{1-29}$$

式中，$K_{\mathrm{H}}(\cdot)$ 称为核函数（kernel fuction）；$h\,(h>0)$ 称为核函数带宽。如果给每个采样点分配一个权值 $w(x_i)$，可得到更一般的 KDE 形式：

$$\hat{f}(x) = \sum_{i=1}^{n} w(x_i) K_{\mathrm{H}}(x - x_i) \tag{1-30}$$

由式（1-30）可以看出，KDE 方法实际上是计算每个采样点对估计点的平均贡献，通过以每个观测样本点为中心的窗体进行总和而求得，如图 1-12 所示。KDE 方法为在观测点放置的平滑“凸起”总和，核函数选择决定凸起形状，带宽 h 决定每个凸起宽度。核函数满足对称性：$\int xK(x)\mathrm{d}x = 0$。指数加权衰减特性：$\lim_{\|x\|\to\infty} \|x\|^d K(x) = 0$。单位协方差：$\int \boldsymbol{x}\boldsymbol{x}^{\mathrm{T}} K(x)\mathrm{d}x = c\boldsymbol{I}$（$c$ 为常数）。这些特性使核函数在通常情况下是对称和单峰的，并且在离中心位置较远时迅速降为 0。KDE 精确平滑、连续可微，保证了核密度模型对样本集合描述的精确性。美国麻省理工学院的 Ihler 把 KDE 方法应用于 WSN 节点自定位，

取得了较好的效果[89]，另外，KDE 在计算机视觉跟踪[97,98]、过程故障检测诊断[99]、医学检测诊断[100]等方面也有成功的应用。对于 WSN-MTT 系统，由于存在随机噪声干扰、特定物理环境偏差、传感器节点感知脆弱性、测量不准确性、网络传输影响等各种难以避免的因素，系统收集信息具有许多不确定性，若把KDE方法用于表征WSN网内检测数据，可能为 WSN 网内数据融合带来良好的效果。

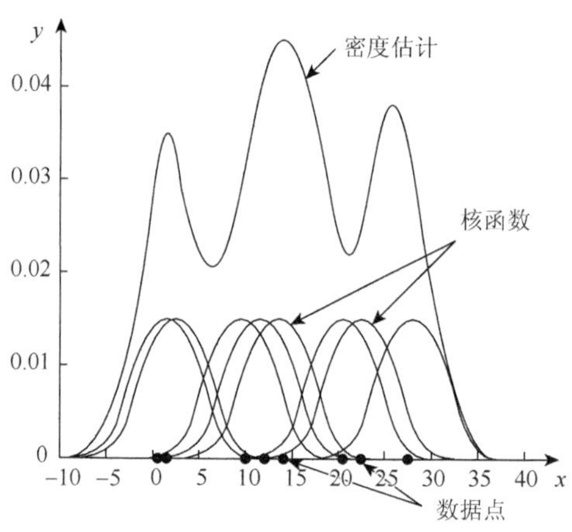

图 1-12　KDE 示意图

综合以上分析可以看出以下三点：一是分布式数据处理方式能够提高网络数据收集整体效率，减少传输数据量，降低能耗，是 WSN 数据处理的主要方式。二是传统数据处理方法原理简单、计算量较少，但融合精度较低；新兴智能数据处理算法原理相对复杂，但融合精度高，采取智能数据处理方法可能会增加计算复杂性；WSN 网内数据处理利用的是节点计算和存储资源，并且随着处理器计算速度和处理能力的不断提高，在一定程度上进行网内数据融合处理，以低能耗的计算资源换取高能耗的通信开销是一个可行方案。三是从传感器节点获得的采样数据本身来看，KDE 方法可对概率密度函数进行较精确鲁棒的估计，若把KDE方法用于表征WSN网内检测数据，可能为WSN网内数据融合带来良好的效果。

1.3.4　WSN-MTT 目标状态预测方法

WSN 目标状态预测就是依据 WSN 对目标监测的受噪声污染观测数据，通过数学方法对 WSN 目标运动状态进行估计[101]。根据贝叶斯理论，WSN 目标状态预测问题可以看作一个概率推断问题。在给定含干扰观测数据的情况下，采取一定的数学方法对目标状态后验概率进行准确有效表示，即可求解状态变量后验概率分布；从状态变量后验概率分布可推理出所有关于目标状态变量的信息；因此求解出 WSN 目标状态概率密度分布也就完全解决了 WSN 目标状态估计问题[102-104]。

根据概率图模型（probabilistic graphical model，PGM），WSN 目标运动过程可用图 1-13 所示的基本图模型来描述，图中 x_k、z_k 分别为 k 时刻系统目标状态变量和观测变量，$k=1,\cdots,t$。若用状态空间模型来描述目标运动，w_k、v_k 分别为相互独立的过程噪声、

观测噪声，则状态方程、观测方程可定义为

$$x_k = f_x(x_{k-1}, w_k),\quad z_k = f_z(x_k, v_k) \tag{1-31}$$

式中，f_x、f_z 分别为状态转换函数和观测函数。若对系统状态向量进行 k 次观测，则可得到观测序列采样值 $z_{1:k}$，根据贝叶斯理论，离散系统状态估计问题是在已知观测数据 $z_{1:k}$ 情况下求取在 k 时刻系统状态向量 x_k 的一个最优估计问题。若初始概率密度 $p(x_0 \mid z_0)$ 已知，则从理论上讲，通过预测、更新两个步骤就能以递归方式估计出后验概率密度 $p(x_k \mid z_{1:k})$。

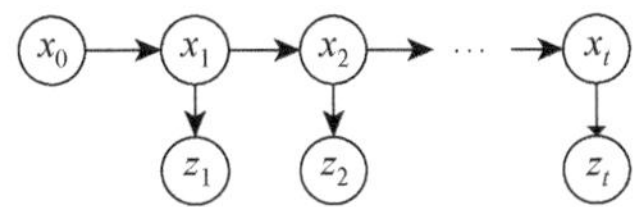

图 1-13　WSN 目标运动过程图模型

在预测步骤中，根据系统状态转移模型，在未获得 k 时刻观测值时，由 k–1 时刻的先验概率 $p(x_{k-1} \mid z_{0:k-1})$，计算出 k 时刻的先验概率 $p(x_k \mid z_{0:k-1})$：

$$p(x_k \mid z_{0:k-1}) = \int p(x_k \mid x_{k-1}) p(x_k \mid z_{0:k-1}) \mathrm{d}x_{k-1},\quad k \geqslant 1 \tag{1-32}$$

式中，$p(z_k \mid x_{k-1})$ 由目标运动状态方程定义。

在更新步骤中，由系统观测模型，在获得 k 时刻观测值后，由 k 时刻的先验概率 $p(x_k \mid z_{0:k-1})$，计算后验概率 $p(x_k \mid z_{0:k})$：

$$p(x_k \mid z_{0:k}) = \frac{p(z_k \mid x_k) p(x_k \mid z_{0:k-1})}{p(z_k \mid z_{0:k-1})},\quad k \geqslant 1 \tag{1-33}$$

式中，$p(z_k \mid x_k)$ 由目标观测方程定义。若系统具有一阶马尔可夫特性，则有 $p(x_k \mid z_{0:k-1}) = p(x_k \mid z_{k-1})$，式（1-33）转化为

$$p(x_k \mid z_k) = \frac{p(z_k \mid x_k) p(x_k \mid z_{k-1})}{p(z_k \mid z_{k-1})},\quad k \geqslant 1 \tag{1-34}$$

在得到状态后验分布后，其他状态的统计估计如均值、协方差或斜度、峭度等高阶距信息都可由它估计出来，并可表示为如下均值估计形式：

$$E(g(x_k)) = \int g(x_k) p(z_k \mid x_k) \mathrm{d}x_k \tag{1-35}$$

但上述计算存在高维积分，$p(x_k \mid z_k)$ 在少数情况（模型为线性、噪声和初始状态为高斯独立分布）下为解析和有限维，普遍情况（非线性模型、噪声和初始状态为非高斯独立分布）下，难以求解出状态最优解析解。为此，近年来出现了多种贝叶斯滤波近似数值求解方法，如卡尔曼滤波[105,106]、扩展卡尔曼滤波（extended Kalman filter，EKF）[107, 108]、无迹卡尔曼滤波（unscented Kalman filter，UKF）[109]和 PF[110]等。

1. KF 算法

当状态空间模型是线性高斯模型，状态噪声、观测噪声均为加性高斯噪声，状态分布的先验分布为高斯分布时，则采用 KF 算法进行状态估计[101, 105, 106]。设线性模型为

$$x_k = A_k x_{k-1} + w_{k-1},\quad z_k = C_k x_k + v_k \tag{1-36}$$

若过程噪声 w_{k-1}、测量噪声 v_k 的方差矩阵分别为 $\boldsymbol{Q}_{k-1}$、$\boldsymbol{R}_k$，预测值与实际值残差方差矩

阵为 $\boldsymbol{S}_k = \boldsymbol{C}_k \boldsymbol{P}_{k|k-1} \boldsymbol{C}_k^{\mathrm{T}} + \boldsymbol{R}_k$，滤波增益矩阵为 $\boldsymbol{K}_k = \boldsymbol{P}_{k|k-1} \boldsymbol{C}_k^{\mathrm{T}} \boldsymbol{S}_k^{-1}$； $N(x;\mu,P)$ 表示变量为 x、均值为 μ 、方差为 P 的高斯分布，则后验概率密度的预测、更新可表示为

$$\begin{cases} p(x_{k-1} \mid z_{0:k-1}) = N(x_{k-1};\mu_{k-1|k-1}, P_{k-1|k-1}) \\ p(x_k \mid z_{0:k-1}) = N(x_k;\mu_{k|k-1}, P_{k|k-1}) \\ p(x_k \mid z_{0:k}) = N(x_k;\mu_{k|k}, P_{k|k}) \end{cases} \tag{1-37}$$

式中，

$$\begin{cases} \mu_{k|k-1} = A_k \mu_{k-1|k-1} \\ P_{k|k-1} = Q_{k-1} + A_k P_{k-1|k-1} A_k^{\mathrm{T}} \\ \mu_{k|k} = \mu_{k|k-1} + K_k (z_k - C_k \mu_{k|k-1}) \\ P_{k|k} = P_{k|k-1} - K_k C_k P_{k|k-1} \end{cases} \tag{1-38}$$

KF 只适用于线性高斯模型，但在实际中系统普遍存在非线性、非高斯情况。针对非线性模型，Bar-Shalom 等提出了 EKF，利用泰勒展开来线性化状态方程、观测方程，用高斯分布近似状态后验分布，然后使用 KF 进行估计[108]。EKF 适用于非线性程度不高的模型，并且由于 EKF 需计算模型的 Jacobian 矩阵，实现较困难，在模型的非线性较强、系统噪声非高斯情况下，估计精度严重降低，并可能造成滤波器发散。文献[109]提出的 UKF 使用确定抽样点完全捕捉高斯随机变量的统计特性，无须计算 Jacobian 矩阵，对于任意非线性系统均能精确到二级泰勒展开，但其不能应用到非高斯情况，在非线性、非高斯特性较强时滤波性能急剧下降甚至发散。上述方法都是把概率密度近似为高斯分布，基于模型线性化和高斯噪声情况，当概率密度分布非高斯分布（形状严重偏斜或为双峰分布、多项式分布等）时，用 EKF、UKF 等求解就会出现严重偏差。

2. PF 算法

PF 算法的基本思想是通过从当前系统状态分布中抽取一系列加权的粒子，以加权粒子代替积分运算，对系统的下一状态进行估计和更新。随着粒子数目的增加，粒子的概率密度函数逐渐逼近状态的概率密度函数，PF 估计即达到最优贝叶斯估计效果。基本 PF 主要有重要性采样（importance sampling，IS）和序贯重要性采样（sequential importance sampling，SIS）[103, 104, 110]。

IS 从一个已知且容易采样的建议分布（proposal distribution）中采样产生粒子，通过对建议分布采样粒子点进行加权来近似后验分布。建议分布与后验分布具有相同或更大的支撑集。假设建议分布用 $q(x_{0:k} \mid z_{1:k})$ 表示，采样粒子用 $\{x_{0:k}^{(m)}; m=1,\cdots,M\}$ 表示，则状态的概率密度函数用加权和形式逼近：

$$p(x_{0:k} \mid z_{1:k}) \approx \sum_{m=1}^{M} w_k^{*(m)} \delta(x_{0:k} - x_{0:k}^{(m)}), \quad w_k^{*(m)} = w_k^{(m)} \Big/ \sum_{m=1}^{M} w_k^{(m)} \tag{1-39}$$

式中，$w_k(x_{0:k}) = \dfrac{p(z_{1:k} \mid x_{0:k}) p(x_{0:k})}{q(x_{0:k} \mid z_{1:k})}$ 为重要性权。

SIS 选取如下形式建议分布：

$$q(x_{0:k} \mid z_{1:k}) = q(x_{0:k-1} \mid z_{1:k-1}) q(x_k \mid x_{0:k-1}, z_{1:k}) \tag{1-40}$$

当测量序列陆续到达时，在 k 时刻从 $q(x_k \mid x_{0:k-1}^{(m)}, z_{1:k})$ 中抽取样本 $x_k^{(m)}$，令 $x_{0:k}^{(m)} = (x_{0:k-1}^{(m)}, x_k^{(m)})$，迭代计算重要性权 $w_k^{(m)} = w_{k-1}^{(m)} \dfrac{p(z_k \mid x_k^{(m)}) p(x_k^{(m)} \mid x_{k-1}^{(m)})}{q(x_k^{(m)} \mid x_{k-1}^{(m)}, z_{1:k})}$ 并归一化，得到一组加权粒子 $\{x_{0:k}^{(m)}, w_k^{(m)}; m = 1, \cdots, M\}$，计算状态的最小均方误差（minimal mean square error，MMSE）$E(x_k \mid z_{1:k}) = \sum_{m=1}^{M} w_k^{(m)} x_k^{(m)}$，即可得到状态概率密度函数估计。

3. PF 粒子退化现象及重采样

为获得较好的估计，SIS 重要性分布应接近真实状态后验分布，重要性权方差越小越好。然而对式（1-40）所示的建议分布，Kong 等已证明重要性权方差随时间增大，在极端情况下，经过若干次迭代后，某个权可能趋于 1，其余权趋于 0，从而对状态概率密度函数估计不起作用，浪费大量计算，产生重要性权的退化现象。权的退化程度常用有效粒子数 N_{eff} 来评估，N_{eff} 近似值为

$$N_{\text{eff}} = \frac{1}{\sum_{m=1}^{M} (w_k^{*(m)})^2} \tag{1-41}$$

避免重要性权退化现象常选取有效建议分布、重采样两种方法。

（1）选取有效建议分布。选取有效建议分布的准则是使重要性权重方差最小。Liu 和 Chen 证明了最优建议分布为如下真实分布[111]：

$$q(x_k^{(m)} \mid x_{k-1}^{(m)}, z_k)_{\text{opt}} = p(x_k^{(m)} \mid x_{k-1}^{(m)}, z_k) \tag{1-42}$$

但实际上真实分布通常无法得到。从应用角度看，多数建议分布采用容易得到的状态先验密度，采用先验密度方法简单且易于实现，但没有考虑新观测值。

（2）重采样。Gordon 等在 1993 年提出的重采样法可解决 SIS 算法退化现象的问题[112]，在采样过程中，一旦发现明显退化现象，就根据粒子权值对现有粒子集 $\{x_k^{(m)}, w_k^{(m)}; m = 1, \cdots, M\}$ 重新采样，移除权值小的粒子并复制权值大的粒子，产生新样本集 $\{x_k^{*(m)}, w_k^{*(m)}; m = 1, \cdots, M\}$ 来构成对 $p(x_k \mid z_{1:k})$ 离散分布的近似。通过复杂度为 $o(M)$ 的重采样解决退化问题。采样-重要性重采样（sampling importance resampling，SIR）方法是常用重采样方法，该方法是在 SIS 基础上加入重采样算法构成的。SIR 虽然利用重采样抑制了权值退化，但也引入了其他问题。例如，重采样后，粒了不再独立，收敛性结果不再成立，具有较高权值的粒子被采样多次，粒子丧失了多样性，极端情况下，经过若干次迭代后，所有粒子都坍塌到一个点上，导致粒子贫乏现象。针对粒子贫乏现象，近年来一些改进方法被提出[113-118]。解决粒子退化、粒子贫乏问题成为 PF 研究与应用的关键。

从以上分析可以看出：①WSN 目标状态预测问题可以看作是一个概率推断问题，在给定干扰观测数据情况下，通过贝叶斯方法估计目标状态变量后验概率分布，从状态变量后验概率分布可推断出所有目标状态变量；②目标运动普遍存在非线性、非高斯特性，KF 只适用于线性高斯模型状态预测，EKF、UKF 适用于非线性程度不高的模型或高斯模

型状态预测，在模型的非线性、非高斯特性较强时滤波性能急剧下降甚至发散；PF 为非线性、非高斯甚至多峰分布等复杂的递推贝叶斯估计提供较佳解决方案，在 WSN-MTT 状态预测具有明显优势；③基本 PF 算法存在计算复杂、粒子退化和粒子贫乏等问题，计算机运算能力的急剧增长，为 SMC 物理实现提供客观条件，解决粒子退化、粒子贫乏问题是 PF 研究与应用的关键。

1.3.5 WSN-MTT 评价指标及影响因素

1. 目标跟踪性能评价指标

理想的 WSN-MTT 系统要求具有定位跟踪的准确性、实时性、可靠性、可扩展性、自适应性和节能高效等特点。在实际目标跟踪过程中，需要考虑跟踪误差、能耗、目标丢失率和跟踪时间等主要指标[119]。

（1）跟踪误差。跟踪误差是目标跟踪准确度的衡量指标，指目标跟踪估计位置偏离实际位置的程度，有绝对误差（absolute error，AE）、相对误差（relative error，RE）和均方根误差等表示方法。目标跟踪均方根误差可表示为[120]

$$e_{\mathrm{rmse}}=\sqrt{\frac{1}{N}\sum_{i=1}^{N}e_i^2}=\sqrt{\frac{1}{N}\sum_{i=1}^{N}\left((x_i-\hat{x}_i)^2+(y_i-\hat{y}_i)^2\right)} \tag{1-43}$$

式中，N 为样本数；(x_i,y_i) 为目标实际坐标值；$(\hat{x}_i,\hat{y}_i)$ 为目标跟踪估计坐标值；e_i 为目标跟踪绝对误差。

（2）能量消耗。能量消耗是指目标跟踪过程中所有网络节点的能耗总和。单个节点能耗包括待机能耗、感测能耗、通信能耗、计算能耗和休眠能耗等，其中通信能耗占能量消耗的大部分。通信能耗模型无线电通信型由数据发送能耗 E_{Tx} 和数据接收能耗 E_{Rx} 两部分组成[121]：

$$E_{\mathrm{Tx}}(k,d)=E_{\mathrm{Tx\,elec}}(k,d)+E_{\mathrm{Tx\,amp}}(k,d)=\begin{cases}kE_{\mathrm{elec}}+k\varepsilon_{\mathrm{amp}}d^2, & d<d_0\\ kE_{\mathrm{elec}}+k\varepsilon'_{\mathrm{amp}}d^4, & d\geqslant d_0\end{cases} \tag{1-44}$$

$$E_{\mathrm{Rx}}(k)=E_{\mathrm{Tx\,elec}}(k)=kE_{\mathrm{elec}} \tag{1-45}$$

式中，$E_{\mathrm{Tx}}(k,d)$ 表示节点经过距离 d 发送 1kbit 数据消耗能量，包括节点发射电路能耗 $E_{\mathrm{Txelec}}(k,d)$和放大电路能耗 $E_{\mathrm{Txamp}}(k,d)$两部分；$E_{\mathrm{Rx}}(k)$表示节点接收 1kbit 数据消耗能量；E_{elec} 为接收/发送电路接收/发送 1bit 信号所消耗的能量，$\varepsilon_{\mathrm{amp}}$ 和 $\varepsilon'_{\mathrm{amp}}$ 为节点中放大电路在单位面积内传播 1 bit 信号所消耗的能量；d_0 是一个门限距离，通信节点间距离 $d<d_0$ 时用自由空间模型（d^2 能量损失），当 $d\geqslant d_0$ 时用多路径衰减模型（d^4 能量损失）。WSN 节点采用低能耗设计方案，典型的 CC2430 节点单位时间内待机能耗为毫焦级，休眠能耗为微焦级，计算能耗则为纳焦级[122]。对于 Berkeley Mote 节点，发送 1 bit 的数据所消耗的能量约为 4000 nJ，而处理器执行一条指令所消耗的能量仅为 5 nJ[123]。为了减少数据传输量，WSN 尽量进行网内数据融合处理，以降低通信能耗。

（3）跟踪时间。跟踪时间是目标跟踪实时性的主要衡量指标，可用完成一次目标定位跟踪所用时间来表示，由节点动态监测联盟建立时间、目标状态估计计算时间、通信时间等几部分所构成[124]。降低节点任务分配算法、跟踪算法计算的复杂度，采用合适的节点通信机制，均可减少目标跟踪时间，提高目标跟踪的实时性能。

（4）失跟率。目标失跟率 p_{m} 是指跟踪过程中目标发生丢失的概率，它是反映目标跟踪系统的检测性能、稳定性和可靠性的主要指标[125]。若某个采样时刻目标的均方根误差大于通信半径，则定义该时刻的目标丢失。失跟率 p_{m} 具体可用多次定位目标丢失次数 n_{m} 占总定位次数 N 的百分比来表示，即

$$p_{\mathrm{m}} \approx n_{\mathrm{m}} / N \times 100\% \tag{1-46}$$

2. 主要影响因素分析

影响目标跟踪性能指标的因素与实现目标跟踪过程的 MTT 基本环节有关。

首先，目标跟踪各个基本环节均与某些因素直接相关。其中，节点分配与目标观测环节直接受节点覆盖度、联盟节点数目、节点通信机制和监测数据质量等因素影响；数据融合环节、状态预测环节与对应的融合算法、预测算法及联盟节点数目紧密联系；节点分配、目标观测、数据融合、状态预测等环节的要求综合决定监测联盟所需节点数量的大小。

其次，节点覆盖度、联盟节点数目、节点通信机制、监测数据质量、融合算法和预测算法等因素共同影响目标跟踪性能指标。其中，节点覆盖度、联盟节点数目、监测数据质量、融合算法和预测算法直接影响目标跟踪误差的大小，增加节点覆盖度和监测联盟节点数目、改善监测数据质量、采用合适的融合预测算法，都可以减少目标跟踪误差；监测联盟节点数目、节点通信机制、数据融合算法影响跟踪能耗指标，减小监测联盟节点数目、采用合适的节点通信机制和数据融合算法以减少数据传输和节点间的交互，可以降低跟踪能耗；节点通信机制、融合算法和预测算法与跟踪时间指标相关，采用合适的节点通信机制、减少融合算法及预测算法复杂度，均能减少跟踪时间；节点覆盖度、联盟节点数目影响目标失跟率的大小，增加节点覆盖度和联盟节点数目，可以降低目标失跟率。

因此，各个基本跟踪环节都能影响跟踪性能指标，形成综合影响关系；同时各个性能指标之间也是互相联系甚至是矛盾的关系。例如，若要减少跟踪误差、提高目标跟踪精度，就要融合较多节点的数据，花费较多的存储资源，采取较复杂的算法，传输较多的信息，消耗较多的带宽资源，从而带来较高的能量开销，可见，能量消耗和跟踪精度是一对矛盾。另外，跟踪系统的跟踪质量要求与 WSN 本身所具有的特点（网络节点检测能力、计算能力、能量资源、存储资源、带宽资源的严重受限）也是矛盾的[61]。基于以上分析，结合实现目标跟踪过程，建立跟踪主要环节、影响因素及各项性能指标关系如图 1-14 所示。由此可见，提高跟踪性能指标，必须有系统综合的概念，需根据对结果精确度和能量消耗等各方面的要求进行综合考虑，尤其可以利用 WSN 中某些节点（如汇聚节点）的强大计算能力和能量可持续供给的特点，结合 WSN 中其他微型节点在通信和计算能耗之间、集中式与分布式信息处理方式之间进行平衡，对基于跟踪主要环节优化性能指标的理论和方法进行全面研究，才能实现系统综合评价指标最优化。

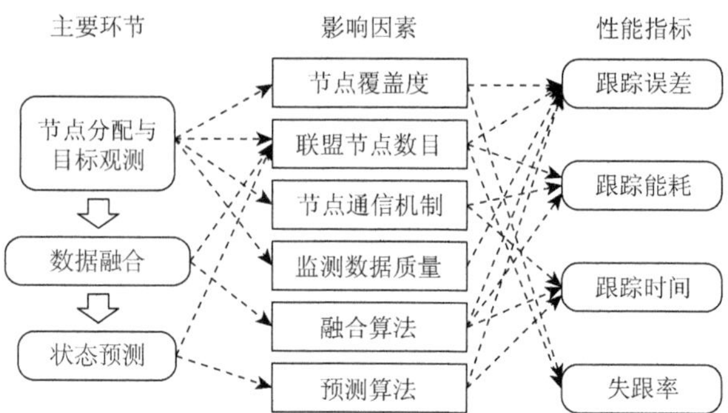

图 1-14　目标跟踪性能指标影响因素关系

第 2 章 LSSVR 回归建模 WSN 目标定位的数学基础及特性

2.1 LSSVR 的数学模型

LSSVR（least square support vector regression）即最小二乘支持向量回归机，下面从机器回归学习问题入手，讨论它的一些数学模型和求解方法，来突出 LSSVR 应用的特点。

2.1.1 机器回归学习问题

回归学习是机器学习的基本问题之一，目的是通过回归学习得到近似反映未知系统输入输出关系的回归模型，利用该模型预测系统任意输入对应的输出值[126]。图 2-1 为机器回归学习示意图，多路信号组成的向量$\boldsymbol{V}\in\mathbf{R}^n$输入未知系统 S 得到输出值 y。机器回归学习对若干组已知信号组成的输入向量$\boldsymbol{V}_i\ (i=1,\cdots,m)$、对应输出值 y_i 构成的训练样本集$\chi=\{(\boldsymbol{V}_i,y_i)\}$进行学习，得到回归模型 $f(\boldsymbol{V})$，以预测输出 $\hat{y}$ 近似系统实际输出 y。

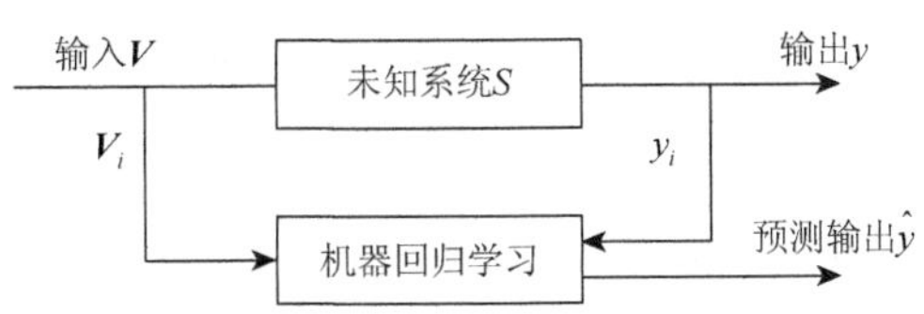

图 2-1 机器回归学习示意图

机器回归学习的关键是提高学习机器推广能力[127]（对任意未知输入对应输出的预测能力），学习机器推广能力强弱通常采用期望风险来衡量。机器回归学习过程就是在一组函数集中寻找能使期望风险达到最小的函数，期望风险 $R(\alpha)$ 可表示为

$$R(\alpha)=\int L(y,f(\boldsymbol{V},\alpha))\mathrm{d}F(\boldsymbol{V},y) \tag{2-1}$$

式中，$f(\boldsymbol{V},\alpha)$ 表示模型参数为 α 的回归模型；$L(y,f(\boldsymbol{V},\alpha))$ 为损失函数；$F(\boldsymbol{V},y)$ 为输入向量$\boldsymbol{V}$与输出量 y 的联合概率密度分布。

由于求解期望风险存在数学困难，传统回归型学习机器（如人工神经网络）利用经验风险代替期望风险进行回归学习，在特定情况下导致过度学习而丧失推广性能。统计学习理论则将期望风险近似表示为结构风险（经验风险及置信范围之和），根据结构风险最小化原则训练学习机器，避免了过学习、欠学习、局部极小等问题，为新型学习机器的提出奠定了理论基础[128]。

2.1.2 LSSVR 数学表述

LSSVR 是 20 世纪 90 年代末基于统计学习理论发展起来的一种回归学习机器，它的基本思想在于[129-131]：将低维输入空间中的一组训练样本输入向量变换为高维 Hilbert 空间中的特征向量，在 Hilbert 空间中构造回归超平面来拟合特征向量与输出值的非线性关系，通过最小化结构风险得到表征最优回归超平面的决策函数。以图 2-2 所示的一维输入空间 LSSVR 回归学习为例，$\mathbf{R}$ 为一维输入空间，(x_i, y_i) 为输入向量 x_i 、输出值 y_i 组成的训练样本；H 为 Hilbert 空间，$\phi(\cdot): x \mapsto x^{\phi}$ 为输入空间到 Hilbert 空间的变换规则，(x_i^{ϕ}, y_i) 为特征向量 x_i^{ϕ} 、输出值 y_i 组成的训练样本； $y = \boldsymbol{w}x^{\phi} + b$ 为 LSSVR 回归拟合的 Hilbert 空间最优回归超平面（$\boldsymbol{w}$ 、b 为超平面参数）， $y = \boldsymbol{w}\phi(x) + b$ 为它所对应的输入空间最优回归曲线。下面简要介绍 LSSVR 回归学习的计算过程。

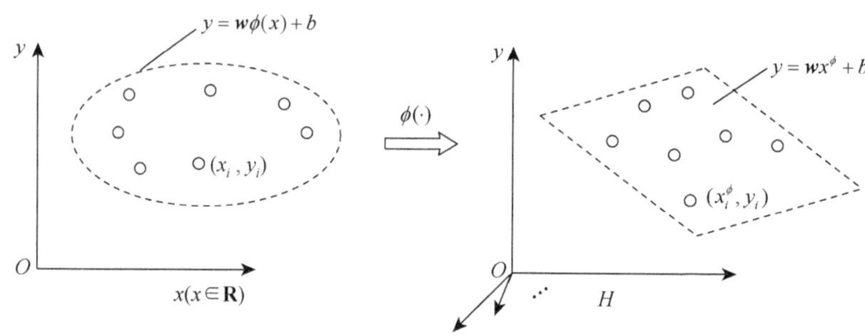

图 2-2　LSSVR 回归学习原理图

若训练样本集 $\chi = \{(\boldsymbol{V}_i, y_i) | \boldsymbol{V}_i \in \mathbf{R}^n, y_i \in \mathbf{R}, i = 1,2,\cdots,m\}$ ，LSSVR 回归学习求解如下最优化问题[132]：

$$\begin{aligned} &\min_{\boldsymbol{w},b,\xi} J(\boldsymbol{w},\xi) = \frac{1}{2}\|\boldsymbol{w}\|^2 + \frac{1}{2}\gamma\sum_{i=1}^{m}\xi_i^2 \\ &\text{s.t. } y_i = \boldsymbol{w}\phi(\boldsymbol{V}_i) + b + \xi_i, \quad i = 1,2,\cdots,m \end{aligned} \tag{2-2}$$

式中，ξ_i 为回归超平面的拟合误差；$\boldsymbol{\xi} = (\xi_1, \xi_1, \cdots, \xi_m)$ 为误差项 ξ_i 组成的误差向量；$\gamma\ (\gamma > 0)$ 为规则化参数。

由于式（2-2）优化求解计算比较复杂，通常将它转化为对偶问题，由此构造 Lagrange 函数：

$$L(\boldsymbol{w}, b, \boldsymbol{\xi}, \boldsymbol{\alpha}) = J(\boldsymbol{w}, \xi) - \sum_{i=1}^{m}\alpha_i\{\boldsymbol{w\phi}(\boldsymbol{V}_i) + b + \xi_i - y_i\} \tag{2-3}$$

式中， α_i 为 Lagrange 乘子。根据 KKT（Karush-Kuhn-Tuchker）条件，对 Lagrange 函数进行求导可得

$$\begin{cases} \dfrac{\partial L}{\partial \boldsymbol{w}} = 0 \to \boldsymbol{w} = \displaystyle\sum_{i=1}^{m}\alpha_i\phi(\boldsymbol{V}_i) \\ \dfrac{\partial L}{\partial b} = 0 \to \displaystyle\sum_{i=1}^{m}\alpha_i = 0 \\ \dfrac{\partial L}{\partial \xi_i} = 0 \to \alpha_i = \gamma\xi_i \\ \dfrac{\partial L}{\partial \alpha_i} = 0 \to \boldsymbol{w}\phi(\boldsymbol{V}_i) + b + \xi_i - y_i = 0 \end{cases} \tag{2-4}$$

式（2-4）可以表示为如下线性方程组：

$$\begin{bmatrix} \boldsymbol{I} & 0 & 0 & -\boldsymbol{U}^{\mathrm{T}} \\ 0 & 0 & 0 & -\boldsymbol{e}^{\mathrm{T}} \\ 0 & 0 & \gamma\boldsymbol{I} & -\boldsymbol{I} \\ \boldsymbol{U}^{\mathrm{T}} & \boldsymbol{e} & \boldsymbol{I} & 0 \end{bmatrix}\begin{bmatrix} \boldsymbol{w} \\ b \\ \boldsymbol{\xi} \\ \boldsymbol{\alpha} \end{bmatrix}=\begin{bmatrix} 0 \\ 0 \\ 0 \\ \boldsymbol{y} \end{bmatrix} \tag{2-5}$$

式中，$\boldsymbol{I}$ 为单位矩阵；$\boldsymbol{U}=[\boldsymbol{V}_1,\boldsymbol{V}_2,\cdots,\boldsymbol{V}_m]$；$\boldsymbol{y}=(y_1,y_2,\cdots,y_m)$；$\boldsymbol{\xi}=(\xi_1,\xi_2,\cdots,\xi_m)$；$\boldsymbol{e}=(1,1,\cdots,1)\in\mathbf{R}^m$；$\boldsymbol{\alpha}=(\alpha_1,\alpha_2,\cdots,\alpha_m)$。通过变量代换进一步消去 $\boldsymbol{w}$、$\boldsymbol{\xi}$，选取核函数 $K(\boldsymbol{V}_i,\boldsymbol{V}_j)$ 代替 $\phi(\boldsymbol{V}_i)\cdot\phi(\boldsymbol{V}_j)$，得到矩阵方程的简化形式：

$$\begin{bmatrix} 0 & -\boldsymbol{e}^{\mathrm{T}} \\ \boldsymbol{e} & \boldsymbol{\Omega}+\gamma^{-1}\boldsymbol{I} \end{bmatrix}\begin{bmatrix} b \\ \boldsymbol{\alpha} \end{bmatrix}=\begin{bmatrix} 0 \\ \boldsymbol{y} \end{bmatrix} \tag{2-6}$$

式中，$\boldsymbol{\Omega}$ 表示第 i 行第 j 列元素为 $K(\boldsymbol{V}_i,\boldsymbol{V}_j)=\phi(\boldsymbol{V}_i)\cdot\phi(\boldsymbol{V}_j)$ 的 $m\times m$ 阶对称矩阵，通过求解未知参数 $\boldsymbol{\alpha}$ 和 b 得到表征 LSSVR 回归超平面的另一种形式决策函数：

$$\hat{y}=\sum_{i=1}^{m}\alpha_i K(\boldsymbol{V},\boldsymbol{V}_i)+b \tag{2-7}$$

将未知输入向量 $\boldsymbol{V}$ 输入决策函数即可得到对应输出值 y。

LSSVR 回归模型结构可用图 2-3 表示，它包含输入层、隐含层和输出层，输入层节点用于产生样本输入，隐含层节点用于实现 Hilbert 空间内积运算，输出层节点负责将内积运算值进行加权得到决策函数。

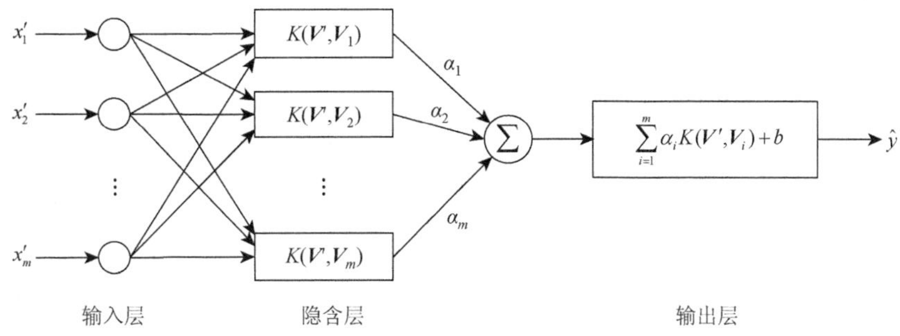

图 2-3　LSSVR 回归模型结构

可以看出，LSSVR 利用等式约束代替传统支持向量回归机训练求解不等式约束，将复杂的凸二次规划问题转化为比较简单的线性方程，计算效率高、建模参数少，在小样本机器回归学习问题中能表现出良好的泛化性能。因此，LSSVR 适合复杂多元非线性系统建模问题，将其应用于资源受限的嵌入式计算系统具有明显优势。只要实际应用中含有存在映射关系的特征向量和输出值，就可以应用 LSSVR 进行回归建模与输出预测。

2.2　LSSVR 回归建模 WSN 目标定位的基础理论与方法

前面讨论了 LSSVR 的一些数学原理及计算过程。下面先从多边测量目标定位原理入手，指出距离向量与目标坐标存在空间映射关系，满足 LSSVR 回归建模条件，进而提出

LSSVR 回归建模应用于 WSN 目标定位的基础理论与方法。

2.2.1　WSN 目标定位中的空间映射关系

图 2-4 为多边测量目标定位示意图，$S_i(x_i,y_i)\,(i=1,\cdots,n,n\geqslant 3)$ 为不在同一直线上的测量节点，$T(x_t,y_t)$ 为目标，d_i 为目标 T 到测量节点 S_i 的距离值，这些距离值组成距离向量 $\boldsymbol{V}=(d_1,d_2,\cdots,d_n)$ 。由于测量节点位置固定，距离值 d_i 成为目标坐标 (x_t,y_t) 的二元函数 $d_i=d_i(x_t,y_t)$ ，则距离向量可表示为 $\boldsymbol{V}=(d_1(x_t,y_t),d_2(x_t,y_t),\cdots,d_N(x_t,y_t))$ 。对于一定区域内的任意位置目标，根据目标坐标值就能得到唯一的距离向量 $\boldsymbol{V}$。当目标跑遍整个区域时，所得的距离向量构成向量集合 χ_V 。反过来看，根据多边测量定位原理，给定任意距离向量 $\boldsymbol{V}\in\chi_V$ ，都能确定出唯一的目标坐标值 (x_t,y_t) 。

从空间几何的角度看，距离向量 $\boldsymbol{V}$ 对应于输入空间 $\mathbf{R}^n$ 中的点 G（图 2-5）。由于距离函数 $d_i=d_i(x_t,y_t)$ 为连续函数，集合 χ_V 内所有距离向量 $\boldsymbol{V}$ 对应空间点组成连续的空间曲面 W。对于曲面 W 上任意一点 G，在一维实数空间 $\mathbf{R}$ 中都有唯一的目标坐标值（ x_t 或 y_t ）与之对应，由此形成输入空间 $\mathbf{R}^n$ 中点 G 到实数空间 $\mathbf{R}$ 中目标坐标（ x_t 或 y_t ）的空间映射，曲面 Z 代表空间映射规则。

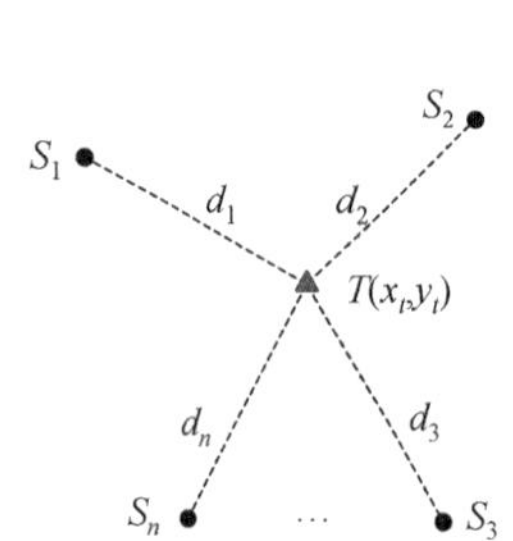

图 2-4　多边测量目标定位示意图

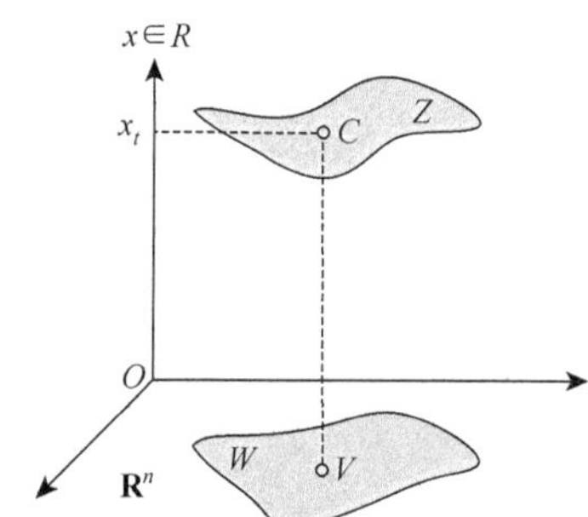

图 2-5　WSN 目标定位空间映射示意图

以上分析表明，节点到目标的距离向量与目标坐标具有确定的数学关系，目标定位计算可视为距离向量到目标坐标的非线性映射过程。下面进一步推导空间映射的数学形式，令

$$\boldsymbol{A}=\frac{1}{2}\begin{bmatrix} x_1-x_n & y_1-y_n \\ x_2-x_n & y_2-y_n \\ \vdots & \vdots \\ x_{n-1}-x_n & y_{n-1}-y_n \end{bmatrix},\quad \boldsymbol{b}=\begin{bmatrix} x_1^2-x_n^2+y_1^2-y_n^2+d_n^2-d_1^2 \\ x_2^2-x_n^2+y_2^2-y_n^2+d_n^2-d_2^2 \\ \vdots \\ x_{n-1}^2-x_n^2+y_{n-1}^2-y_n^2+d_n^2-d_{n-1}^2 \end{bmatrix},\quad \boldsymbol{X}=\begin{bmatrix} x_t \\ y_t \end{bmatrix}$$

根据多边测量最小二乘定位原理，有式（2-8）成立[133]：

$$\boldsymbol{X}=(\boldsymbol{A}^{\mathrm{T}}\boldsymbol{A})^{-1}\boldsymbol{A}^{\mathrm{T}}\boldsymbol{b} \tag{2-8}$$

若已知节点坐标值，则等式右端算式构成距离向量 $\boldsymbol{V}$ 的非线性变换。令 $\boldsymbol{B}=(\boldsymbol{A}^{\mathrm{T}}\boldsymbol{A})^{-1}\boldsymbol{A}^{\mathrm{T}}$ ，那么，式（2-8）可以等效为

$$\begin{cases} x_t=\boldsymbol{B}_1\boldsymbol{b}=g_x(\boldsymbol{V}) \\ y_t=\boldsymbol{B}_2\boldsymbol{b}=g_y(\boldsymbol{V}) \end{cases} \tag{2-9}$$

式中，$\boldsymbol{B}_j\ (j=1,2)$ 表示第 j 个行向量；g_x 和 g_y 为 N 元非线性函数，它描述距离向量到目标坐标的空间映射规则。

可以看出，WSN 目标定位中距离向量与目标坐标具有非线性映射关系，满足应用 LSSVR 进行回归建模的数学条件。这些特征向量与目标坐标都存在非线性映射关系，满足应用 LSSVR 回归建模条件。因此，下面所提出的 LSSVR 回归建模目标定位方法具有通用性。

2.2.2　LSSVR 回归建模 WSN 目标定位方法的工作机理

LSSVR 回归建模 WSN 目标定位方法的工作机理为：通过 LSSVR 回归建模拟合特征向量与目标坐标的映射关系，得到能近似反映它们映射关系的回归模型，借助于 LSSVR 良好的推广性能和抗噪能力，利用 LSSVR 回归模型对根据节点测量信息构造的测量向量进行映射，得到目标坐标估计值。LSSVR 回归建模 WSN 目标定位主要包括获取训练样本集、LSSVR 回归建模、目标定位等基本步骤。

（1）获取训练样本集：在一定网络范围内按照某种规则选取采样位置点 $P_j(x_{pj}, y_{pj})\ (j=1,2,\cdots,m)$，根据采样位置点 $P_j(x_{pj}, y_{pj})$ 到测量节点 $S_i(x_i, y_i)\ (i=1,\cdots,n)$ 的距离值 d_{ij} 计算特征向量 $\boldsymbol{V}_j=(d_{1j}, d_{2j}, \cdots, d_{nj})$，利用特征向量 $\boldsymbol{V}_j$、采样位置点坐标 (x_{pj}, y_{pj}) 构造训练样本集 $\chi_x=\{(\boldsymbol{V}_j, x_{pj})\mid j=1,2,\cdots,m\}$，$\chi_y=\{(\boldsymbol{V}_j, y_{pj})\mid j=1,2,\cdots,m\}$。

（2）LSSVR 回归建模：选定核函数类型和其他相关参数，基于训练样本集 χ_x、χ_y，根据式（2-6）、式（2-7）分别构造并求解矩阵方程，得到用于估计目标 x 坐标、y 坐标的 LSSVR 回归模型 $f_x(\boldsymbol{V}')$、$f_y(\boldsymbol{V}')$。

（3）目标定位：是指利用 LSSVR 回归模型估计节点观测数据对应的目标坐标值。利用节点测量信息构造的测量向量并输入 LSSVR 回归模型 $f_x(\boldsymbol{V}')$、$f_y(\boldsymbol{V}')$，借助 LSSVR 的抗噪能力，将模型输出作为目标坐标估计值 $\hat{x}_t$、$\hat{y}_t$。图 2-6 为 LSSVR 建模目标定位计算示意图。

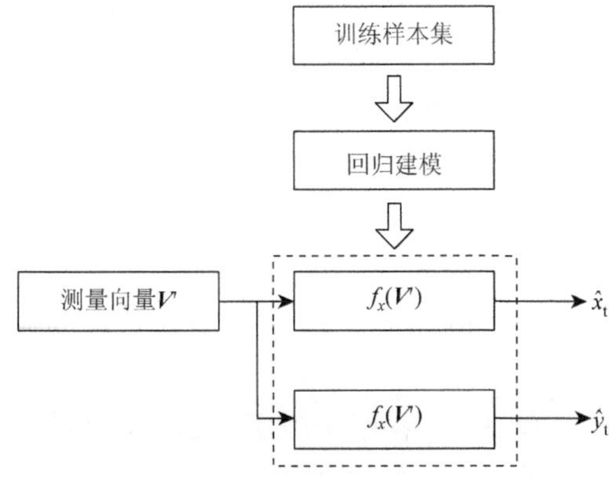

图 2-6　LSSVR 建模目标定位计算示意图

可以看出，应用 LSSVR 回归建模的 WSN 目标定位方法具有以下特点：

（1）LSSVR 相对于其他支持向量回归机建模计算量较低，适合应用于资源受限的 WSN 目标定位；

（2）LSSVR 在小样本情况下就能获得较好的推广性能，降低 LSSVR 目标定位计算复杂度同时，还可以改善建模定位效果；

（3）借助于 LSSVR 的抗噪能力有望减小测量噪声对定位结果的影响，提高目标定位准确度。

2.3　LSSVR 建模定位特征向量的基本条件

为从更高角度研究 WSN 目标定位空间映射问题，使 LSSVR 建模定位方法更具普遍性，下面进一步探讨满足空间映射条件特征提取的通用方法。

在 WSN 目标定位应用中，传感器节点能够测量距离、角度、信号强度等多种类型物理量。不失一般性，若 $w_j\ (j=1,2,\cdots,n)$ 表示节点测量的任意类型物理量，则由它们可以构造特征向量 $\boldsymbol{V}_v=(v_1,v_2,\cdots,v_m)$，并且有

$$\begin{cases} v_1=h_1(w_1,w_2,\cdots,w_n) \\ v_2=h_2(w_1,w_2,\cdots,w_n) \\ \qquad\cdots\cdots \\ v_m=h_m(w_1,w_2,\cdots,w_n) \end{cases} \tag{2-10}$$

式中，$h_i\ (i=1,2,\cdots,m)$ 为 w_j 的多元函数。由映射关系的传递性可知，只要特征向量 $\boldsymbol{V}_v$ 能够映射到距离向量 $\boldsymbol{V}$，那么，它也能相应地映射到目标坐标值。换言之，如果根据特征向量 $\boldsymbol{V}_v$ 能够求解出距离向量 $\boldsymbol{V}$，$\boldsymbol{V}_v$ 就与目标坐标值存在非线性映射关系。

进一步分析距离向量可知，若 $S_i(x_i,y_i)\ (i=1,2,3)$ 表示不在同一直线上的 WSN 节点，根据节点到目标的距离值 $d_i\ (i=1,2,3)$ 和节点坐标，利用式（2-8）就能计算得到目标坐标，进而能够确定其余节点到目标的距离值，并组成距离向量 $\boldsymbol{V}$。反之，若给定距离向量 $\boldsymbol{V}$，则距离值 $d_i\ (i=1,2,3)$ 也是确定的。这就表明，向量 $\boldsymbol{V}_3=(d_1,d_2,d_3)$ 与 $\boldsymbol{V}$ 具有一一对应关系，若能求解得到 $\boldsymbol{V}_3$，则能相应求解出距离向量 $\boldsymbol{V}$。不同节点到目标距离值具有相关性，它们都能表示为距离值 $d_i\ (i=1,2,3)$ 的非线性函数。因此，特征向量 $\boldsymbol{V}_v$ 满足目标坐标映射关系的充分条件转化为利用 $\boldsymbol{V}_v$ 能够求解出向量 $\boldsymbol{V}_3$。

要满足以上条件，选用物理量 $w_j\ (j=1,2,\cdots,n)$ 必须能够表示为距离值 $d_i\ (i=1,2,\cdots,N)$ 的函数，通过两次变量代换可以得到

$$\begin{cases} v_1=h_1(w_1,w_2,\cdots,w_n)=f_1(d_1,d_2,d_3) \\ v_2=h_2(w_1,w_2,\cdots,w_n)=f_2(d_1,d_2,d_3) \\ \qquad\cdots\cdots \\ v_m=h_m(w_1,w_2,\cdots,w_n)=f_m(d_1,d_2,d_3) \end{cases} \tag{2-11}$$

式中，f_i 为经过代换得到的距离值 $d_i\ (i=1,2,3)$ 的多元函数。不难看出，只要以上方程组包含三个相互无关的方程，就能求解出距离值 $d_i\ (i=1,2,3)$。在此基础上，增加任意数量和形式的多元函数来扩充 $\boldsymbol{V}_v$ 的维数，都能满足距离值求解条件。

可以看出，构造能够映射到目标坐标的特征向量，需满足以下两个基本条件：①测量节点位置数量条件（即测量节点必须包含三个或三个以上不在同一直线上的节点）；②向

量空间映射条件（即用于构造特征向量的物理量必须是节点到目标距离值的函数，特征向量至少应该包含三个相互无关函数表示的分量）。

2.4 LSSVR 回归建模目标定位特性

要研究 LSSVR 定位特性，就必须研究 LSSVR 目标定位误差分析、目标定位误差的空间物理特性、核函数对 LSSVR 定位的影响等方面内容。

2.4.1 LSSVR 目标定位的误差分析

前面已经提到，LSSVR 目标定位通过回归拟合特征向量与目标坐标映射关系估计目标坐标值。理论上，若训练样本数量无穷多且测量数据不包含噪声，则 LSSVR 回归模型能够准确描述特征向量与目标坐标的映射关系，将测量向量输入 LSSVR 模型就能得到准确的目标坐标值。

若利用少量训练样本建立 LSSVR 回归模型，则只能近似反映目标定位的空间映射关系。即使节点测量数据不包含噪声，将由测量数据构造的测量向量输入回归模型也会产生一定的坐标估计误差，即模型影响误差；实际定位中包含噪声的节点测量数据，可看作不包含噪声测量向量再叠加一定噪声量，定位误差包含模型影响误差和噪声影响误差。

图 2-7 为反映上面关系的 LSSVR 建模定位误差结构示意图。图中，$\psi_x(\boldsymbol{V})$和 $\psi_y(\boldsymbol{V}')$为特征向量与目标坐标的映射函数，$f_x(\boldsymbol{V}')$和$f_y(\boldsymbol{V}')$表示 LSSVR 回归模型，$\boldsymbol{V}$为不包含噪声测量数据的理想测量向量，$\Delta\boldsymbol{V}$ 为噪声引起的测量向量的噪声影响量，$\boldsymbol{V}'$为实际测量向量，$e_x(e_x=\hat{x}_t-x_t)$和 $e_y(e_y=\hat{y}_t-y_t)$分别为目标 x 坐标误差、y 坐标误差，e_t为 e_x和 e_y合成的目标定位误差，并且有

$$\begin{cases} e_x = e_{xm} + e_{xn} \\ e_y = e_{ym} + e_{yn} \end{cases} \tag{2-12}$$

$$e_t = \sqrt{e_x^2 + e_y^2} + \sqrt{(e_{xm} + e_{xn})^2 + (e_{ym} + e_{yn})^2} \tag{2-13}$$

式中，e_{xm}、e_{ym}分别为$f_x(\boldsymbol{V}')$、$f_y(\boldsymbol{V}')$模型影响误差；e_{xn}、e_{yn}分别为$f_x(\boldsymbol{V}')$、$f_y(\boldsymbol{V}')$噪声影响误差。

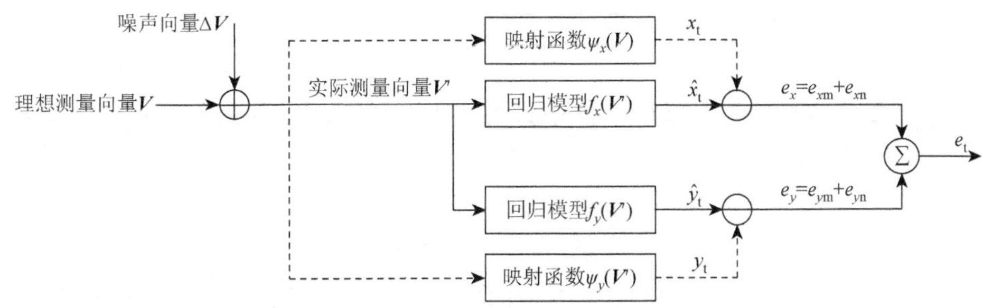

图 2-7　LSSVR 建模定位误差结构示意图

因此，单次定位的坐标估计误差由模型影响误差和噪声影响误差两部分组成，模型影响误差、噪声影响误差反映了 LSSVR 回归模型推广性能和抗噪能力的大小。回归模型推广性能越好，模型影响误差就越小；回归模型抗噪能力越强，噪声影响误差就越小。可以看出，减小目标定位误差，一方面应降低节点测量噪声，另一方面需减少测量噪声对定位结果的影响。特别是在训练样本数量较少、回归模型推广性能受影响的情况下，增强 LSSVR 回归模型的抗噪能力就显得特别重要。

2.4.2 LSSVR 目标定位误差空间分布特性

前面已经分析了 LSSVR 目标定位误差结构，下面进一步探讨 LSSVR 目标定位误差空间分布特性。

以图 2-8 所示三维输入空间为例，W 为特征曲面，实心圆点为曲面上的点，空心圆点为曲面外的点。对于目标 x 坐标估计情况，经过样本训练得到 LSSVR 定位模型 $f_x(\boldsymbol{V}')$，任意测量向量与输入空间中的点（即测量向量点）、x 坐标估计误差就有确定的对应关系。

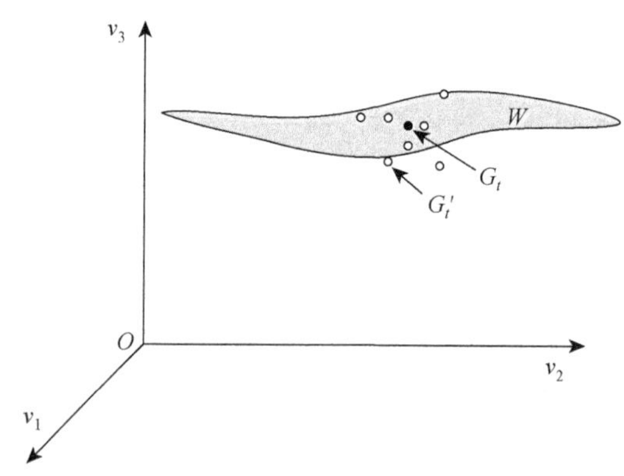

图 2-8 LSSVR 建模定位向量点空间分布

不包含噪声节点数据构造的理想测量向量 $\boldsymbol{V}_t$ [$\boldsymbol{V}_t=(v_{1t},v_{2t},v_{3t})$] 对应特征曲面上的点 $G_t=(v_{1t},v_{2t},v_{3t})$，$G_t$ 点对应的 x 坐标估计误差仅包含模型影响误差 e_{xm}。利用包含噪声节点数据构造的测量向量 $\boldsymbol{V}'$ [$\boldsymbol{V}'=\boldsymbol{V}_t+\Delta\boldsymbol{V}=(v_1',v_2',v_3')$] 构成 G_t 点附近一点 G'，G' 点对应的 x 坐标估计误差 e_x 包含模型影响误差 e_{xm}、噪声影响误差 e_{xn}。由于节点测量数据有随机成分，测量向量 $\boldsymbol{V}'$ 也具有随机成分。对同一位置目标进行多次测量得到的测量向量集合 $\chi_{V'}=\{\boldsymbol{V}_k' \mid \boldsymbol{V}_k'=\boldsymbol{V}_t+\Delta\boldsymbol{V}_k,k=1,2,\cdots,K\}$，对应于分布在 G_t 点周围的空间点集 $\chi_{G'}=\{G_k'(v_{1k}',v_{2k}',v_{3k}') \mid k=1,2,\cdots,K\}$（$G_k'$ 点与 G_t 点的欧氏距离为 $\sqrt{\Delta\boldsymbol{V}^{\mathrm{T}}\Delta\boldsymbol{V}}$，节点测量噪声越大，$G_k'$ 点距离 G_t 点越远）。任意点 $G_k'\in\chi_{G'}$ 对应的 x 坐标估计误差为 $e_x^k=e_{xm}+e_{xn}^k$，由此形成以 G_t 点为几何中心的 x 坐标估计误差空间分布，并且有

$$e_x^k=e_{xm}+F_{xn}(\boldsymbol{V}_k') \tag{2-14}$$

式中，F_{xn} 为噪声影响误差空间分布函数，并且满足 $F_{xn}(\boldsymbol{V}_t)=0$；同理，回归模型 $f_y(\boldsymbol{V}')$ 具有模型影响误差 e_{ym}、噪声定位误差空间分布函数 F_{yn}。可以看出，若目标位置固定，由

LSSVR 回归模型就能确定模型影响误差、噪声定位误差空间分布函数。

LSSVR 建模定位效果通过多次定位结果来评价，这些定位结果与模型影响误差、噪声定位误差空间分布函数有关。LSSVR 建模定位关键之一在于通过合理的回归建模策略（特征提取、训练样本分布、参数优化）优化 LSSVR 回归模型，来调节模型定位误差、噪声定位误差的空间分布函数，进而改善整体定位效果。本书将在第 3 章详细讨论 LSSVR 回归建模优化方法。

2.4.3　核函数对 LSSVR 回归建模的影响

核函数是 LSSVR 回归建模计算的重要组成部分，它把高维特征向量内积转化成低维向量函数，将 LSSVR 回归建模由输入空间提升到 Hilbert 空间，增强了回归模型非线性拟合效果，提高了 LSSVR 回归建模的灵活性和运算效率。

核函数形式多种多样，凡是满足下面 Mercer 定理的实值函数均可作为核函数[134]：令 χ 为输入空间中的紧集，$K(\cdot)$ 为输入空间中的实值对称函数，定义积分算子为

$$T_K f = \int_{\chi} K(\cdot,\boldsymbol{V}')f(\boldsymbol{V}')\mathrm{d}\boldsymbol{V}' \tag{2-15}$$

若以上积分算子半正定，则 $K(\cdot,\cdot)$ 属于核函数，即

$$K(\boldsymbol{V},\boldsymbol{V}') = (\Phi(\boldsymbol{V})\Phi(\boldsymbol{V}')) \tag{2-16}$$

式中，Φ 表示输入空间到 Hilbert 空间的映射：

$$\Phi:\ \boldsymbol{V} \mapsto (\sqrt{\lambda_1}\psi_1(\boldsymbol{V}),\sqrt{\lambda_2}\psi_2(\boldsymbol{V}),\cdots,\sqrt{\lambda_t}\psi_t(\boldsymbol{V}))^{\mathrm{T}} \tag{2-17}$$

λ_t 和 ψ_t 分别为积分算子的特征值和特征函数。常见的核函数类型如下[135]：

（1）线性核函数：

$$K(\boldsymbol{V}_i,\boldsymbol{V}_j) = \boldsymbol{V}_i\boldsymbol{V}_j \tag{2-18}$$

（2）多项式核函数：

$$K(\boldsymbol{V}_i,\boldsymbol{V}_j) = ((\boldsymbol{V}_i\boldsymbol{V}_j)+c)^d,\quad c \geqslant 0 \tag{2-19}$$

式中，$c>0$ 为非齐次多项式核，$c=0$ 为齐次多项式核；

（3）Gauss-RBF 核函数：

$$K(\boldsymbol{V}_i,\boldsymbol{V}_j) = \exp\left(-\frac{\|\boldsymbol{V}_i-\boldsymbol{V}_j\|^2}{\delta^2}\right) \tag{2-20}$$

式中，δ 表示核函数带宽；

（4）Fourier 核函数：

$$K(\boldsymbol{V}_i,\boldsymbol{V}_j) = \frac{1-q^2}{2(1-2q\cos(\boldsymbol{V}_i-\boldsymbol{V}_j)+q^2)},\quad 0<q<1 \tag{2-21}$$

$$K(\boldsymbol{V}_i,\boldsymbol{V}_j) = \frac{\pi}{2\gamma}\cdot\frac{\cosh\left(\dfrac{\pi-|\boldsymbol{V}_i-\boldsymbol{V}_j|}{\gamma}\right)}{\sinh\left(\dfrac{\pi}{\gamma}\right)} \tag{2-22}$$

（5）Sigmoid 核函数：

$$K(V_i,V_j)=\tanh(\kappa(V_iV_j)+\nu),\quad \kappa>0,\nu>0 \tag{2-23}$$

核函数对 LSSVR 回归建模效果的影响机理主要体现在以下两个方面。

（1）从空间映射角度看，利用核函数代替 Hilbert 空间中向量内积进行回归建模时，核函数可以决定输入空间到 Hilbert 空间的非线性变换规则［式（2-17）］，通过改变核函数表达式及其参数就能改变非线性变换规则，从而影响回归超平面拟合、预测结果。

（2）从样本相似度角度看，LSSVR 预测结果取决于未知样本与训练样本的相似程度。LSSVR 通过在 Hilbert 空间中作内积运算来衡量样本相似度，改变核函数能够影响样本相似度和预测结果。

核函数的选取一直是机器学习领域的理论难点，各类核函数应用于 LSSVR 建模预测表现出不同的性能特点，这种差异性目前尚缺乏严格的数学论证。人们通常依据经验知识选择几种常用核函数，采取各种手段对核函数参数进行优化。

针对 LSSVR 回归建模 WSN 目标定位性能要求，选择的核函数应具有建模预测效果好、形式简单、核函数参数少等特点，这有助于综合提高 LSSVR 回归建模、参数优化计算效率，改善定位效果。由于 RBF 核函数只包含一个带宽参数，在支持向量机相关研究中能够表现出良好的应用效果，是广大研究者最常选用的一类核函数，本书暂将其应用于 LSSVR 回归建模。

第 3 章　基于 LSSVR 局部建模的 WSN 目标定位方法

本章主要研究目标在移动过程某一时刻的定位问题。讨论不同类型目标定位的特征提取方法，将局部学习思想引入 LSSVR 建模过程，研究建模参数粒子群优化算法及网络配置策略。

3.1　不同类型的目标定位特征提取

特征提取是 LSSVR 回归建模的重要前提，LSSVR 建模定位应根据目标具体特点合理提取特征量。下面分别阐述发射功率稳定和不稳定两种情况下目标定位特征提取方法。

3.1.1　目标距离特征提取方法

为了便于阐述特征提取原理，有必要首先简述信道衰减模型及其特性。射频信号在自由空间中传播时，接收器理想测量信号强度值会随信号传播距离增加产生衰减。信道衰减模型描述了理想接收信号强度 $\bar{P}(d)$ 与信号传播距离 d 的数学关系[136]：

$$\bar{P}(d)=\bar{P}(d_0)-10\eta\lg\left(\frac{d}{d_0}\right) \tag{3-1}$$

式中，$\bar{P}(d_0)$ 为参考距离 d_0 处的理想接收信号强度值，它是与目标发射功率有关的参数；η 为衡量信号强度衰减速度的信道损失指数，受到信号传播环境影响[137, 138]。考虑实际单次测量的信号强度值 $P(d)$ 含有一定的随机干扰信号成分，则

$$P(d)=\bar{P}(d_0)-10\eta\lg\left(\frac{d}{d_0}\right)+P_e \tag{3-2}$$

式中，P_e 为均值为零、方差为 σ^2 的高斯随机变量；σ 通常为 4～10。图 3-1 中，虚线为理想信号强度变化曲线（信道模型单调递减性），实心方块为实测信号强度值。

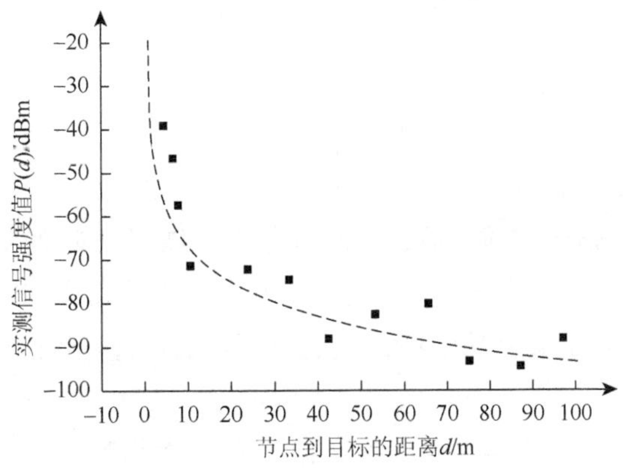

图 3-1　实测信号强度值

WSN 采用具有射频信号强度测量功能的 IEEE802.15.4 协议实现节点通信[91]。若目标发射功率稳定，则 $\bar{P}(d_0)$ 为一个常数项，利用 WSN 节点测量目标信号强度，可以标定信道参数值。借助信道衰减模型单调递减特性可以估算节点到目标的距离，构造测量距离向量。第 2 章已表明，距离向量与目标坐标具有非线性映射关系，满足 LSSVR 回归建模条件。因此，对于固定发射功率目标，可以选用目标距离 $\boldsymbol{V}_{\mathrm{d}}$ 作为特征量进行 LSSVR 回归建模与定位。

利用距离值特征 $\boldsymbol{V}_{\mathrm{d}}$ 提取回归建模计算量小，利用测量节点估算目标距离，可减轻簇头节点定位计算负载，但信号强度测量值波动会导致较大测距误差。

3.1.2 信号强度差特征提取方法

若目标发射功率不稳定，则 $\bar{P}(d_0)$ 不是常数，会带来明显的基于固定信道衰减模型的测距误差。通过下面研究可以发现，合理的特征提取方法对消除目标发射功率变化对 LSSVR 建模定位的影响非常重要。

根据式（3-1），将节点 $S_i(x_i,y_i)$、$S_j(x_j,y_j)\,(i\neq j)$ 理想信号强度值 $\bar{P}(d_i)$、$\bar{P}(d_j)$ 相减，得到信号强度差：

$$\bar{P}(d_i)-\bar{P}(d_j)=\left[\bar{P}(d_0)-10\eta\lg\left(\frac{d_i}{d_0}\right)\right]-\left[\bar{P}(d_0)-10\eta\lg\left(\frac{d_j}{d_0}\right)\right]=10\eta\lg\left(\frac{d_j}{d_i}\right)\tag{3-3}$$

根据式（3-3），可以进一步得到由信号强度差构成的特征向量 $\boldsymbol{V}_{\mathrm{s}}$：

$$\begin{aligned}\boldsymbol{V}_{\mathrm{s}}&=(\bar{P}(d_1)-\bar{P}(d_2),\bar{P}(d_2)-\bar{P}(d_3),\cdots,\bar{P}(d_{n-1})-\bar{P}(d_n),\bar{P}(d_n)-\bar{P}(d_1))\\&=10\eta\left(\lg\left(\frac{d_2}{d_1}\right),\lg\left(\frac{d_3}{d_2}\right),\cdots,\lg\left(\frac{d_n}{d_{n-1}}\right),\lg\left(\frac{d_1}{d_n}\right)\right)\end{aligned}\tag{3-4}$$

同理，由节点 $S_i(x_i,y_i)$ 实际信号强度测量值 P_i $(P_i=\bar{P}(d_0)-10\eta\lg d_i+P_{\mathrm{e}i})$ 得到含有测量噪声的信号强度差特征向量 $\boldsymbol{V}_{\mathrm{s}}'$：

$$\begin{aligned}\boldsymbol{V}_{\mathrm{s}}'=&\left(10\eta\lg\left(\frac{d_2}{d_1}\right)+(P_{\mathrm{e}1}-P_{\mathrm{e}2}),10\eta\lg\left(\frac{d_3}{d_2}\right)+(P_{\mathrm{e}2}-P_{\mathrm{e}3}),\cdots,10\eta\lg\left(\frac{d_n}{d_{n-1}}\right)\right.\\&\left.+(P_{\mathrm{e}(n-1)}-P_{\mathrm{e}n}),10\eta\lg\left(\frac{d_1}{d_n}\right)+(P_{\mathrm{e}n}-P_{\mathrm{e}1})\right)\end{aligned}\tag{3-5}$$

式中，$P_{\mathrm{e}i}$ 为节点 S_i 信号强度测量噪声。

根据式（3-4）和式（3-5），这时特征向量 $\boldsymbol{V}_{\mathrm{s}}$、$\boldsymbol{V}_{\mathrm{s}}'$ 均与 $\bar{P}(d_0)$ 无关，即特征向量取值不受目标发射功率变化的影响。由于信号强度差是目标距离函数，利用距离向量 $\boldsymbol{V}_{\mathrm{d}}$ 就能唯一确定出 $\boldsymbol{V}_{\mathrm{s}}$；当 $\boldsymbol{V}_{\mathrm{s}}$ 取值一定时，通过求解方程组也能得到 $\boldsymbol{V}_{\mathrm{d}}$ 的唯一解，因而 $\boldsymbol{V}_{\mathrm{s}}$ 与 $\boldsymbol{V}_{\mathrm{d}}$ 存在一一映射关系。根据映射关系传递性，$\boldsymbol{V}_{\mathrm{s}}$ 与目标坐标具有非线性映射关系，满足 LSSVR 回归建模条件。可见，对于发射功率不稳定的目标，适合选择理想信号强度差作为特征量进行 LSSVR 回归建模。

以上通过信号强度差特征提取，在目标发射功率不稳定下依然满足 LSSVR 建模定位条件，消除了信道参数变化对定位的不利影响，但回归建模计算量有所增加。

3.2　基于 LSSVR 局部建模的 WSN 目标定位方法

前面探讨了不同类型目标 LSSVR 建模定位特征提取方法，利用提取的特征量可以组成训练样本的输入向量。本节将进一步研究输入空间中训练样本点分布对 LSSVR 回归建模的影响，将局部学习思想引回归建模过程，提出基于 LSSVR 局部建模的 WSN 目标定位方法[139-141]。

3.2.1　训练样本点分布对建模定位的影响

训练样本是 LSSVR 回归建模的基础，训练样本输入向量对应输入空间中特征曲面上的点（简称训练样本点），因此训练样本点空间分布直接影响 LSSVR 回归建模效果。

其影响机理体现在以下两个方面：①训练样本点空间分布区域就是 LSSVR 学习区域，训练样本点分布越密集，LSSVR 回归学习越充分，LSSVR 回归模型在该区域内的推广性能也会相应提高；②训练样本点空间分布区域大小影响 LSSVR 回归模型预测范围，训练样本点分布区域越大，回归模型预测范围也就越大。

可以看出，利用一定数量训练样本建立的回归模型，其推广性能与预测范围呈相反方向变化。增大模型预测范围，推广性能相应降低。

图 3-2 为三维输入空间训练样本点分布图，其中空心点 $G_j(v_{j1},v_{j2},v_{j3})$ $(j=1,2,\cdots,m)$ 为特征曲面 W 上的训练样本点，Z $(Z\in W)$ 为训练样本点分布区域，实心点 G_{t} 为理想测量向量点。LSSVR 回归模型在区域 Z 内推广性能要优于在区域 Z 外，若训练样本点分布区域 Z 包含理想测量向量点 G_{t}，则能相应减小模型影响误差。

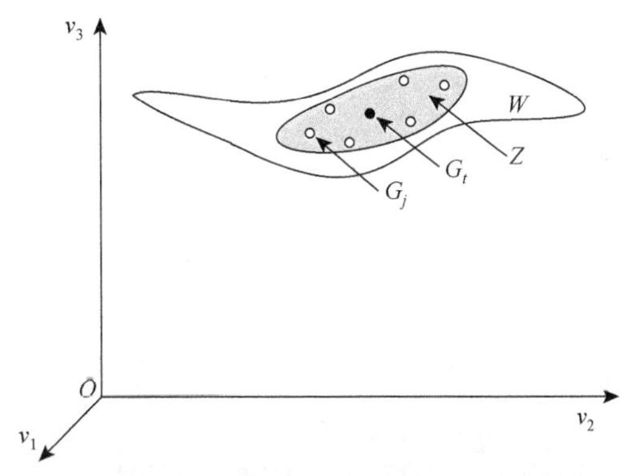

图 3-2　训练样本点空间分布示意图

实际定位中，理想测量向量显然未知，增大训练样本点分布区域可以提高理想测量向量点包含概率，但 LSSVR 推广性能相应降低。若采取增加训练样本数量办法，则可以增强推广性能，但回归建模计算复杂度又会明显增加。因此，选择过大的训练样本点分布区域，回归模型推广能力与建模计算复杂度之间的矛盾会非常突出。

近年来，局部学习思想受到机器学习领域众多专家学者的关注。它基于局部空间训练样本来训练学习机器，通过减小一定数量训练样本点空间分布区域，使得学习机器在局部空间内获得良好的推广性能，已广泛应用于非线性函数估计、过程控制、时间序列预测等研究领域[142，143]。受此启发，作者确定基于局部学习思想的LSSVR局部回归建模策略，利用局部训练样本建立LSSVR回归模型，通过调节训练样本点局部区域分布来包含理想测量向量点，可望实现轻量建模计算下改善目标定位效果的目标。

3.2.2　采样点分布条件及建模区域确定

下面探讨调节训练样本点局部区域分布的建模区域确定方法。LSSVR局部建模的关键之一是训练样本点局部区域能包含理想特征向量点。下面从采样点和训练样本点分布对应关系入手，研究满足以上包含条件的采样点分布条件及建模区域确定方法。

LSSVR建模定位方法根据网络区域中采样点坐标构造训练样本输入向量，采样点分布会影响训练样本点空间分布，这里将采样点分布区域简称为建模区域。图3-3为建模区域、训练样本点分布区域对照图。其中Q_1、Q_2 ($Q_1 \subset Q_2$)为建模区域，Z_1、Z_2 ($Z_1 \subset Z_2$)为对应训练样本点分布区域，$T(x_t, y_t)$为目标，G_t为理想测量向量点。若增大建模区域，则训练样本点分布区域也相应增大。

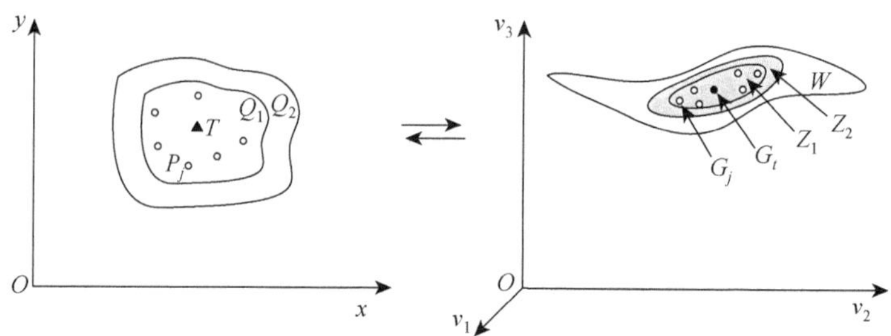

图3-3　建模区域、训练样本点分布区域对照图

由定义可知，根据目标位置$T(x_t, y_t)$构造的特征向量恰好对应理想测量向量点G_t。若建模区域Z_1包含目标位置$T(x_t, y_t)$，则训练样本点分布区域Z_1必然包含G_t。因此，局部训练样本点分布优化问题转化为采样点分布优化问题。无论采样点在网络区域内如何分布，都必须满足建模区域包含目标位置的条件。

尽管目标实际位置无法确知，但可以根据节点测量区域判断目标的存在范围。实际中，距离目标较远节点的信号强度测量值具有较低信噪比，这些节点参与目标定位计算会影响定位的准确度，杂波环境下也容易引起节点对目标是否出现的误判。基于信号强度WSN目标定位方法通常会为节点设定信号强度测量阈值，仅当信号强度测量值超过设定阈值时，节点才会认为测量数据有效。根据信号强度阈值和信道衰减模型可以计算节点有效测量距离（有效测量距离表示节点的信号强度阈值对应的测量距离值，而非节点能够探测目标的最远距离），进而得到以节点位置为圆心、以有效测量距离为半径的圆形测量区域。当节点测量值大于信号强度阈值时，认为目标位于圆形测量区域内。

本书将多个节点测量区域的重叠区域称为公共测量区域。若某时刻多个节点同时有效测量到目标信息，则认为目标位于这些节点的公共测量区域内。3 个节点公共测量区域如图 3-4 所示，R_s 表示有效测量距离，虚线圆表示节点测量区域，阴影部分为测量节点 $S_i(x_i, y_i)$ $(i=1,2,3)$ 的公共测量区域。

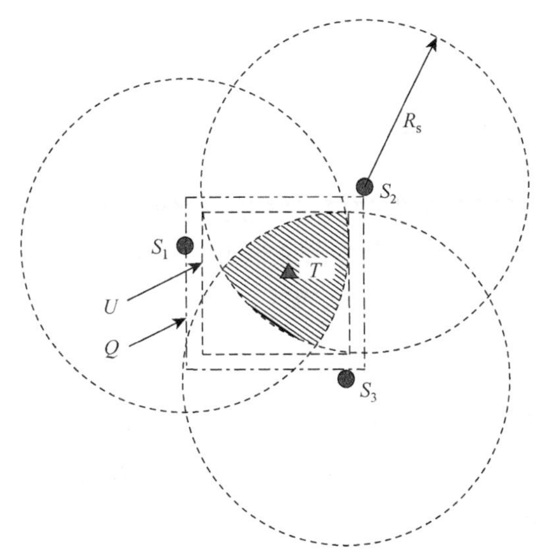

图 3-4　节点公共测量区域示意图

可以看出，只要知道能有效测量到目标的节点，就能判断出目标的存在区域。若建模区域包含节点公共测量区域，则它相应地也能包含目标所在位置。然而，公共测量区域是由多个圆弧组成的不规则图形，确定公共测量区域边界计算量较大。根据几何关系，如果 $x_{s\min}$ 和 $x_{s\max}$ 分别表示测量节点 x 坐标的最小值和最大值，$y_{s\min}$ 和 $y_{s\max}$ 分别表示节点 y 坐标的最小值和最大值，那么，公共测量区域内任意点 (x, y) 应满足下列不等式：

$$\begin{cases} x_{s\max} - R_s < x < x_{s\min} + R_s \\ y_{s\max} - R_s < y < y_{s\min} + R_s \end{cases} \tag{3-6}$$

即公共测量区域包含图 3-4 中坐标范围为 $[x_{s\max}+R_s, x_{s\min}-R_s]\times[y_{s\max}+R_s, x_{s\min}-R_s]$ 的矩形区域 U。不失一般性，以上结论可以推广到存在 n $(n \geqslant 3)$ 个测量节点的情况。

根据包含关系，只要建模区域能够包含矩形区域 U，就能满足采样点分布约束条件。理论上可以选取具有任意形状和大小的建模区域包含矩形区域：①建模区域形状选择应便于回归建模运算；②回归建模过程尚需对建模区域大小作进一步优化。

若直接将对区域 U 边界进行放大得到的矩形区域 Q 作为建模区域，$[x_{q\min}, x_{q\max}]$ 和 $[y_{q\min}, y_{q\max}]$ 分别表示建模区域 x 坐标区间和 y 坐标区间，则有

$$\begin{cases} x_{q\min} = (x_{s\max} - R_s) - h_x(2R_s + x_{s\min} - x_{s\max}) \\ x_{q\max} = (x_{s\min} + R_s) + h_x(2R_s + x_{s\min} - x_{s\max}) \\ y_{q\min} = (y_{s\max} - R_s) - h_y(2R_s + y_{s\min} - y_{s\max}) \\ y_{q\max} = (y_{s\min} + R_s) + h_y(2R_s + y_{s\min} - y_{s\max}) \end{cases} \tag{3-7}$$

式中，边界系数h_x、h_y为矩形区域U在x轴、y轴方向的缩放比例，它用于控制建模区域大小和采样点密度。

综上所述，采样点分布与训练样本点空间分布具有对应关系，基于公共测量区域得到的在包含目标位置建模区域内选取采样点，可一定程度上增强LSSVR回归模型在局部空间内的推广性能。

3.2.3　基于LSSVR局部建模的WSN目标定位方法

本节基于第2章的LSSVR回归建模定位思想，应用不同类型的目标特征提取方法，考虑LSSVR局部模型在轻量计算、减少模型影响误差方面具有优势，结合节点参数设定、节点信息交换、样本数据预处理等具体实现过程，详细讨论基于LSSVR局部建模的WSN目标定位方法。主要包括以下步骤。

（1）设定节点参数：利用定位环境中测量数据标定信道参数$\bar{P}(d_0)$、η，设定信号强度阈值P_h并计算有效测量距离R_s，将$\bar{P}(d_0)$、η、P_h、R_s等参数嵌入WSN节点中。

（2）获取测量数据：探测节点测量目标信号强度，若测量值P大于阈值P_h，将记录测量节点ID（identification）、测量节点坐标、信号强度测量值等信息的数据包发送到簇头节点。簇头节点检验所有测量节点$S_i(x_i,y_i)\,(i=1,2,\cdots,n)$的数量位置条件。当存在至少三个不在同一直线上的测量节点时，运行下面的LSSVR局部建模定位算法。若不满足上述条件，则向网络广播定位终止信息。

（3）构造训练样本集：基于测量节点坐标(x_i,y_i)、测量距离R_s、边界系数h_x和h_y，计算建模区域边界$Q=[x_{s\min},x_{s\max}]\times[y_{s\min},y_{s\max}]$（图3-5）。利用大小为$l_x\times l_y$的方格对建

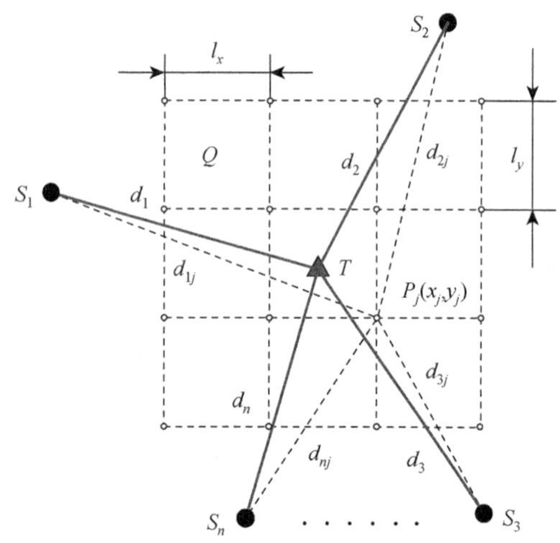

图3-5　LSSVR局部建模示意图

模区域进行网格化，将 m 个网格顶点 $P_j(x_{pj},y_{pj})\ (j=1,2,\cdots,m)$ 作为采样点。针对不同类型的目标（发射功率稳定、不稳定），分别选择距离值、信号强度差作为特征量，根据 P_j 到 S_i 的距离值 d_{ij} 构造特征向量 $\boldsymbol{V}_j=(v_{1j},v_{2j},\cdots,v_{nj})$。将 $\boldsymbol{V}_j$ 作为训练样本输入向量，分别将采样点坐标 x_{pj}、y_{pj} 作为训练样本输出，得到训练样本 $(\boldsymbol{V}_j,x_{pj})$、$(\boldsymbol{V}_j,y_{pj})$。由所有网格顶点得到关于 x、y 坐标的训练样本集 $\chi_x=\{(\boldsymbol{V}_j,x_{pj})\mid j=1,2,\cdots,m\}$、$\chi_y=\{(\boldsymbol{V}_j,y_{pj})\mid j=1,2,\cdots,m\}$。

（4）归一化训练样本：通过归一化训练样本输入向量、输出坐标，可以提高回归模型无偏性。对于训练样本集 χ_x，计算输入向量第 i 个特征值 $v_{ij}\ (j=1,2,\cdots,m)$ 的均值 μ_i、标准差 σ_i：

$$\mu_i=\frac{1}{m}\sum_{j=1}^{m}v_{ij},\quad \sigma_i=\sqrt{\frac{1}{m-1}\sum_{j=1}^{m}(v_{ij}-\mu_i)^2} \tag{3-8}$$

得到归一化特征值 v'_{ij} 为

$$v'_{ij}=\frac{v_{ij}-\mu_i}{\sigma_i} \tag{3-9}$$

计算输出 x 坐标 $x_{pj}\ (j=1,2,\cdots,m)$ 的均值 μ_x、标准差 σ_x 分别为

$$\mu_x=\frac{1}{m}\sum_{j=1}^{m}x_{pj},\quad \sigma_x=\sqrt{\frac{1}{m}\sum_{j=1}^{m}(x_{pj}-\mu_x)^2} \tag{3-10}$$

则归一化输出 x 坐标 x'_{pj} 为

$$x'_{pj}=\frac{x_{pj}-\mu_x}{\sigma_x} \tag{3-11}$$

同理，可归一化训练样本集 χ_y 输入向量、输出 y 坐标。

（5）LSSVR 局部建模：选取核函数及参数、规则化参数，根据训练样本集 χ_x、χ_y 构造并求解关于 x、y 坐标的矩阵方程：

$$\begin{bmatrix}0 & -\boldsymbol{e}^{\mathrm{T}}\\ \boldsymbol{e} & \boldsymbol{\Omega}+\gamma^{-1}\boldsymbol{I}\end{bmatrix}\begin{bmatrix}b_x\\ \boldsymbol{\alpha}_x\end{bmatrix}=\begin{bmatrix}0\\ \boldsymbol{x}\end{bmatrix} \tag{3-12}$$

$$\begin{bmatrix}0 & -\boldsymbol{e}^{\mathrm{T}}\\ \boldsymbol{e} & \boldsymbol{\Omega}+\gamma^{-1}\boldsymbol{I}\end{bmatrix}\begin{bmatrix}b_y\\ \boldsymbol{\alpha}_y\end{bmatrix}=\begin{bmatrix}0\\ \boldsymbol{y}\end{bmatrix} \tag{3-13}$$

式中，$\boldsymbol{x}=(x_1,x_2,\cdots,x_m)$、$\boldsymbol{y}=(y_1,y_2,\cdots,y_m)$ 分别为采样点 x、y 坐标向量，其余符号如 2.1 节所述。

（6）构造模型函数：根据建模计算结果构造关于 x、y 坐标的模型函数：

$$\begin{cases}\hat{x}_{\mathrm{t}}=f_x(\boldsymbol{V}')=\sum_{j=1}^{m}\alpha_{xj}K(\boldsymbol{V}_j\boldsymbol{V}')+b_x\\ \hat{y}_{\mathrm{t}}=f_y(\boldsymbol{V}')=\sum_{j=1}^{m}\alpha_{yj}K(\boldsymbol{V}_j\boldsymbol{V}')+b_y\end{cases} \tag{3-14}$$

（7）坐标计算与反归一化：根据节点测量值得到观测向量$\boldsymbol{V}'=(v_1',v_2',\cdots,v_n')$，将归一化后的观测向量输入决策函数$f_x(\boldsymbol{V}')$、$f_y(\boldsymbol{V}')$，对决策函数值进行反归一化得到目标坐标估计值为

$$\begin{cases}\hat{x}_{\mathrm{t}}=f_x(\boldsymbol{V}')\sigma_x+\mu_x\\ \hat{y}_{\mathrm{t}}=f_y(\boldsymbol{V}')\sigma_y+\mu_y\end{cases}\tag{3-15}$$

LSSVR 局部建模定位流程如图 3-6 所示。

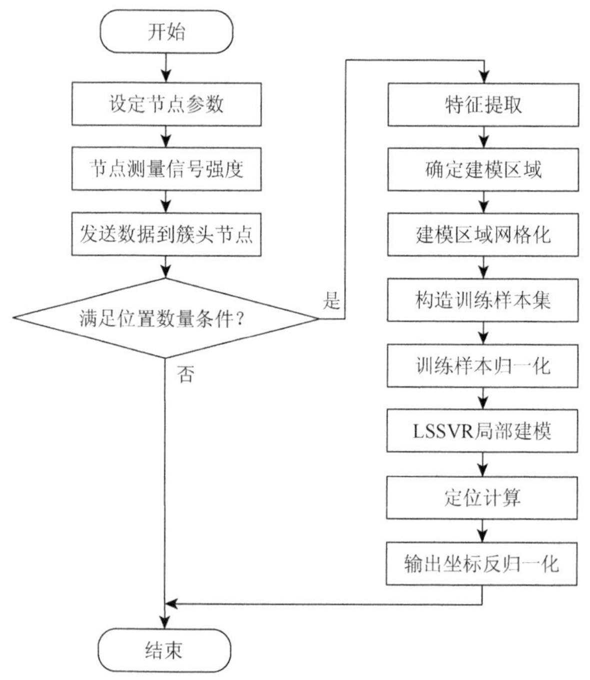

图 3-6　LSSVR 局部建模定位流程图

3.3　建模参数粒子群优化与网络配置策略

3.3.1　LSSVR 建模参数粒子群优化

建立 LSSVR 局部模型所用的重要参数（即建模参数）有边界系数、核函数参数和规则化参数等，它们直接影响局部模型的定位性能。下面讨论 LSSVR 局部建模定位方法中建模参数的优化方法，本节基于优化建模参数进行回归建模、定位计算，期望能取得更好的目标定位效果。

粒子群算法是一种新型群体智能优化算法，它通过并行方式迭代搜索参数空间实现优化，具有形式简单、全局优化能力强、收敛速度快等特点，已广泛应用于各类复杂非线性优化问题[146-148]。粒子群优化基本原理为：根据实际应用灵活构造反映优化参数、目标值数学关系的适应度函数，将优化参数组成的若干个向量作为初始粒子，计算每个粒子的适应度、速度向量。利用速度向量更新粒子进行迭代，将适应度函数值最大的粒子作为全局

最优粒子。粒子群优化算法迭代公式如下：

$$\begin{cases} v_{i(k+1)} = \omega_k v_{ik} + c_1 r_1 (p_{p(ik)} - x_{ik}) + c_2 r_2 (p_{gk} - x_{ik}) \\ x_{i(k+1)} = x_{ik} + v_{i(k+1)} \end{cases} \tag{3-16}$$

式中，$x_{ik}\ (i=1,2,\cdots,n,k=1,2,\cdots,n)$ 为第 k 次迭代得到的第 i 个粒子；$v_{i(k+1)}$ 为第 i 个粒子的速度向量；c_1、c_2 为学习因子（通常取 $c_1=c_2=2$）；r_1、$r_2 \in (0,1)$ 为随机数；ω_k 为惯性系数（随着迭代次数增加而线性递减）；$p_{p(ik)}$ 为第 i 个粒子经过 k 次迭代得到的局部最优粒子，p_{gk} 为 k 次迭代得到的全局最优粒子。

借助粒子群算法的优良性能，应用该算法优化 LSSVR 局部建模参数，其关键在于适应度函数的合理构建。理论上，应根据公共测量区域内 LSSVR 建模定位总体误差构造适应度函数。考虑参数优化计算的复杂性，仅根据若干采样位置定位误差均方根值构造适应度函数值。通过有限次建模参数迭代寻优使适应度函数值达到最小，期望利用优化参数建立 LSSVR 局部模型对所有位置目标均有良好的定位效果。构造适应度函数为

$$f_s = \sqrt{\frac{m}{\sum_{j=1}^{m}((f_x(\boldsymbol{V}_j') - x_{pj})^2 + (f_y(\boldsymbol{V}_j') - y_{pj})^2)}} \tag{3-17}$$

式中，x_{pj}、y_{pj} 为公共测量区域内采样点 $P_j(x_{pj}, y_{pj})\ (j=1,2,\cdots,m)$ x 轴方向、y 轴方向坐标值；$\boldsymbol{V}_j'$ 为采样点处目标的观测向量；f_x、f_y 为利用优化建模参数建立的回归模型。LSSVR 建模参数粒子群优化流程图如图 3-7 所示。

建模参数粒子群优化具有以下特殊性质：①基于同一组测量节点的粒子群优化建模参数具有随机性，但利用优化参数建立的回归模型均能使采样点定位误差达到较小取值；②由于适应度函数包含回归模型与测量节点有关，因此粒子群优化结果与测量节点具有对应关系，实际定位中应针对不同测量节点分别优化、选取建模参数值。

3.3.2 建模参数离线优化与网络配置策略

考虑建模参数粒子群优化计算量大，较难在 WSN 节点中实现，而采用上位机进行离线优化，并将优化结果提前配置到网络中的办法可以较好地解决这个问题。一定位置目标探测节点可能只有部分会成为测量节点，因而存在多种测量节点组合。LSSVR 建模定位需对这些测量节点组合分别进行参数优化，并将优化参数配置到对应测量节点中。基于以上分析，提出建模参数粒子群离线优化与网络配置策略，具体步骤如下。

（1）判断测量节点组合：传感器网络部署完成后，上位机假设目标跑遍整个网络区域，根据目标有效测量距离、节点唤醒半径和目标预测误差范围判断测量节点组合（节点唤醒、目标预测将在第 4 章详细讨论）。

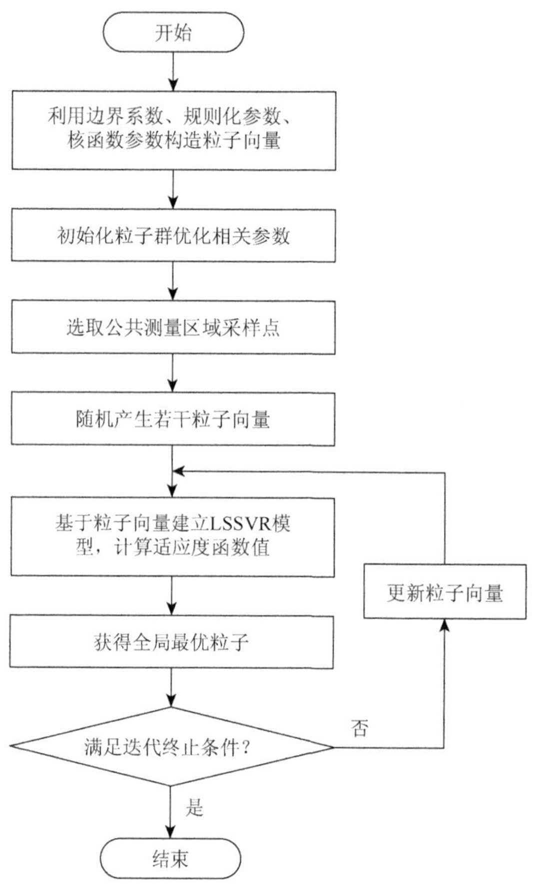

图 3-7　LSSVR 建模参数粒子群优化流程图

（2）建模参数离线优化：在每组测量节点公共测量区域内选取若干采样点，通过实地测量或软件仿真（根据信号模型参数、测量误差统计量）产生采样点目标测量数据。上位机进行粒子群优化得到每组测量节点对应的优化建模参数。

（3）建模参数网络配置：上位机通过网关节点将包含各组测量节点 ID、对应建模参数数据包发送到网络中（或通过人工方式配置参数）。WSN 节点存储包含自身测量节点组对应建模参数，在本地形成如表 3-1 所示的建模参数表。在目标定位阶段，无论哪个节点为簇头节点，均可根据测量节点 ID 查询建模参数表，进行 LSSVR 局部建模定位，并将定位结果实时发送到上位机。建模参数粒子群优化与网络配置流程如图 3-8 所示。

表 3-1　建模参数表的一个例子

测量节点 ID	建模参数		
	边界系数	核函数参数	规则化参数
2、4、5、7	2	200	120
2、3、6、7	2.5	340	130

以上建模参数粒子群优化与网络配置策略，充分考虑节点资源受限、可能测量节点、节点建模计算等实际情况，增强了 LSSVR 局部建模定位方法的实用性、有效性。

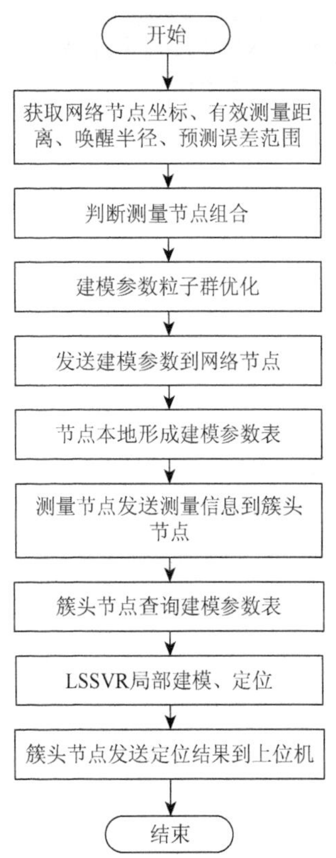

图 3-8　建模参数粒子群优化与网络配置流程图

3.4　目标定位实验及结果分析

前文从理论上研究了 LSSVR 局部建模定位特性，但局部建模定位效果究竟如何，本节将借助 CC2430 无线传感网络实验平台，验证 LSSVR 局部建模定位方法性能。

3.4.1　WSN 目标定位实验平台及实验条件设置

本节实验选用基于 CC2430 无线节点开发 WSN 目标定位实验平台，它包括无线定位网络、网关节点、上位机三部分。无线定位网络为由 64 个间距为 5 m 的 CC2430 无线节点组成的 8×8 节点阵列；CC2430 节点上集成高性能低功耗 8051 微控制器内核[147]、8kB SRAM 及 128kB 片内 Flash 存储器，采用 2.4 GHz IEEE802.15.4 兼容 RF 收发器，射频模块选用 ZigBee SoC，射频芯片为 CC2430F128，利用两节 AA 电池供电，实验环境中通信距离约为 30 m；CC2430 网关节点一方面与无线定位网络节点无线通信，另一方面通过 USB-B 数据线与上位机连接。通过 C51 编程实现目标定位的各种算法，并嵌入 CC2430 无线节点。定位过程中，无线定位网络将定位结果发送到网关节点，网关节点进一步转发到上位机（图 3-9）。上位机安装有基于 MATLAB 平台开发的定位软件，它能实时显示目标位置、坐标值、运动轨迹，存储各时刻定位坐标值。图 3-10 为目标定位实验场景照片，图 3-11 为上位机定位软件界面。

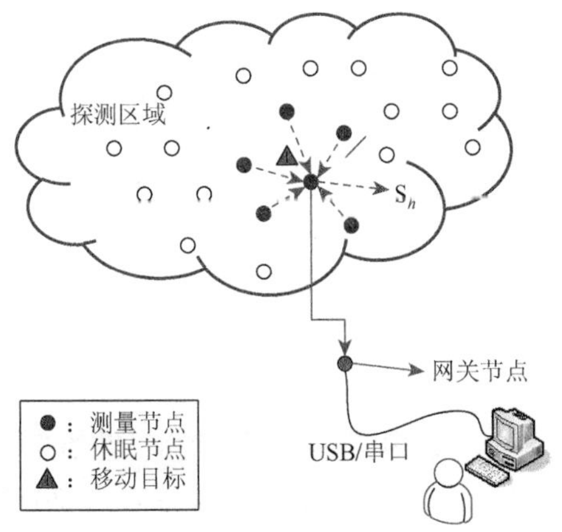

图 3-9　WSN 目标定位实验平台示意图

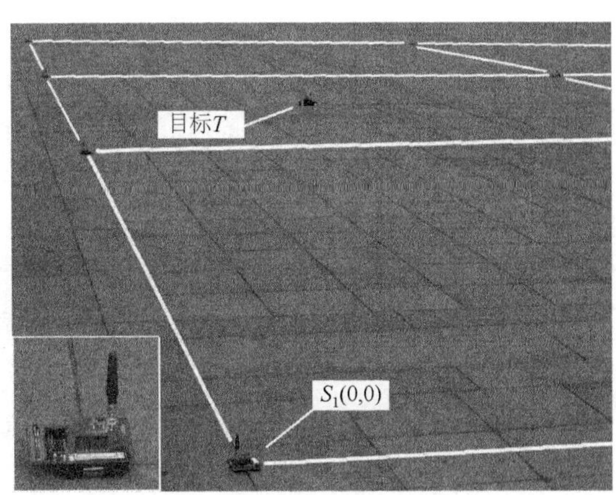

图 3-10　目标定位实验场景照片

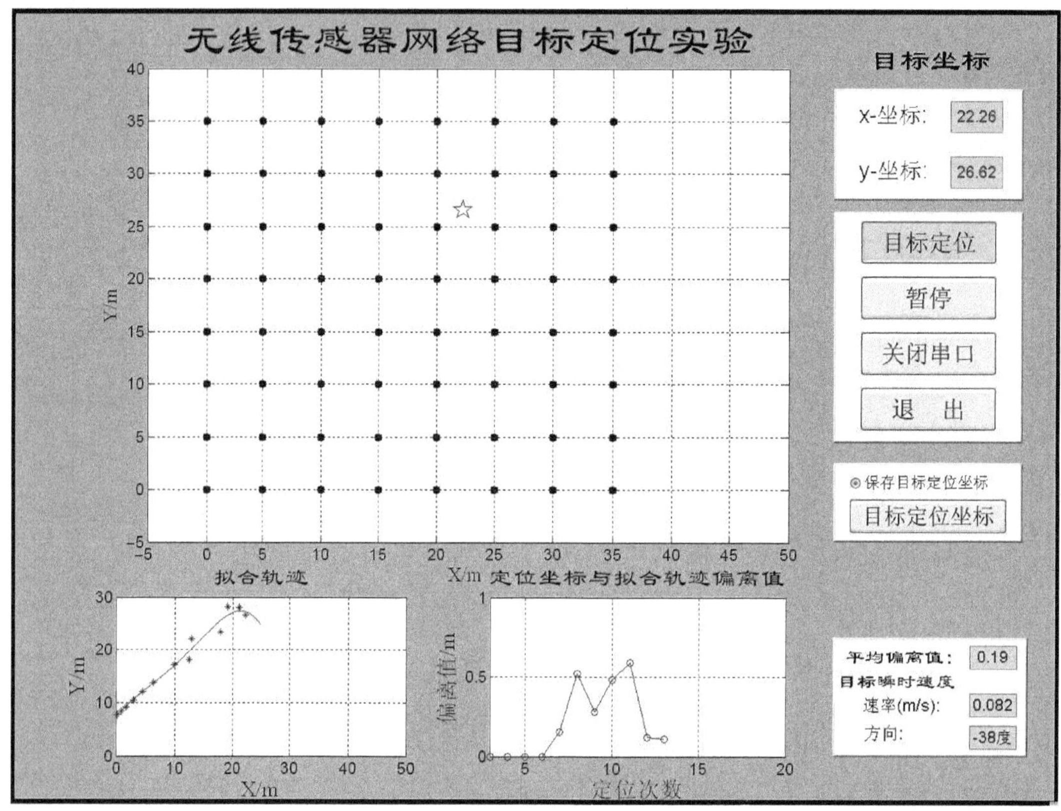

图 3-11　上位机定位软件界面

实验环境参数设置如下：

（1）信道衰减模型参数为 $\overline{P}(d_0)=-60.5923$， $\eta=2.8591$（实验环境下标定得到）；

（2）RSSI 接收阈值 $P_{\mathrm{t}}=-83\ \mathrm{dBm}$，对应有效测量半径为 $R_{\mathrm{s}}=6\ \mathrm{m}$；

（3）LSSVR 局部建模定位方法选用 RBF 核函数 $K(\boldsymbol{V}_i',\boldsymbol{V}_j')=\mathrm{e}^{-\|\boldsymbol{V}_i'-\boldsymbol{V}_j'\|^2/\delta^2}$；

（4）$l_x=(x_{q\max}-x_{q\min})/2$、$l_y=(y_{q\max}-y_{q\min})/2$，共有 9 个训练样本（基于节点存储、计算能力考虑）。

为方便叙述，选取距离值、信号强度差作为特征量的 LSSVR 建模定位方法分别简称为 DTL-LSSVR 方法、SDTL-LSSVR 方法。MLE 目标定位方法采用多分辨率搜索法求解[148]，全局、局部搜索间隔分别为 2 m、0.1 m，搜索范围为前文提到的矩形区域 U，利用目标定位均方根误差 e_{rmse} 衡量定位准确度。

3.4.2　建模参数变化对 LSSVR 定位特性影响实验

由于本章研究目标移动过程某一时刻建模定位，实验选用图 3-12 所示测量节点来讨论研究建模参数变化对 LSSVR 定位特性的影响。首先将目标置于公共测量区域内 20 个均匀分布位置点收集节点测量数据，并用实验装置通过 MLE 目标定位方法、LSSVR 局部建模定位方法，求得所有位置点目标定位均方根误差 e_{rmse}。

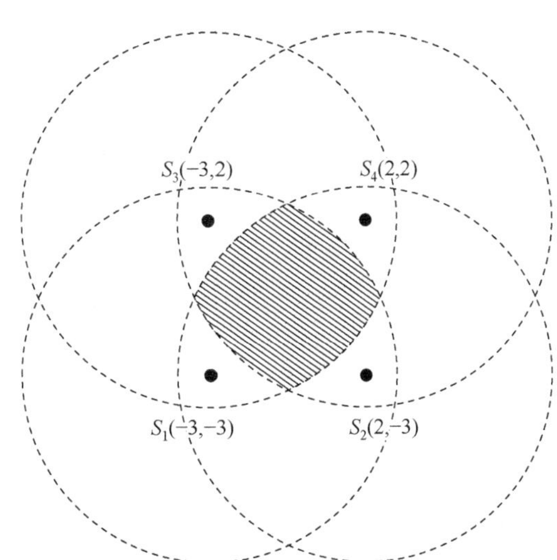

图 3-12　目标定位实验节点布置

（1）表 3-2 为采用 MLE 目标定位方法得到的 5 次定位结果，测量数据具有随机性，MLE 目标定位均方根误差 e_{rmse} 在[2.1，2.3]m 区间内。

表 3-2　MLE 目标定位方法定位均方根误差 e_{rmse}

实验次数	1	2	3	4	5
e_{rmse} /m	2.20	2.11	2.24	2.27	2.25

通过实验考察不同建模参数对 LSSVR 建模定位结果的影响特性。图 3-13 为边界系数对 LSSVR 建模定位影响特性曲线($h_x=h_y$, $\delta=100$, $\gamma=100$)。可以看出：①$h_x\in[0,5]$时，DTL-LSSVR 方法目标定位均方根误差 e_{rmse} 在[1.52，1.71]m 区间内，相比 MLE 目标定位方法

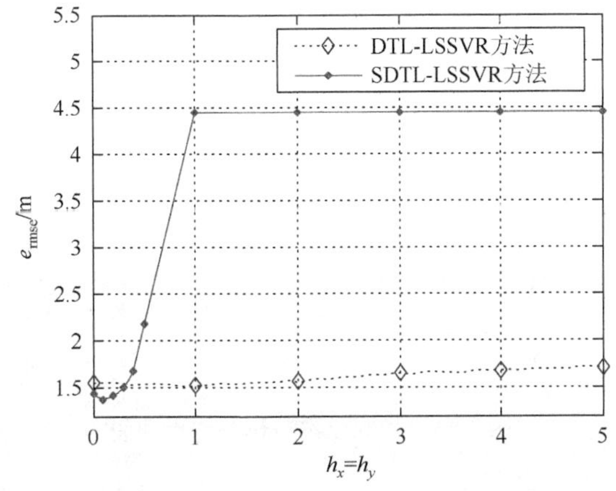

图 3-13　边界系数影响特性曲线

减小了 24%～32%；尤其是$h_x=1$，DTL-LSSVR 方法定位均方根误差e_{rmse}（=1.52 m）最小，边界系数增加或减小，定位均方根误差均增大；②$h_x\in[0,0.4]$时，SDTL-LSSVR 方法定位均方根误差$e_{rmse}<1.7$ m；当$h_x>0.5$时，SDTL-LSSVR 方法定位均方根误差e_{rmse}大于 MLE 目标定位方法。

（2）图 3-14 为核函数参数δ对 LSSVR 建模定位响应特性曲线$(h_x=h_y=0,\gamma=100)$。$\delta\in[100,500]$时，DTL-LSSVR、SDTL-LSSVR 定位方法都能取得良好的定位效果。其中，DTL-LSSVR 方法e_{rmse}相比 MLE 目标定位方法减小了 19%～31%，SDTL-LSSVR 方法e_{rmse}相比 MLE 目标定位方法减小了 21%～33%；当$\delta=100$，200 时，两种方法e_{rmse}最小分别为 1.52 m、1.49 m。

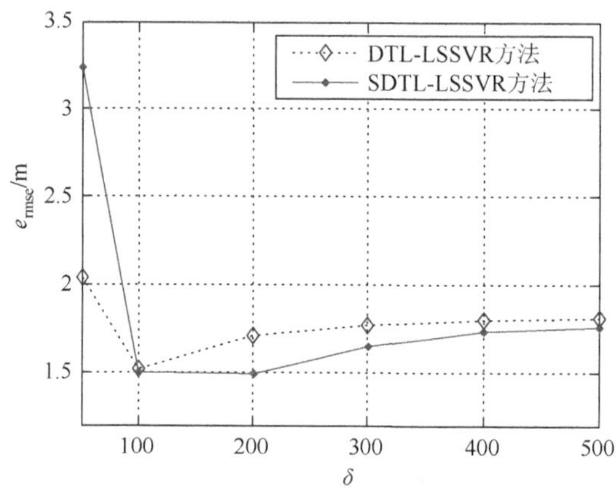

图 3-14　核函数参数影响特性曲线

（3）图 3-15 为规则化参数γ对 LSSVR 建模定位影响特性曲线$(h_x=h_y=0,\delta=100)$。当$\gamma\in[50,150]$时，DTL-LSSVR 方法、SDTL-LSSVR 方法e_{rmse}相比 MLE 目标定位方法分别减小 25%～32%、18%～38%；当$\gamma=90$，70 时，两种方法e_{rmse}最小达到 1.54 m、1.39 m。

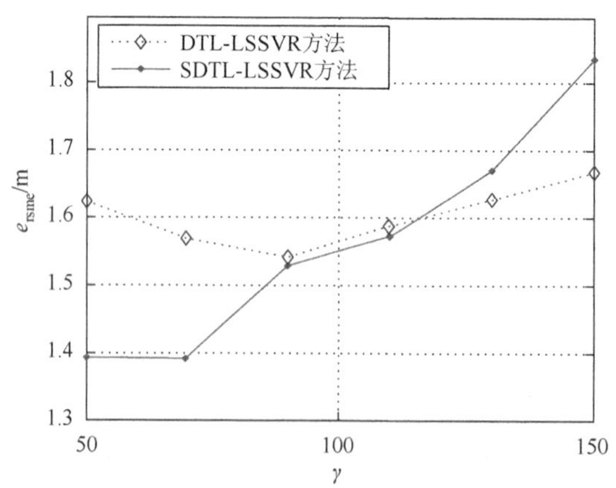

图 3-15　规则化参数影响特性曲线

不同位置点目标信号发射强度在 0 dBm、−3 dBm 之间随机变换，得到表 3-3 中实验结果，SDTL-LSSVR 方法e_{rmse}相比 MLE 目标定位方法减小了 29%～37%。

表 3-3　发射功率变化下 SDTL-LSSVR 方法与 MLE 目标定位方法定位结果比较（单位：m）

方法 \ 次数	1	2	3	4	5	e_{rmse}
SDTL-LSSVR	1.37	1.43	1.39	1.35	1.47	1.40
MLE	2.11	2.15	1.96	2.17	2.11	2.10

从上面的实验结果，可以得到以下结论：

（1）建模参数在一定范围内取值，DTL-LSSVR 方法、SDTL-LSSVR 方法 e_{rmse} 比 MLE 目标定位方法显著降低；

（2）信号强度差特征提取方法能够有效消除目标发射功率变化的影响，提高定位结果的可靠性。

3.4.3　建模参数粒子群优化效果实验

下面考察 LSSVR 建模参数粒子群优化效果。基于边界系数 h、核函数参数 δ、规则化参数 γ 构造粒子向量 $\boldsymbol{p}=(h,\delta,\gamma)$，采用式（3-17）所示的适应度函数，粒子群优化设置参数如表 3-4 所示。

表 3-4　粒子群优化设置参数表

参数名称	粒子数	迭代次数	粒子上界	粒子下界	权重区间
参数值	10	30	[5，500，150]	[0，50，50]	[0.4，0.9]

表 3-5 为优化建模参数、基于优化参数 LSSVR 模型对公共测量区域采样点 e_{rmse}。DTL-LSSVR 方法、SDTL-LSSVR 方法 e_{rmse} 分别在[1.43, 1.73]m、[1.45, 1.60]m 区间内，相比 MLE 目标定位方法提高了 23%～36%、28%～35%。

表 3-5　粒子群优化定位结果

序号	DTL-LSSVR		SDTL-LSSVR	
	优化参数值	e_{rmse} /m	优化参数值	e_{rmse} /m
1	[1.8201，76.0143，127.9921]	1.43	[0.5665，155.1642，114.6303]	1.52
2	[1.7870，86.7074，92.9959]	1.58	[3.0115，448.4329，83.0071]	1.60
3	[4.1548，115.2553，82.1735]	1.73	[1.5173，262.4932，80.1496]	1.45
4	[2.2580，70.2958，78.3351]	1.54	[2.9746，420.8017，66.7805]	1.51
5	[3.2341，53.2196，114.0713]	1.49	[0.4331，128.4219，124.7146]	1.58

基于表 3-5 中优化建模参数，应用 DTL-LSSVR 方法 $(h=1.82,\delta=76,\gamma=128)$、SDTL-LSSVR 方法 $(h=0.57,\delta=155,\gamma=115)$ 对公共测量区域内特定位置目标进行 100 次定位计算（图 3-16），目标定位结果见表 3-6。

由表 3-5、表 3-6 可以看出：①通过建模参数粒子群优化，LSSVR 方法 e_{rmse} 比 MLE 目标定位方法显著减小；②基于随机优化参数的 LSSVR 回归模型具有稳定、良好的定位结果。

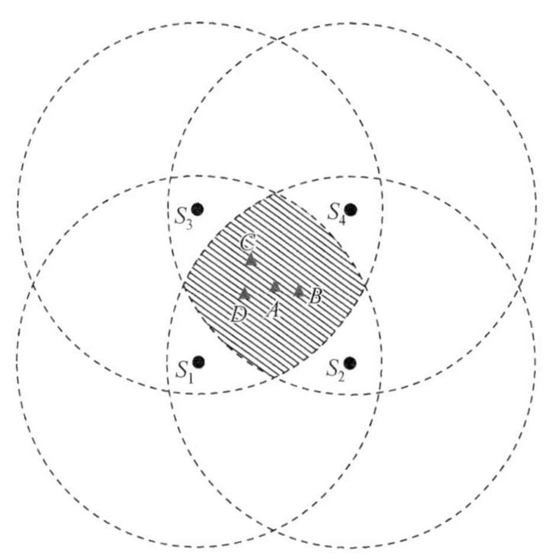

图 3-16 公共测量区域内目标位置示意图

表 3-6 不同位置目标定位 e_{rmse} 比较表 （单位：m）

目标坐标	中心距离	定位均方根误差 e_{rmse}		
		DTL-LSSVR	SDTL-LSSVR	MLE
A（−0.5，−0.5）	0	0.152 5	0.207 4	0.274 6
B（0，−0.5）	0.5	0.307 0	0.588 8	2.348 3
C（−1，0）	0.7	1.007 3	0.970 5	1.918 2
D（−1.5，−0.5）	1.0	1.215 9	2.071 8	2.504 1

可以看出，合理构造适应度函数进行建模参数粒子群优化，能显著增强 LSSVR 抗噪能力，改善 LSSVR 定位效果，使 LSSVR 建模定位方法更加实用。

3.4.4 测量节点数量对 LSSVR 定位特性影响实验

下面考察不同数量测量节点对 LSSVR 定位结果影响特性，实验选用不同数量测量节点坐标，如表 3-7 所示。

表 3-7 不同数量测量节点坐标

节点数量	3	4	5	6
节点坐标/m	(−3，−3)；(2，−3)；(−3，2)	(−3，−3)；(2，−3)；(−3，2)；(2，2)	(0，0)；(0，5)；(5，0)；(5，5)；(10，5)	(0，0)；(0，5)；(5，0)；(5，5)；(10，0)；(10，5)

图 3-17 为不同数量测量节点 LSSVR 建模定位均方根误差曲线。测量节点越多，LSSVR 目标定位均方根误差越小。测量节点由 3 个增加到 6 个时，DTL-LSSVR 方法、SDTL-LSSVR 方法 e_{rmse} 分别减小 78%、81%。

这表明，增加测量节点数量能增大目标定位有用信息量，有助于提高 LSSVR 定位准确度，这为第 4 章节点唤醒机制研究提供了理论依据。

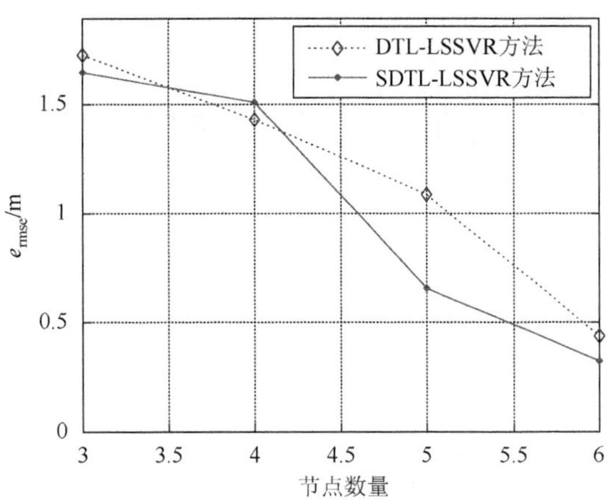

图 3-17　不同节点数量的定位均方根误差曲线

第 4 章　LSSVR 建模目标定位的 WSN 节点唤醒机制

WSN 节点唤醒机制是 LSSVR 建模目标定位的重要内容。WSN 节点唤醒机制主要考虑不同运动特点下节点的唤醒方法、目标的预测方法及不同的节点唤醒机制的能耗、定位准确度和目标失跟率等性能指标。

4.1　提高节点唤醒效果的方法

WSN 通过预测目标位置，提前唤醒一定数量的节点来完成目标定位。为了保证有足够的唤醒节点，可靠保守的办法是扩大唤醒区域，这通常使工作中仅有其中部分唤醒节点成为测量节点，其余部分唤醒节点处于待机状态。实验结果也已经表明，增加测量节点数有助于改善目标定位效果，但唤醒节点数增加又直接增加目标定位能耗。考虑目标定位可靠性，节点唤醒方法必须能综合处理测量节点数、唤醒节点数和目标失跟率三方面的关系。

图 4-1 所示为唤醒节点、测量节点相互关系示意图。图中，$T_{\mathrm{p}}(x_{\mathrm{p}},y_{\mathrm{p}})$、$T(x_{\mathrm{t}},y_{\mathrm{t}})$ 分别为目标预测位置和实际位置，d_{p} 为目标预测误差；R_{w}、R_{s} 分别为节点唤醒半径和节点测量距离；空心圆及实心圆（阴影区域内）分别为唤醒节点和测量节点。

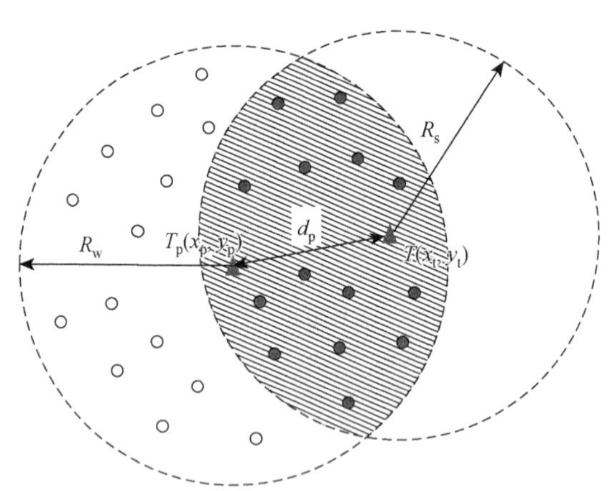

图 4-1　唤醒节点中测量节点示意图

图 4-2 为唤醒区域、测量区域几何关系示意图。图中，δ_{w}、δ_{s} 分别为 $T_{\mathrm{p}}A$、TA 与 $T_{\mathrm{p}}T$ 的夹角。由图可见，阴影区域面积 S 等于弓形区域 $ABCA$、$ADCA$ 面积 S_{w}、S_{s} 的和；弓形区域 $ABCA$（$ADCA$）面积等于扇形区域 $T_{\mathrm{p}}ABC$（$TADC$）与三角形区域 $T_{\mathrm{p}}AC$（TAC）的面积差。若 WSN 节点在网络区域内依概率服从均匀分布，网络节点密度为 ρ，那么测量节点数 N_{d} 有

$$\begin{aligned}N_{\mathrm{d}} &= \rho S=\rho(S_{\mathrm{w}}+S_{\mathrm{s}})\\&=\rho\left[\left(\frac{\pi R_{\mathrm{w}}^{2}}{2\pi}\cdot 2\delta_{\mathrm{w}}-R_{\mathrm{w}}\cos\delta_{\mathrm{w}}\cdot R_{\mathrm{w}}\sin\delta_{\mathrm{w}}\right)+\left(\frac{\pi R_{\mathrm{s}}^{2}}{2\pi}\cdot 2\delta_{\mathrm{s}}-R_{\mathrm{s}}\cos\delta_{\mathrm{s}}\cdot R_{\mathrm{s}}\sin\delta_{\mathrm{s}}\right)\right]\\&=\frac{\rho}{2}[R_{\mathrm{w}}^{2}(2\delta_{\mathrm{w}}-\sin 2\delta_{\mathrm{w}})-R_{\mathrm{s}}^{2}(2\delta_{\mathrm{s}}-\sin 2\delta_{\mathrm{s}})]\end{aligned} \quad (4\text{-}1)$$

由几何关系有

$$\begin{cases}d_{\mathrm{p}}=R_{\mathrm{w}}\cos\delta_{\mathrm{w}}+R_{\mathrm{s}}\cos\delta_{\mathrm{s}}\\R_{\mathrm{s}}\sin\delta_{\mathrm{s}}=R_{\mathrm{w}}\sin\delta_{\mathrm{w}}\end{cases}\Rightarrow\begin{cases}\delta_{\mathrm{w}}=\arccos\dfrac{(R_{\mathrm{w}}^{2}-R_{\mathrm{s}}^{2})+d_{\mathrm{p}}^{2}}{2R_{\mathrm{w}}d_{\mathrm{p}}}\\\delta_{\mathrm{s}}=\arccos\dfrac{(R_{\mathrm{s}}^{2}-R_{\mathrm{w}}^{2})+d_{\mathrm{p}}^{2}}{2R_{\mathrm{s}}d_{\mathrm{p}}}\end{cases} \quad (4\text{-}2)$$

将式（4-2）代入式（4-1），得到 N_{d} 关于 d_{p}、R_{w} 的数学表达式。

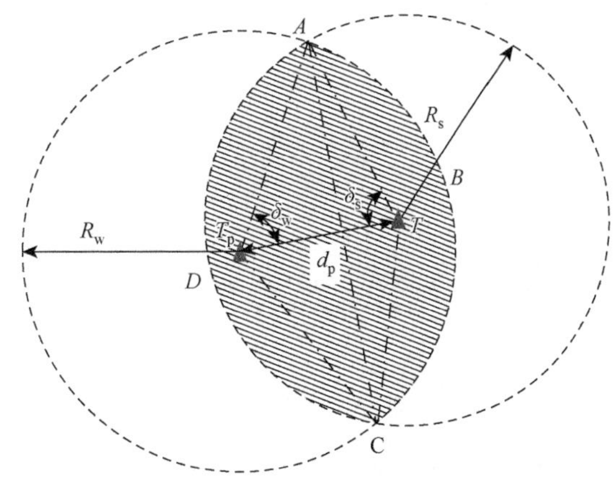

图 4-2　唤醒区域、测量区域几何关系示意图

图 4-3 为 $R_{\mathrm{w}}=6$，$R_{\mathrm{s}}=5\ \mathrm{m}$，$\rho=1$ 个/m^2 时 N_{d} 随 d_{p} 变化关系曲线，可以看出 d_{p} 在 $[|R_{\mathrm{w}}-R_{\mathrm{s}}|, R_{\mathrm{w}}+R_{\mathrm{s}}]$ 区间内取值，N_{d} 随 d_{p} 增大而减少；图 4-4 为 $d_{\mathrm{p}}=6$，$R_{\mathrm{s}}=5\ \mathrm{m}$，$\rho=1$ 个/m^2 时 N_{d} 随 R_{w} 变化关系曲线，可以看出 R_{w} 在 $[|d_{\mathrm{p}}-R_{\mathrm{s}}|, d_{\mathrm{p}}+R_{\mathrm{s}}]$ 区间内取值，N_{d} 随 R_{w} 增大而增大。

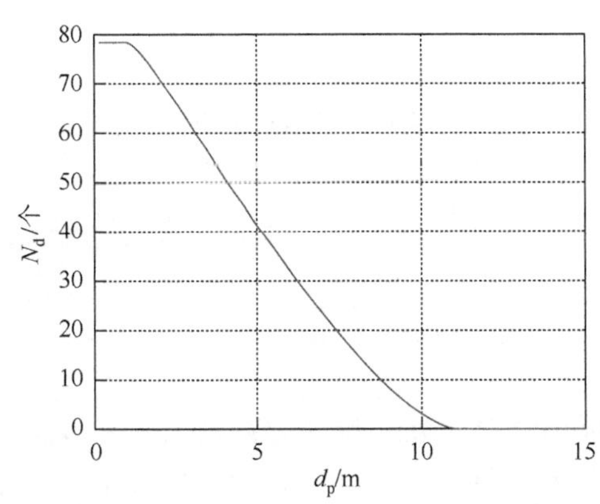

图 4-3　$R_{\mathrm{w}}=6\ \mathrm{m}$ 时 N_{d} 随 d_{p} 变化曲线

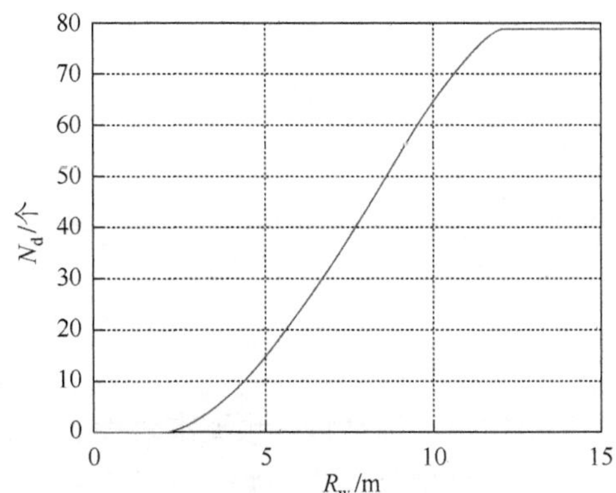

图 4-4　$d_{\mathrm{p}}=6\ \mathrm{m}$ 时 N_{d} 随 R_{w} 变化曲线

唤醒节点数 N_{w} 为

$$N_{\mathrm{w}} = \rho\pi R_{\mathrm{w}}^2 \tag{4-3}$$

由于目标在 $N_{\mathrm{d}} < 3$ 时不满足建模条件会导致目标丢失，故网络区域面积 L 内的目标失跟率 p_{m} 为 i（$i=0$，1，2）个节点落在阴影区域内的概率和，那么

$$p_{\mathrm{m}} = \sum_{i=0}^{2} \mathrm{C}_{\rho L}^{i} \left(\frac{S}{L}\right)^{i} \left(1-\frac{S}{L}\right)^{\rho L-i} = \sum_{i=0}^{2} \mathrm{C}_{\rho L}^{i} \left(\frac{N_{\mathrm{d}}}{\rho L}\right)^{i} \left(1-\frac{N_{\mathrm{d}}}{\rho L}\right)^{\rho L-i} \tag{4-4}$$

式中，$\mathrm{C}_{\rho L}^{i}$ 为组合数。图 4-5 为 $L = 200\ \mathrm{m}^2$、$\rho = 1$ 个/m^2 下，p_{m} 随 N_{d} 变化曲线，p_{m} 随 N_{d} 的增大而减少。

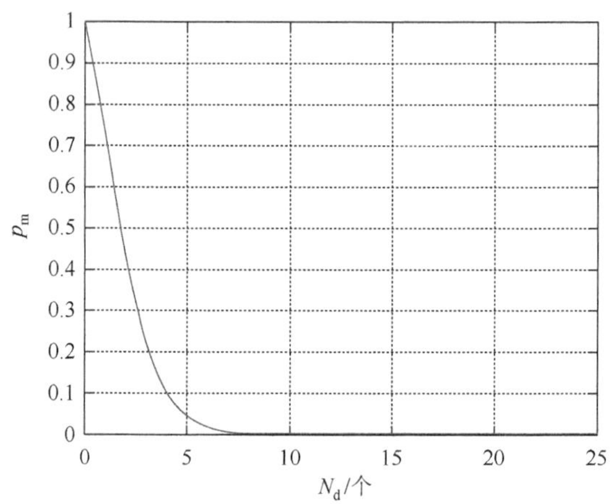

图 4-5　p_{m} 随 N_{d} 变化的曲线

综合上面分析，有：①当 R_{w} 一定时，若 $d_{\mathrm{p}}\downarrow \Rightarrow N_{\mathrm{d}}\uparrow$，$p_{\mathrm{m}}\downarrow$，$N_{\mathrm{w}}$ 不变；②当 d_{p} 一定时，$R_{\mathrm{w}}\uparrow \Rightarrow N_{\mathrm{d}}\uparrow$，$p_{\mathrm{m}}\downarrow$，$N_{\mathrm{w}}\uparrow$。

那么，节点唤醒方法采取以下方法可以降低失跟率 p_{m}：

（1）一定唤醒半径 R_{w} 下，减少目标预测误差 d_{p}；

（2）一定目标预测误差 d_{p} 下，增大唤醒半径 R_{w}；

（3）同时减少目标预测误差 d_{p}、增大唤醒半径 R_{w} 也可以在一定预测误差下增大节点唤醒半径。

采用若增大节点唤醒半径 R_{w} 方法，唤醒节点数呈几何级数增大，将会导致节点待机损耗大大增加（后面将通过实验进行验证分析）。如果能找到一些能耗不大的提高目标预测准确度的方法，减小目标预测误差 d_{p}，这对节点唤醒方法来说，是一件很好的事情。

4.2　不同运动特点下目标预测方法

上节指出，提高目标预测准确度、减小目标预测误差 d_{p}，能明显降低失跟率 p_{m}，可以实现较少测量节点数、唤醒节点数上的节点唤醒。然而，是否有能耗不大的提高目标预测准确度的方法呢？下面将研究几种提高目标预测准确度的方法，对于其能耗部分，待实

验部分再加以验证。

4.2.1　基于运动学原理的目标预测方法

目标预测需准确了解目标运动规律，设目标在 x 轴、y 轴方向的运动模型分别为 m_x、m_y，t 时刻模型参数向量为 $\boldsymbol{\alpha}_{xt}$、$\boldsymbol{\alpha}_{yt}$，那么目标运动模型可定性表示为如下函数：

$$\begin{cases} x_{\rm t} = m_x(\boldsymbol{\alpha}_{xt}, t) \\ y_{\rm t} = m_y(\boldsymbol{\alpha}_{yt}, t) \end{cases} \tag{4-5}$$

式（4-5）目标运动模型为时变模型，运动模型参数随目标机动也将发生一定变化，但在非常短的时间内，模型参数变化较小，根据运动学原理，可将目标运动模型简化为二次多项式预测模型[149]：

$$\begin{cases} x_{\rm t} = p_{xk}(t) = x_k + v_{xk}t + \dfrac{1}{2}a_{xk}t^2 \\ y_{\rm t} = p_{yk}(t) = y_k + v_{yk}t + \dfrac{1}{2}a_{yk}t^2 \end{cases} \tag{4-6}$$

式中，p_{xk}、p_{yk} 分别为 x 轴、y 轴方向的目标预测模型；$(x_k$，$y_k)$为 t_k 时刻目标坐标；v_{xk}、v_{yk} 和 a_{xk}、a_{yk} 分别为 x 轴、y 轴方向目标速度分量和加速度分量。

将式(4-5)与式(4-6)比较，可以得到模型参数向量 $\boldsymbol{\alpha}_{xk} = (x_k, v_{xk}, 1/2a_{xk})$，$\boldsymbol{\alpha}_{yk} = (y_k, v_{yk}, 1/2a_{yk})$。如果预测模型参数已知，就可预测短时间内该目标位置。

若目标运动形式不够明确，则采取对多个时刻目标定位坐标、定位时间进行最小二乘拟合的办法估计多项式预测模型参数。假设 $t_{k-i}\ (i = 0,1,\cdots,N-1)$ 时刻目标定位坐标为 $(\hat{x}_{t(k-i)}, \hat{y}_{t(k-i)})$，则 t_{k-i} 时刻预测坐标 $p_{xk}(t_{k-i})$ 与定位坐标 $\hat{x}_{k-i}$ 差值 $R_{x(k-i)}$ 满足

$$p_{xk}(t_{k-i}) - \hat{x}_{k-i} = \sum_{j=0}^{2}\alpha_{(xk)j}t_{k-i}^{j} - \hat{x}_{k-i} = R_{x(k-i)} \tag{4-7}$$

式中，$\alpha_{(xk)j}$ 为预测模型参数 α_{xk} 的第 j 个分量。令 $\delta_x = \sum_{i=0}^{N-1}R_{x(k-i)}^2 = \sum_{i=0}^{N-1}\left(\sum_{j=0}^{2}\alpha_{(xk)j}t_{k-i}^{j} - \hat{x}_{k-i}\right)^2 = \varphi_x(\alpha_{(xk)0}, \alpha_{(xk)1}, \alpha_{(xk)2})$。其中，$\varphi_x$ 为多项式系数 $\alpha_{(xk)j}$ 关于拟合误差平方和 δ_x 的函数，为使 δ_x 取值达到最小，求解如下矩阵方程：

$$\boldsymbol{TA} = \boldsymbol{X} \tag{4-8}$$

式中，

$$\boldsymbol{T} = \begin{bmatrix} t_k^2 & t_k & 1 \\ t_{k-1}^2 & t_{k-1} & 1 \\ \vdots & \vdots & \vdots \\ t_{k-N+1}^2 & t_{k-N+1} & 1 \end{bmatrix},\quad \boldsymbol{A} = \begin{bmatrix} \hat{\alpha}_{(xk)2} \\ \hat{\alpha}_{(xk)1} \\ \hat{\alpha}_{(xk)0} \end{bmatrix},\quad \boldsymbol{X} = \begin{bmatrix} \hat{x}_k \\ \hat{x}_{k-1} \\ \vdots \\ \hat{x}_{k-N+1} \end{bmatrix}$$

若 $\boldsymbol{T}^{\rm H}$ 为 $\boldsymbol{T}$ 的转置矩阵，并且 $\boldsymbol{W} = \boldsymbol{T}^{\rm H}\boldsymbol{T}$，$|\boldsymbol{W}| \neq 0$，则 $\boldsymbol{W}$ 存在逆矩阵 $\boldsymbol{W}^{-1}$，并且有

$$\boldsymbol{A} = \boldsymbol{W}^{-1}\boldsymbol{T}^{\rm H}\boldsymbol{X} \tag{4-9}$$

由此得到预测模型参数 $\hat{\alpha}_{(xk)0}$、$\hat{\alpha}_{(xk)1}$、$\hat{\alpha}_{(xk)2}$。同理，可得预测模型 $p_{yk}(t)$ 参数 $\hat{\alpha}_{(yk)0}$、$\hat{\alpha}_{(yk)1}$、$\hat{\alpha}_{(yk)2}$。

下面通过 MATLAB 仿真实验验证基于运动学原理二次多项式建模预测方法性能。设网络区域 $Q=[0,400]\text{m}\times[0,400]\text{m}$，移动目标初始位置为（4, 7）m，它的运动过程包括三个阶段：①匀加速直线运动，初速度 $v_0=2$ m/s，加速度 a_1=1.2 m/s^2，运动方向与 x 轴夹角 $\theta_1=\pi/3$，运动时间 $t_1=15$ s；②匀减速直线运动，加速度 $a_2=-1$ m/s^2，运动方向与 x 轴夹角 $\theta_1=\pi/3$，运动时间 $t_2=15$ s；③匀加速曲线运动，加速度 a_3=1.5 m/s^2，加速度方向与 x 轴夹角 $\theta_2=0$，运动时间 $t_3=15$ s。传感器节点采样时间间隔 $\Delta t=0.5$ s，节点数量为 400，目标定位坐标 $(\hat{x}_k,\hat{y}_k)$ 服从均值为实际坐标 (x_k,y_k)、标准差为 σ^2=1.42 的二维空间高斯分布。

表 4-1 为多次实验获得的线性预测误差，线性预测方法的 e_{rmse} 约为 4.5 m。

表 4-1　线性预测结果　　（单位：m）

实验次数	1	2	3	4	5
e_{rmse}	4.51	4.46	4.52	4.48	4.51

表 4-2 为不同拟合目标位置数下的二次多项式建模预测结果。

表 4-2　二次多项式建模预测结果　　（单位：m）

拟合目标位置数	8	10	12	14	16	18	20	22
e_{rmse}	2.75	2.42	2.21	2.09	2.25	2.37	2.77	3.21

由表 4-2 可见，二次多项式预测方法 e_{rmse} 相比线性预测方法明显减小，当拟合位置数为 14 时，二次多项式预测方法 e_{rmse} 相比线性预测方法减小 53%。可以看出，拟合目标位置数是预测建模的重要参数，它的取值与目标运动特点有关。对于运动规律性较好的目标，增加拟合位置数能使预测模型更准确地反映目标运动规律；对于机动性较强的目标，基于机动前后定位坐标建立的多项式预测模型会显著偏离目标运动规律，此时应选取较少数量拟合位置。

以上是基于运动学原理的预测方法，它充分利用目标定位坐标中所包含的运动参数信息，参加二次多项式建模与预测，在缺少目标运动先验信息下的机动性目标定位预测中有较强优势。实验结果也表明，二次多项式预测方法预测准确度优于传统线性预测方法。

4.2.2　基于 PF 的目标预测方法

LSSVR 目标定位应根据目标运动特点灵活选择预测方法，对于运动规律比较明确的目标，可采用序列贝叶斯估计方法实现预测。

PF 是基于贝叶斯估计的新型滤波算法，它通过样本粒子迭代来模拟参数向量后验概率密度分布进行参数估计，广泛适用于各类非线性、非高斯参数估计问题[150，151]。鉴于 PF 在参数估计中表现出的良好性能，本节应用 PF 算法估计 WSN 目标运动参数。下面研究基于粒子滤波的 WSN 目标预测方法，基本思路是：将运动参数作为状态量、目标定位坐标作为观测量，利用定位坐标修正运动参数粒子空间分布得到参数估计值，根据估计参数实时建立预测模型预测目标位置。

PF 预测方法首先需要构造出状态空间模型。t_k 时刻目标运动参数组成状态向量 $\boldsymbol{X}_k=(x_k,v_{xk},a_{xk},y_k,v_{yk},a_{yk})^{\mathrm{T}}$，目标定位坐标组成观测向量 $\boldsymbol{Z}_k=(\hat{x}_k,\hat{y}_k)^{\mathrm{T}}$，令状态转移矩阵

$$\boldsymbol{\varPhi}=\begin{bmatrix}1 & T & T^2 & 0 & 0 & 0\\ 0 & 1 & T & 0 & 0 & 0\\ 0 & 0 & 1 & 0 & 0 & 0\\ 0 & 0 & 0 & 1 & T & T^2\\ 0 & 0 & 0 & 0 & 1 & T\\ 0 & 0 & 0 & 0 & 0 & 1\end{bmatrix}$$

和观测矩阵

$$\boldsymbol{H}=\begin{bmatrix}1 & 0 & 0 & 0 & 0 & 0\\ 0 & 0 & 0 & 1 & 0 & 0\end{bmatrix}$$

得到如下状态空间模型：

$$\boldsymbol{X}_{k+1}=\boldsymbol{\varPhi}\boldsymbol{X}_k+\boldsymbol{\varGamma}\boldsymbol{W}_k \tag{4-10}$$

$$\boldsymbol{Z}_{k+1}=\boldsymbol{H}\boldsymbol{X}_{k+1}+\boldsymbol{V}_{k+1} \tag{4-11}$$

式中，$\boldsymbol{\varGamma}$ 为噪声驱动矩阵；$\boldsymbol{W}_k$、$\boldsymbol{V}_{k+1}$ 分别为随机参数噪声、目标定位误差。状态方程式（4-10）反映了运动模型参数变化规律，观测方程式（4-11）描述了观测量与参数的数学关系。

基于上面的状态空间模型，PF WSN 目标预测方法进行如下计算[152]。

（1）粒子采样与传递：在初始时刻 t_0，根据先验知识（参数向量均值、方差）估计参数向量 $\boldsymbol{X}_0$，并从已知参数分布中采样 N 个参数粒子：

$$\boldsymbol{X}_{0i}=\boldsymbol{X}_0+\boldsymbol{X}_{\pi i} \tag{4-12}$$

式中，随机参数向量 $\boldsymbol{X}_{\pi i}\ (i=1,2,\cdots,N)$ 服从分布 π，其他时刻直接选用更新后的参数粒子。不失一般性，任意时刻 $t_{k-1}\ (k=1,2,\cdots)$ 首先确定 N 个参数粒子 $\boldsymbol{X}_{(k-1)i}$，利用状态方程计算 t_k 时刻状态转移粒子 $\tilde{\boldsymbol{X}}_{ki}$ 为

$$\tilde{\boldsymbol{X}}_{ki}=\boldsymbol{\varPhi}\boldsymbol{X}_{(k-1)i}+\boldsymbol{\varGamma}\boldsymbol{W}_{k-1} \tag{4-13}$$

（2）权重计算：利用观测矩阵计算样本粒子 $\tilde{\boldsymbol{X}}_{ki}$ 对应的观测值 $\tilde{\boldsymbol{Z}}_{ki}=\boldsymbol{H}\tilde{\boldsymbol{X}}_{ki}$，得到样本粒子 $\tilde{\boldsymbol{X}}_{ki}$ 的权重 $\tilde{w}_{ki}$ 为

$$\tilde{w}_{ki}=\frac{1}{\sqrt{2\pi R}}\exp\left(-\frac{d_{ki}^2}{2R}\right) \tag{4-14}$$

式中，d_{ki} 表示计算观测值 $\tilde{\boldsymbol{Z}}_{ki}$ 与实际观测值 $\boldsymbol{Z}_k$ 的欧氏距离。对粒子权重 $\tilde{w}_{ki}$ 进行归一化得到

$$w_{ki}=\tilde{w}_{ki}\Big/\sum_{i=1}^{N}\tilde{w}_{ki} \tag{4-15}$$

（3）重采样粒子：根据权重值重新采样粒子，得到权重均为 $1/N$ 的重采样粒子 $\boldsymbol{X}_{ki}$，避免样本粒子产生“退化”现象。

（4）参数估计：基于重采样粒子 $\boldsymbol{X}_{ki}$，得到 t_k 时刻参数向量 $\boldsymbol{X}_k$：

$$\boldsymbol{X}_k = \frac{1}{N}\sum_{i=1}^{N}\boldsymbol{X}_{ki} \tag{4-16}$$

式中，$\boldsymbol{X}_k = (\hat{x}_k, \hat{v}_{xk}, \hat{a}_{xk}, \hat{y}_k, \hat{v}_{yk}, \hat{a}_{yk})^{\mathrm{T}}$。

（5）建模预测计算：基于参数估计值，建立多项式预测模型 p_{xk}、p_{yk}，计算 t_{k+1} $(\Delta t_k = t_{k+1} - t_k)$ 时刻目标预测坐标值：

$$\begin{cases} x_{\mathrm{p}(k+1)} = p_{xk}(\Delta t_k) = \hat{x}_k + \hat{v}_{xk}\Delta t_k + 0.5\hat{a}_{xk}\Delta t_k^2 \\ y_{\mathrm{p}(k+1)} = p_{yk}(\Delta t_k) = \hat{y}_k + \hat{v}_{yk}\Delta t_k + 0.5\hat{a}_{yk}\Delta t_k^2 \end{cases} \tag{4-17}$$

t_{k+1} 时刻获得目标定位坐标 $\boldsymbol{Z}_{k+1}$，重复步骤（1），进行连续建模预测。图 4-6 为基于 PF 的 WSN 目标预测流程图。

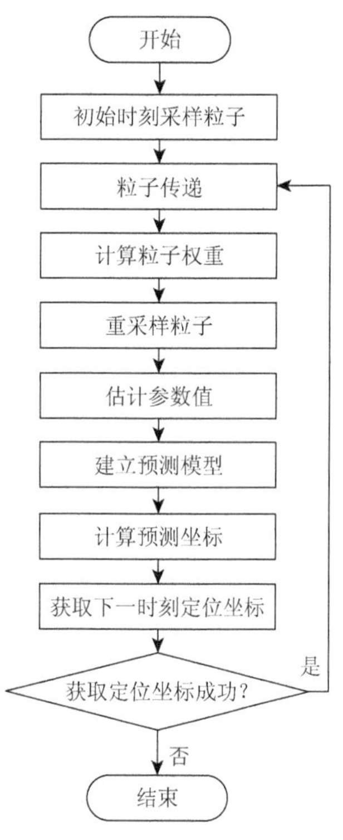

图 4-6　基于 PF 的 WSN 目标预测流程图

下面通过 MATLAB 仿真实验检验 PF 预测方法性能。设网络区域 $Q=[0,400]\mathrm{m}\times[0,400]\mathrm{m}$ 分布有 600 个节点，$R_{\mathrm{s}}=30\ \mathrm{m}$，$T=1\ \mathrm{s}$，目标做匀加速直线运动。初始状态向量 $\boldsymbol{X}_0=(0,1,0,0,0,0,1.2)^{\mathrm{T}}$；$\boldsymbol{V}_k \sim N(0,1.46)$；$\boldsymbol{W}_k=(0,0,w_{k1},0,0,w_{k2})$，$w_{k1}$、$w_{k2} \sim N(0,1)$；$\hat{x}_k$、$\hat{y}_k \sim N(x_k,1.46)$。

图 4-7 为不同预测方法的 100 次仿真的各个时刻预测误差结果。表 4-3 为不同方法预测误差 e_{rmse} 比较表，线性预测方法的预测误差 e_{rmse} 约为 4.46 m。选取最佳拟合位置数，二次多项式预测方法取得较高的预测准确度，但也难以更进一步提高；PF 预测方法预测误差 e_{rmse} 相比线性预测方法减少了 49%，相比二次多项式预测方法减少了 6%，可以获得更高的预测准确度。

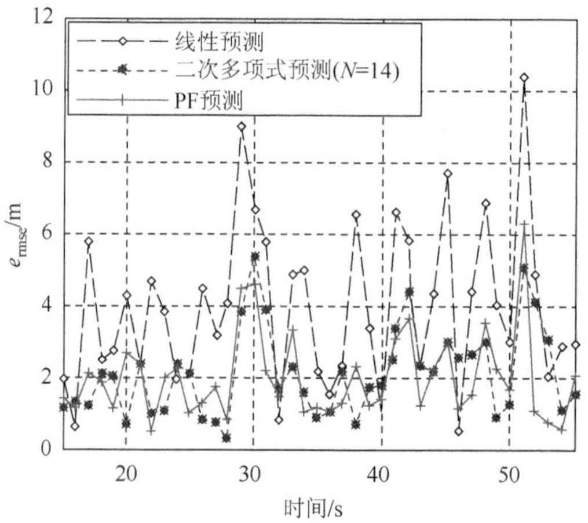

图 4-7　不同预测方法的 e_{rmse}

表 4-3　不同方法预测误差的 e_{rmse} 比较表　（单位：m）

预测方法	线性预测方法	二次多项式预测方法	PF 预测方法
e_{rmse}	4.46	2.43	2.28

以上 PF 预测方法，通过序列贝叶斯状态滤波估计，完成建模预测，在目标运动规律性较强情况下能取得较好的预测效果。该方法需借助于目标运动先验信息，建模计算量相对较大。

4.2.3　预测时间的动态确定方法

前面讨论了两种基于不同数学原理的目标预测方法，但在目标预测中，除利用运动估计参数建立预测模型以外，预测时间的选择也是非常关键的。若相邻预测时间间隔固定，太长的间隔下目标机动等因素对预测效果影响很大，过小的时间间隔将会造成能耗增加。因此，研究预测时间动态确定方法是非常必要的。

图 4-8 为目标预测误差示意图，$T_k(x_k, y_k)$、$T_{\mathrm{L}k}(x_{\mathrm{L}k}, y_{\mathrm{L}k})$ 分别为 t_k 时刻目标实际位置、定位位置，$T_{\mathrm{p}(k+1)}(x_{\mathrm{p}(k+1)}, y_{\mathrm{p}(k+1)})$ 为 t_{k+1} 时刻目标预测位置。目标无机动时，将在 t_{k+1} 时刻移动到位置 $T_{\mathrm{str}(k+1)}(x_{\mathrm{str}(k+1)}, y_{\mathrm{str}(k+1)})$，预测误差大小为 e_p。目标按偏转角 θ_k 机动时，将在 t_{k+1} 时刻移动到位置 $T_{\mathrm{turn}(k+1)}(x_{\mathrm{turn}(k+1)}, y_{\mathrm{turn}(k+1)})$，预测误差大小为 e_j。目标有无机动的预测位置距离为 e_t，目标移动距离分别为 $d_{\mathrm{str}(k+1)}$、$d_{\mathrm{turn}(k+1)}$，并且有

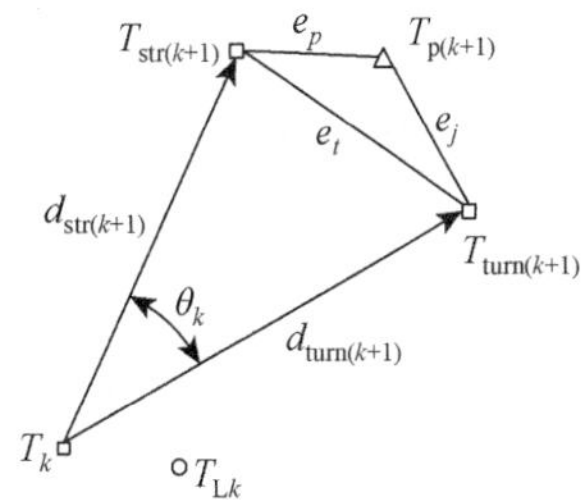

图 4-8　目标预测误差示意图

$$d_{\mathrm{str}(k+1)} \approx d_{\mathrm{turn}(k+1)} \approx v_k \Delta t + 0.5 a_k \Delta t^2 \tag{4-18}$$

当角度 θ_k 一定时，目标速度 v_k 或加速度 a_k 增加，距离值 $d_{\mathrm{str}(k+1)}$、$d_{\mathrm{turn}(k+1)}$ 与预测误差 e_p、e_j 会相应增大。可以看出，距离值 $d_{\mathrm{str}(k+1)}$、$d_{\mathrm{turn}(k+1)}$ 与预测误差 e_p、e_j 有关。严格固定 $d_{\mathrm{str}(k+1)}$、$d_{\mathrm{turn}(k+1)}$ 的大小是困难的，但可通过动态调节预测时间增量 Δt 使目标定位位置 $T_{\mathrm{L}k}(x_{\mathrm{L}k}, y_{\mathrm{L}k})$ 与目标预测位置 $T_{\mathrm{p}(k+1)}(x_{\mathrm{p}(k+1)}, y_{\mathrm{p}(k+1)})$ 的距离不变，来影响预测误差 e_p、e_j 的大小。

设基于运动学原理（或 PF）估计 t_k 时刻目标运动参数得到的预测模型为

$$\begin{cases} x_{p(k+1)} = p_{xk}(\hat{v}_{xk}, \hat{\alpha}_{xk}, \Delta t_k) \\ y_{p(k+1)} = p_{yk}(\hat{v}_{yk}, \hat{\alpha}_{yk}, \Delta t_k) \end{cases} \tag{4-19}$$

那么目标定位位置与预测位置之间距离值 $\tilde{d}_{k+1}$ 为

$$\begin{aligned} \tilde{d}_{k+1} &= g(v_{xk}, \alpha_{xk}, v_{yk}, \alpha_{yk}, \Delta t_k) \\ &= \sqrt{(p_{xk}(\hat{v}_{xk}, \hat{\alpha}_{xk}, \Delta t_k) - \hat{x}_k)^2 + (p_{yk}(\hat{v}_{yk}, \hat{\alpha}_{yk}, \Delta t_k) - \hat{y}_k)^2} \end{aligned} \tag{4-20}$$

可以看出，$\tilde{d}_{k+1}$ 为预测时间增量 Δt_k 的函数。

令 $\tilde{d}_{k+1}$ 等于固定值 d_{fix}，那么由式（4-20）可以得到关于 Δt_k 的函数为

$$\Delta t_k = h(\hat{v}_{xk}, \hat{\alpha}_{xk}, \hat{v}_{yk}, \hat{\alpha}_{yk}, d_{\text{fix}}) \tag{4-21}$$

即若 d_{fix} 一定，预测时间增量 Δt_k 将随预测模型参数 $\hat{v}_{xk}, \hat{\alpha}_{xk}, \hat{v}_{yk}, \hat{\alpha}_{yk}$ 变化而动态变化。

将上述的预测时间动态确定方法应用于二次多项式预测、PF 预测中，任意时刻基于运动学原理、PF 建立预测模型，根据动态预测方法计算预测坐标值，由此形成动态运动学的二次多项式预测方法、动态 PF 预测方法（统称为动态目标预测方法）。

下面通过 MATLAB 仿真实验验证动态目标预测方法效果。设网络区域 $Q=[0,400]\text{m}\times[0,400]\text{m}$ 分布 600 个节点，$R_s = 30$ m，$T = 2$ s，目标运动形式与 4.3.1 节实验相同。初始状态向量 $\boldsymbol{X}_0 = (0,1,0,0,0,0,1.2)^{\text{T}}$；$\boldsymbol{V}_k \sim N(0,1.46)$；$\boldsymbol{W}_k = (0,0,w_{k1},0,0,w_{k2})$，$w_{k1}$、$w_{k2} \sim N(0,1)$；$\hat{x}_k$、$\hat{y}_k \sim N(x_k,1.46)$。表 4-4 为采用固定预测时间间隔方法的 e_{rmse}，多次实验得到的动态运动学的二次多项式预测方法、PF 预测方法的 e_{rmse} 分别在[2.29，2.37]m、[2.24，2.34]m 内。

表 4-4 固定预测时间间隔方法的 e_{rmse} （单位：m）

序号	1	2	3	4	5
动态运动学的二次多项式预测方法的 e_{rmse}	2.37	2.41	2.29	2.35	2.34
PF 预测方法的 e_{rmse}	2.26	2.30	2.34	2.24	2.33

从图 4-9 中可以看出，d_{fix}=2 m 下，动态运动学的二次多项式预测方法、PF 预测方法的 e_{rmse} 分别为 1.93 m、1.97 m，相比固定预测时间间隔方法分别减小了 18.5%、12.8%。此外，d_{fix} 减小，动态目标预测方法的 e_{rmse} 也逐渐减少。

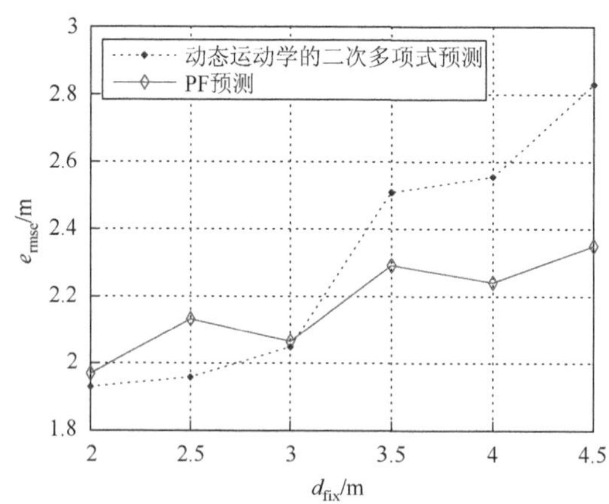

图 4-9 不同 d_{fix} 下动态预测的预测误差 e_{rmse} 实验曲线

图 4-10 为不同方法预测次数对比图。图中虚线为固定预测时间方法的预测次数为 10 次；实线为不同固定预测距离下预测次数曲线，d_{fix} 由 2 m 增加到 4.5 m，预测次数由 16 次减少到 8 次。可以看出，动态预测次数是 d_{fix} 的函数，d_{fix} 减小，预测次数增大。

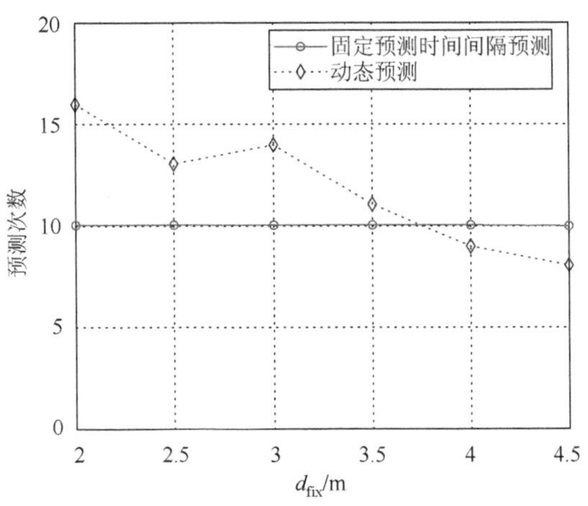

图 4-10 不同方法预测次数对比图

因此可以看出：除利用运动估计参数建立预测模型以外，目标预测时间的确定非常关键，太长的间隔下目标机动等因素对预测效果影响很大，过密的时间间隔将会造成能耗增加；对于一定预测距离 d_{fix}，预测时间增量 Δt_k 应随预测模型参数 $\hat{v}_{xk}$、$\hat{\alpha}_{xk}$、$\hat{v}_{yk}$、$\hat{\alpha}_{yk}$ 变化而动态变化；预测时间动态确定方法应用于运动学预测、PF 预测表明，能够获得比固定预测时间间隔预测方法更高的预测准确度，对机动性目标的适应性明显增强[153]。

4.3 基于动态预测的 LSSVR 建模定位节点唤醒机制与能耗仿真

前面研究了几种具有较小预测误差的目标预测方法，下面将这些方法引入节点唤醒过程，进而研究基于动态预测的 LSSVR 建模定位节点唤醒机制及能耗仿真方法。

4.3.1 基于动态预测的 LSSVR 建模定位节点唤醒机制

前面已经提到，节点唤醒是综合影响目标定位效果、失跟率和定位能耗的重要环节。节点唤醒机制主要包括确定节点唤醒区域、选择唤醒任务节点两方面：采用单独方式唤醒目标预测位置周围节点，有助于快速确定出高信噪比测量节点；动态节点唤醒过程要求实时选择执行唤醒任务的节点，增强节点唤醒的协同效果。

WSN 节点唤醒如图 4-11 所示，节点 S_h 通信距离为 R_c，其余节点为 S_h 通信范围 C_c 内邻居节点。S_h 记录有邻居节点坐标信息，通过控制信息来唤醒或休眠节点。若 t_k 时刻目标预测位置为 $T_{pk}(x_{pk}, y_{pk})$，则需唤醒圆心为 T_{pk}、半径为有效测量距离 R_s 的唤醒区域 C_w 内节点。由于 $R_s < R_c$，唤醒区域 C_w 可能包含在通信范围 C_c 内。可以看出，只要满足条件 $C_w \subset C_c$，无论 S_h 是否位于唤醒区域 C_w 内，它都能执行节点唤醒任务。由于唤醒区域内节点可发送数据到 S_h，S_h 也能作为簇头节点负责建模定位计算；若 S_h 位于唤醒区域 C_w 内，则它同时能承担目标探测任务。随着目标的移动，

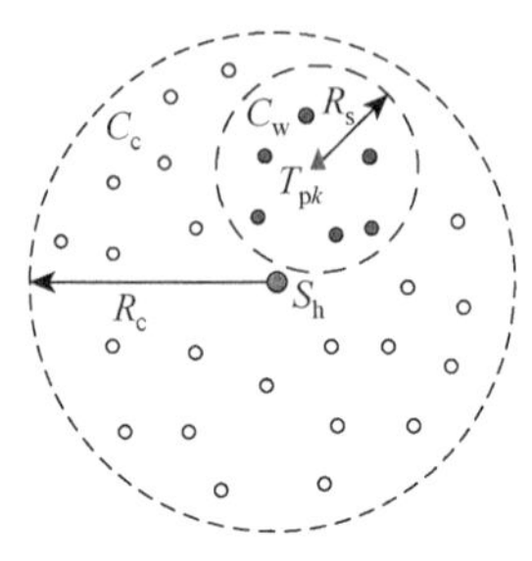

图 4-11　WSN 节点唤醒示意图

仅当唤醒区域 C_w 超出通信范围 C_c 时，才需重新选择其他唤醒任务节点。以上方法通过合理分配簇头节点唤醒任务、计算任务和目标探测任务，提高簇头节点的稳定性，避免传统节点唤醒机制（只在探测节点中选择唤醒任务节点）频繁选举簇头节点引起的通信能耗、时间延迟，体现出节点协同定位的分布式特点。

基于以上分析，综合前面的目标预测建模、动态预测方法等内容，可以形成基于动态预测的 LSSVR 定位分布式节点唤醒机制。主要包括下列步骤。

（1）目标探测与 LSSVR 建模定位：t_k 时刻唤醒节点探测目标，测量节点将目标测量信息发送到簇头节点 S_h，S_h 进行 LSSVR 建模定位计算，得到 t_k 时刻目标定位坐标 $(\hat{x}_k, \hat{y}_k)$。

（2）目标预测建模：簇头节点 S_h 根据目标定位坐标 $(\hat{x}_k, \hat{y}_k)$ 建立预测模型 p_{xk}、p_{yk}（根据目标定位先验信息丰富程度和目标运动特点，预先选择运动学原理预测建模、PF 预测建模方法）。

（3）动态目标预测：簇头节点根据 t_k 时刻目标定位位置 $T_{Lk}(x_{Lk}, y_{Lk})$、d_{fix}、目标预测模型计算预测时间增量 Δt_k，将预测时间 t_{k+1} 输入预测模型得到目标预测位置 $T_{p(k+1)}$。

（4）条件判断与节点唤醒：簇头节点计算自身到目标预测位置距离 d_p，若满足条件 $(R_s + d_p \leqslant R_c) \& (d_p < R_s)$，簇头节点唤醒区域 $C_{w(k+1)}$ 内节点并休眠其他节点，簇头节点同时承担节点唤醒、目标探测任务，并执行步骤（1）；若满足条件 $(R_s + d_p \leqslant R_c) \& (d_p \geqslant R_s)$，簇头节点只负责唤醒 $C_{w(k+1)}$ 内节点并休眠其他节点，并执行步骤（1）；当满足条件 $R_s + d_p > R_c$ 时，执行步骤（5）。

（5）更换簇头节点：簇头节点 S_h 唤醒 C_c 内距离目标预测位置 $T_{p(k+1)}$ 最近节点 $S_{h(k+1)}$ 作为新的簇头节点，将存储的目标预测定位相关参数发送到 $S_{h(k+1)}$ 后进入休眠状态，新簇头节点根据步骤（4）继续执行节点唤醒任务。基于动态预测的 LSSVR 定位节点唤醒流程如图 4-12 所示。

综上所述，基于动态预测的节点唤醒机制，将运动学原理、PF 算法等引入目标建模预测，根据预测模型参数变化情况动态调节预测时间，减小不同运动特点目标预测误差，降低失跟率，实现较少测量节点数、唤醒节点数上的节点唤醒。通过节点负载均衡，提高节点唤醒定位协同效果。

4.3.2　LSSVR 建模定位节点唤醒机制的能耗仿真

目标定位节点状态变化比较复杂，很难利用硬件系统测量定位能耗。通常采用能耗建模、仿真的办法来估计节点唤醒机制下的定位能耗[154]。

WSN 节点主要有待机、发送、接收、计算、休眠 5 种状态，每种状态下的节点功率值如表 4-5 所示。其中，前面 4 种状态下节点功率非常接近，节点休眠功率远小于其他状态节点功率。

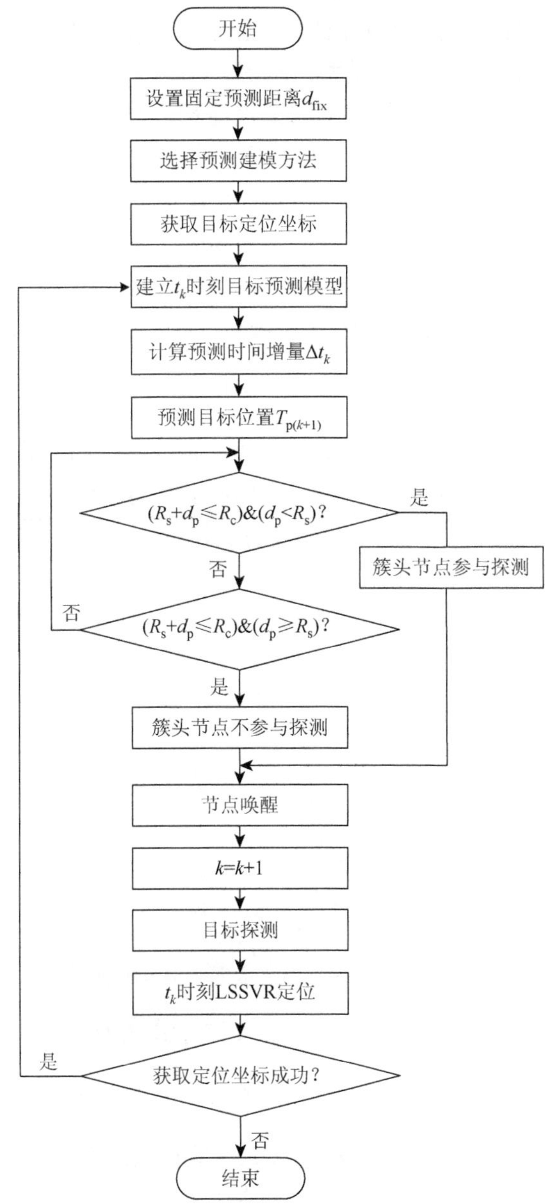

图 4-12　基于动态预测的节点唤醒流程图

表 4-5　CC2430 节点电流与功率表

节点状态	工作电流/mA	功率值/mW
待机	33.6	100.8
发送	34.8	104.4
接收	34.1	102.3
计算	33.8	101.4
休眠	0.5×10^{-3}	1.5×10^{-3}

将单个节点状态、能耗进行空间和时间上的延伸，利用目标定位整体过程中处于同一状态所有节点的能耗总和，建立能耗模型。若 W_d、W_j、W_r、W_f、W_x 分别为定位过程中所有待机、计算、接收、发送、休眠状态下的节点能耗，则定位能耗 W 可表示为

$$W = W_d + W_j + W_r + W_f + W_x \tag{4-22}$$

下面对式（4-24）所示能耗公式进行细化。将节点计算功率近似为待机功率，节点接收、发送功率视为在待机功率基础上增加了额外功率（图 4-13）。那么，定位能耗 W 可分为唤醒节点（待机、计算、接收、发送状态下的节点）待机能耗 W_h 、节点接收、发送数据时增加的额外能耗 W_t （相比待机能耗），休眠节点能耗 W_x ，并且有

$$W_h = \sum_{i=1}^{n} N_i P_w T_i,\quad W_t = \sum_{i=1}^{n} (F_i W_f' + R_i W_r'),\quad W_x = \sum_{i=1}^{n} (N - N_i) P_x T_i \tag{4-23}$$

式中，n 为定位次数；N_i 为每次定位唤醒节点数；N 为网络节点数；P_w 、P_x 分别为待机功率和休眠功率；T_i 为定位时间间隔；W_f' 、W_r' 分别为发送和接收一次数据包额外增加能耗；F_i 、R_i 和为每次定位的物理层发送和接收次数。

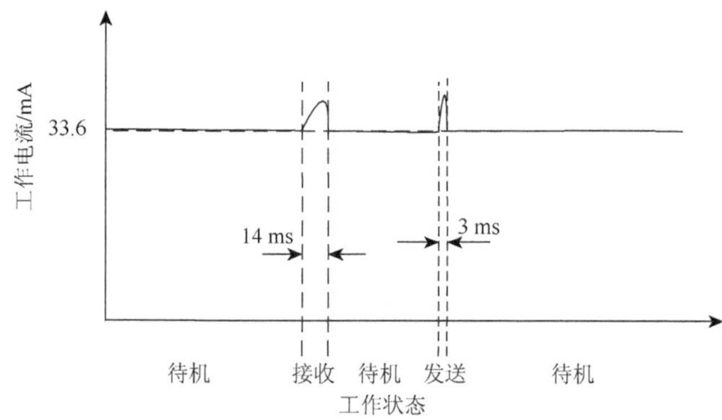

图 4-13　节点接收和发送工作电流示意图

结合式（4-21）和式（4-22），可得定位能耗估算公式为

$$W = \sum_{i=1}^{n} [N_i P_w T_i + F_i W_f' + R_i W_r' + (N - N_i) P_x T_i] \tag{4-24}$$

基于上面的能耗公式，采用 MATLAB、OPNET 仿真工具估算能耗。

MATLAB 非常适合于仿真目标定位节点唤醒过程[155]，并统计每次定位唤醒节点数、休眠节点数、定位时间间隔等信息，进而估算能耗值 W_h、W_x。应用 MATLAB 能耗仿真流程如图 4-14 所示。

OPNET 是一款主流的网络仿真软件，在网络系统通信仿真方面具有较大优势[156, 157]。由于网络节点数据收发的复杂性（能耗值 W_t 与目标定位过程节点收发数据次数有关，应用层收发一个数据包通常引起物理层收发多次数据包），通过 OPNET 仿真估算能耗值 W_t。下面简单介绍其实现方法。

基于硬件节点通信包含的发送、接收测量数据包，控制数据包等行为，可利用 OPNET 所提供的模块进行二次开发，建立其节点模型。

图 4-15 为 OPNET 通用节点模型。模型包括若干个子模块，其中 rx、tx 分别为无线收

信机和发信机模块，wireless_mac 为媒体访问控制（medium access control，MAC）层模块，appl 为应用层模块，wireless_mac_intf 为 MAC 层与应用层接口模块。节点模型的子模块包含一个通过有限状态机组成的状态转移图描述子模块逻辑行为、状态转移规则的进程模型，通过开发应用层模块进程模型可仿真各类节点功能（簇头节点、簇内节点、休眠节点等）。

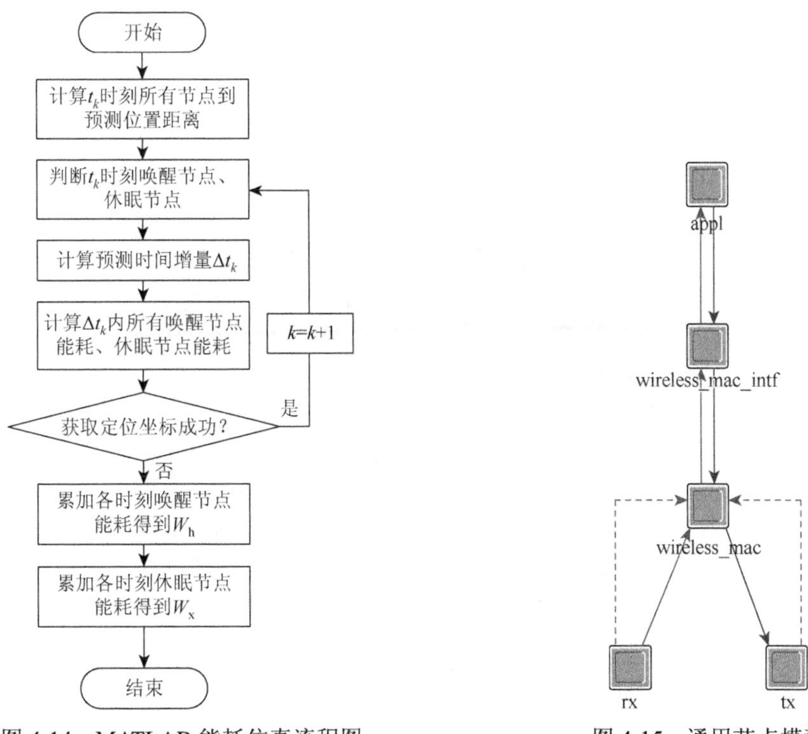

图 4-14　MATLAB 能耗仿真流程图　　　　图 4-15　通用节点模型

图 4-16 为簇头节点模型应用层模块包含的进程模型，圆形图标为有限状态机，箭头

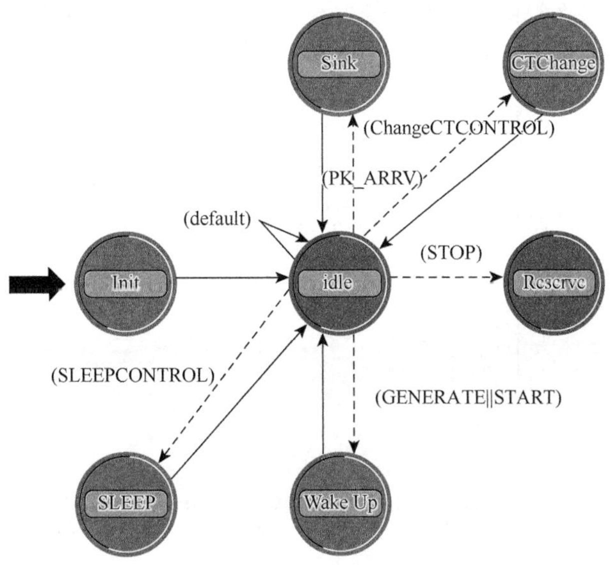

图 4-16　簇头节点模型应用层模块

表示状态转移规则。其中，Wake Up 表示节点唤醒，Sink 表示接收、处理数据包，CTChange 表示更换簇头节点，SLEEP 表示休眠簇内节点。

基于建立的各类节点模型，根据硬件实验平台实际设置情况构建如图 4-17 所示的网络仿真模型。分别设定节点距离、节点数据传输速率、节点发射功率、目标移动轨迹、速度等参数，将节点收信机、发信机信道吞吐率作为统计量，再根据统计数据得到目标定位过程中每个节点接收、发送数据包次数，就可完成能耗估算。

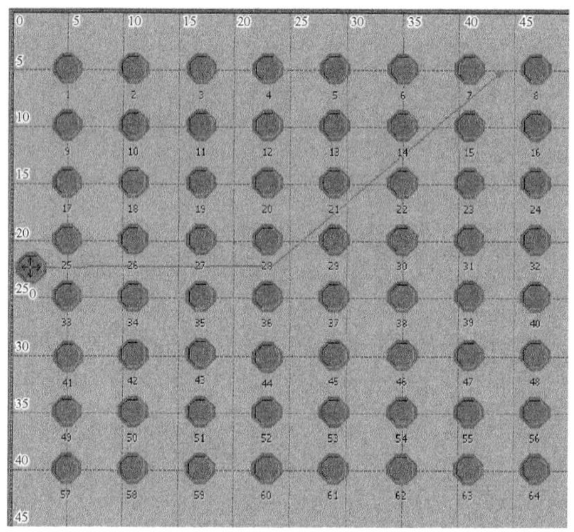

图 4-17　OPNET 网络仿真模型

4.4　实验及结果分析

下面通过CC2430实验系统测试基于动态预测的WSN定位节点唤醒机制的综合性能。图4-18为节点唤醒实验示意图。设移动目标 T 从 $A(0,7.5)$ 点进入网络区域做匀加速直线运动，移动到 $B(20,27.5)$ 点向右偏转 $\pi/4$ 角度值，保持速度不变做匀速直线运动，由 $C(35,27.5)$ 点离开网络区域。图 4-18 中，$S_h(0,10)$ 为初始时刻簇头节点，v 为目标运动速度。表 4-6 为实验相关参数。

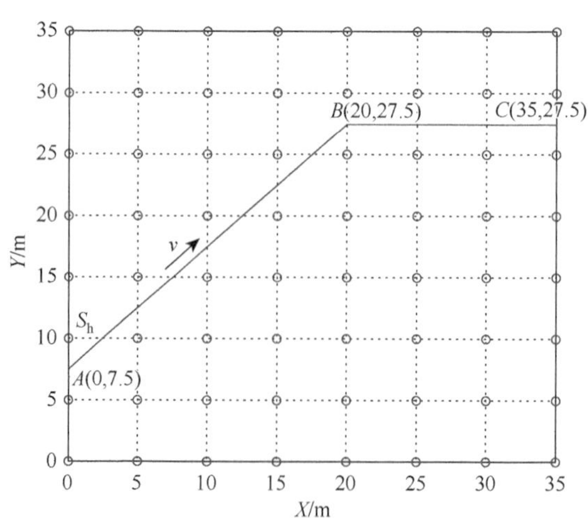

图 4-18　WSN 定位节点唤醒实验示意图

表 4-6　实验相关参数

参数名称	x 轴方向初速度分量 v_{x0}/（m·s^{-1}）	y 轴方向初速度分量 v_{y0}/（m·s^{-1}）	x 轴方向初始加速度分量 a_{x0}/（m·s^{-2}）	y 轴方向初始加速度分量 a_{y0}/（m·s^{-2}）	转向时间 t_z/s	转向角 λ	目标定位误差标准差 σ_L/m
参数值	0	0	0.1	0.1	20	π/4	2

4.4.1　节点唤醒效果实验

通过实验测试基于动态预测 WSN 节点唤醒机制的目标失跟率、平均测量节点数、定位能耗。设节点唤醒半径 $R_w = 14$ m，固定预测距离 $d_{fix} = 2$ m，二次多项式预测方法拟合位置数为 6，PF 预测粒子数为 10。

图 4-19 为各种预测节点唤醒方法的目标失跟率比较。由图 4-19 可见，线性预测节点唤醒方法的失跟率为 4%～7%，二次多项式预测、PF 预测方法的失跟率分别为 0、2%～3%，相比线性预测节点唤醒方法分别减小 100%、50%。

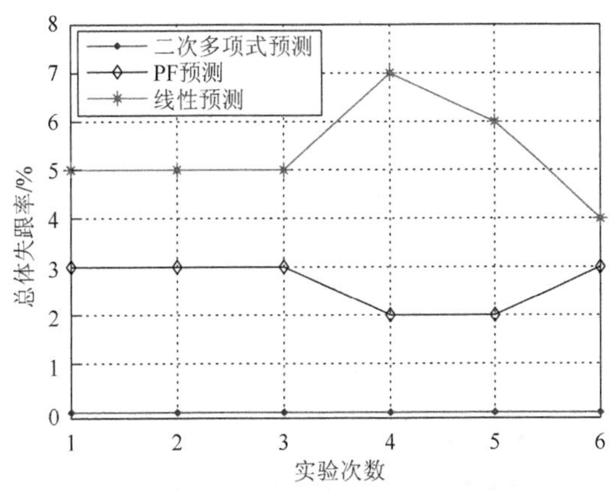

图 4-19　各种预测节点唤醒方法的目标失跟率比较

图 4-20 为各种预测节点唤醒方法的平均测量节点数比较。线性预测节点唤醒方法的平均测量节点数为 4.27～4.49；二次多项式预测、PF 预测方法的平均测量节点数分别为 4.7～4.93、4.48～5，相比线性预测节点唤醒方法分别提高 4.7%～14.4%、1.1%～11.4%。

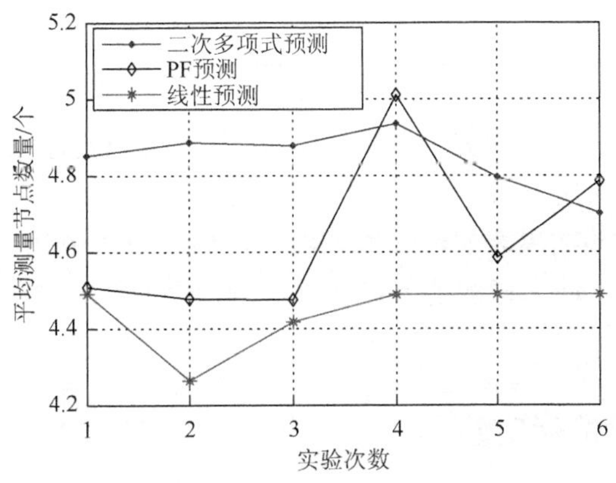

图 4-20　各种预测节点唤醒方法的平均测量节点数比较

图 4-21 为各种预测节点唤醒方法的定位能耗比较。线性预测节点唤醒方法定位能耗为 55.1～56.7 J，二次多项式预测、PF 预测方法定位能耗分别为 53.8～55.8 J、52.7～54.5 J。可以看出，三种预测节点唤醒方法的定位能耗比较接近。

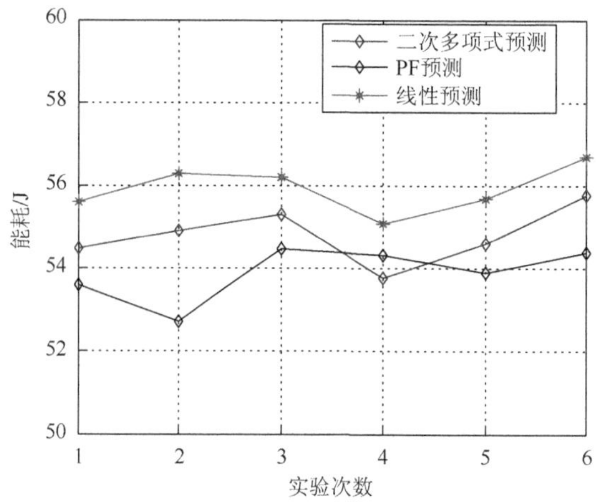

图 4-21　各种预测节点唤醒方法的定位能耗比较

表 4-7 为不同条件下定位次数、簇头节点更换次数。唤醒半径由 8 m 增加到 18 m 时，二次多项式预测方法、PF 预测方法、线性预测方法分别平均 2.1～3.0 次、1.5～2.2 次、1.4～1.6 次更换 1 次簇头节点。

表 4-7　不同条件下定位次数、簇头节点更换次数

唤醒半径/m	二次多项式预测方法		PF 预测方法		线性预测方法	
	定位次数	簇头更换次数	定位次数	簇头更换次数	定位次数	簇头更换次数
8	21	7	22	15	14	9
10	21	11	22	10	14	9
12	21	10	23	13	14	10
14	21	9	24	12	14	10
16	20	10	22	15	14	9
18	21	10	23	11	14	9

由上面的实验结果可以得出如下结论：①二次多项式预测方法失跟率比线性方法显著减小，平均测量节点数有所增大，定位能耗比较接近，具有更好的节点唤醒效果；②失跟率、平均测量节点数实验结果表明，二次多项式预测方法相比 PF 预测方法对机动目标的适应性更好；③采用基于动态预测的节点唤醒机制，簇头更换次数明显小于定位次数，节点协同效果较好。

4.4.2　唤醒半径变化能耗实验

前面已经指出，若增大节点唤醒半径 R_w，唤醒节点数呈几何级数增大，将会导致节点待机损耗大大增加，下面通过唤醒半径变化能耗实验来证明这个结论。

图 4-22 为不同唤醒半径下的平均测量节点数。由图可见，唤醒半径增大时，二次多项式预测方法、PF 预测方法、线性预测方法的平均测量节点数量相应增大；唤醒半径由 8 m 增大到 18 m 时，以上方法平均测量节点数由 3.7、3.1、2.9 分别增加到 4.9、4.7、4.6。

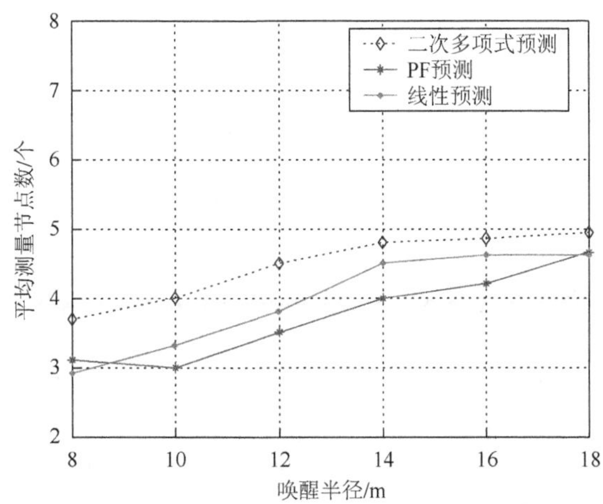

图 4-22　不同唤醒半径下的平均测量节点数

图 4-23 为不同唤醒半径下的定位能耗。唤醒半径增大时，二次多项式预测方法、PF 预测方法、线性预测方法定位能耗显著增大。其中，唤醒半径为 8 m 时，三种方法定位能耗分别为 19.1 J、20.0 J、20.1 J；唤醒半径为 18 m 时，定位能耗迅速增大到 78.8 J、80.0 J、80.2 J。

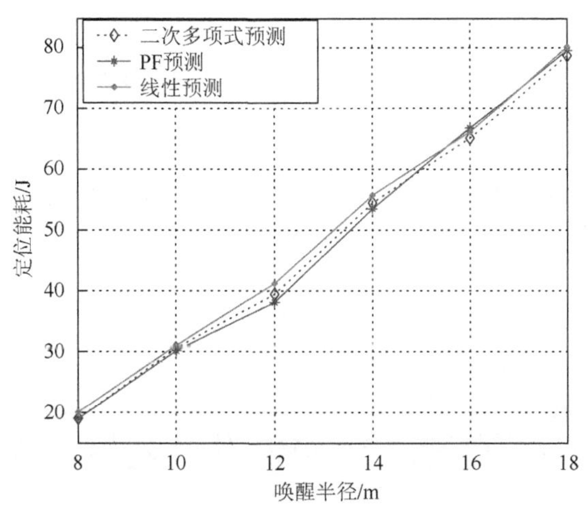

图 4-23　不同唤醒半径下的定位能耗

因此可以看出，增大节点唤醒半径，平均测量节点数缓慢增加，定位能耗却快速提高。因此，节点唤醒半径取值不宜过大。

第 5 章　WSN 目标定位 LSSVR 快速建模定位与通信机制

本章研究目标移动下 LSSVR 快速建模定位方法与通信机制，使 WSN 目标定位 LSSVR 方法更具实用性。主要内容包括：分析 LSSVR 目标定位时间构成，探讨目标移动下自适应 LSSVR 建模定位规律，讨论 LSSVR 模型的 Gauss-Jordan 消元法求解，研究数据汇集的分时通信机制、节点唤醒的广播式通信机制，提出基于自适应 LSSVR 同步建模 WSN 目标快速定位方法。最后通过 CC2430 无线传感网络目标定位实验，证明采用 LSSVR 快速建模定位方法与通信机制，能使目标定位速度得到明显提高。

5.1　LSSVR 目标定位时间分析

为了使提高目标定位快速性更有针对性，先对 LSSVR 目标定位时间进行分析。

前面已经提到，LSSVR 建模定位方法的基本过程是将测量节点数据汇集到簇头节点，簇头节点进行 LSSVR 建模、坐标计算、目标预测，根据预测结果进行节点唤醒。图 5-1 为 LSSVR 目标定位时间示意图。主要定位时间 t_L 参数包括数据汇集时间 t_h、LSSVR 建模时间 t_m、坐标计算时间 t_s、目标预测时间 t_p、节点唤醒时间 t_w 等。其中，t_h、t_w 与节点通信机制直接相关，构成通信时间 t_T；t_m、t_s、t_p 受 LSSVR 建模定位、数值求解方法的影响，构成计算时间 t_c。

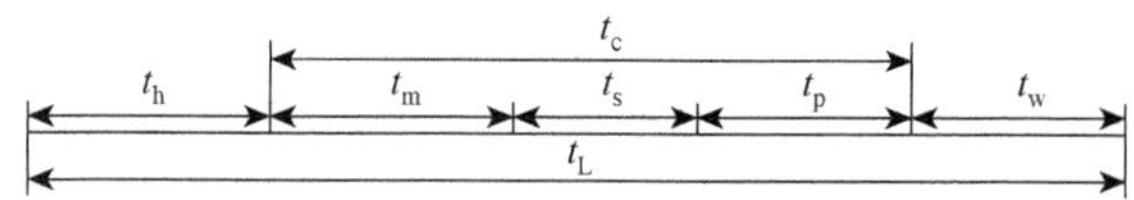

图 5-1　LSSVR 目标定位时间示意图

考虑无论目标定位过程采用何种方法得以实现，定位时间 t_L（计算时间 t_c 与通信时间 t_T 之和）都必须小于相邻两次目标探测时间间隔 T，否则会由于下一探测时刻节点尚未准备好，而导致目标失跟。即必须满足如下条件：

$$t_c + t_T \leqslant T \tag{5-1}$$

为此，下面分别从减少计算时间 t_c 角度和减少通信时间 t_T 角度，研究 LSSVR 快速建模定位方法及节点通信机制问题。

5.2　自适应 LSSVR 快速建模定位

LSSVR 建模定位包含回归建模、坐标计算两个主要过程，其中回归建模需要进行获取训练样本集、构造核函数矩阵、求解矩阵方程过程，计算比较复杂；坐标计算仅需将测量向量代入回归模型计算目标坐标，计算量相对较小，故减少定位过程 LSSVR 建模次数，对减少平均建模时间、提高目标定位速度，具有重要意义。

下面从测量节点变化对 LSSVR 建模定位影响规律出发，应用具有良好计算效率的 Gauss-Jordan 数值求解方法，研究自适应 LSSVR 快速建模定位方法。

5.2.1　目标移动下自适应 LSSVR 建模定位规律

为便于描述，在分析目标移动下 LSSVR 回归建模定位规律中，将参与建立 LSSVR 模型的测量节点简称为建模节点。

图 5-2 为目标移动下 LSSVR 建模定位示意图。阴影区域为测量节点 S_i $(i=1,2,3)$ 的公共测量区域（由 A、B、C 三个子区域构成）；$T_k(x_{tk},y_{tk})$ $(k=1,2,\cdots,5)$ 为 t_k 时刻目标位置；t_k $(k=1,2,3)$ 时刻目标位于区域 A，这时测量节点为 S_i $(i=1,2,3)$。假设 t_1 时刻基于测量节点 S_i $(i=1,2,3)$ 建立得到 LSSVR 模型 $f_{x1}(\boldsymbol{V})$、$f_{y1}(\boldsymbol{V})$，由于 t_k $(k=1,2,3)$ 时刻测量节点相同，若采用同一组建模参数会建立相同的 LSSVR 模型，因此 $f_{x1}(\boldsymbol{V})$、$f_{y1}(\boldsymbol{V})$ 可直接用于计算 t_k $(k=1,2,3)$ 时刻目标坐标，避免 t_k $(k=2,3)$ 时刻重复建模计算过程。若 t_k $(k=4,5)$ 时刻目标 T_k $(k=4,5)$ 分别位于 B、C 区域，这时测量节点包含 $f_{x1}(\boldsymbol{V})$、$f_{y1}(\boldsymbol{V})$ 建模节点 S_i $(i=1,2,3)$，将 t_k $(k=4,5)$ 时刻测量节点 S_i $(i=1,2,3)$ 数据组成的测量向量 $\boldsymbol{V}_k=(d'_{1k},d'_{2k},d'_{3k})$ 输入 LSSVR 模型 $f_{x1}(\boldsymbol{V})$、$f_{y1}(\boldsymbol{V})$，同样能计算目标坐标值。

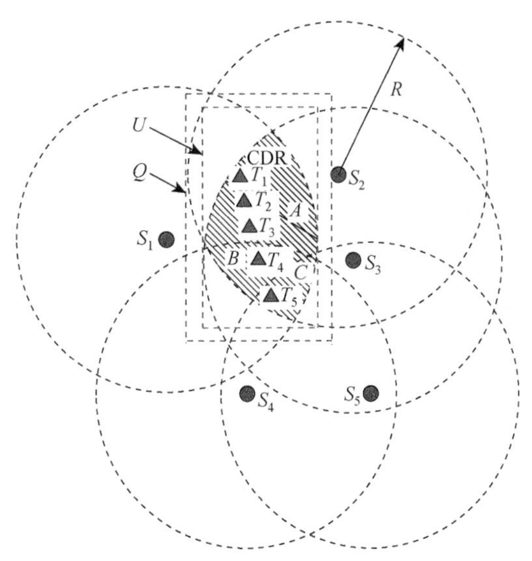

图 5-2　目标移动下 LSSVR 建模定位示意图

可以看出，LSSVR 目标定位可根据已有 LSSVR 模型建模节点、当前测量节点包含关系决定是否建模。若测量节点包含建模节点，利用建模节点测量数据构造测量向量，输入已有 LSSVR 模型进行定位，从而减少建模次数；仅在测量节点不满足包含关系时，才需重新建立 LSSVR 模型。

以上过程根据节点包含关系确定建模策略，体现出自适应建模定位规律，其流程图如图 5-3 所示。

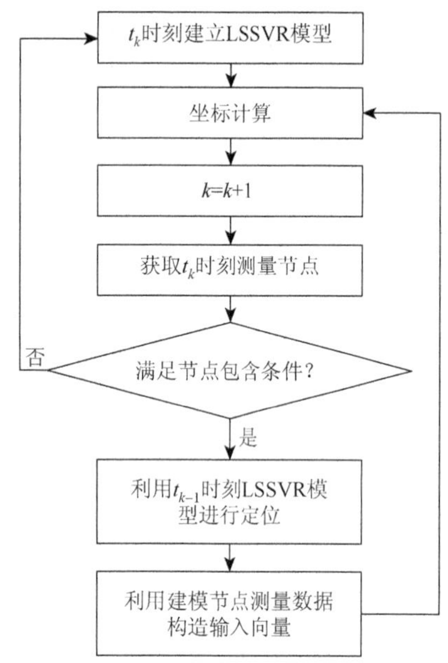

图 5-3　自适应 LSSVR 建模定位流程图

5.2.2　LSSVR 模型的 Gauss-Jordan 消元法求解

下面研究减小 LSSVR 建模计算量的数值求解方法。由式（2-6）可知，LSSVR 建模分别构造并求解下列矩阵方程：

$$\begin{bmatrix} 0 & \bar{\boldsymbol{e}}^{\mathrm{T}} \\ \bar{\boldsymbol{e}} & \boldsymbol{\Omega}+\gamma^{-1}\boldsymbol{e} \end{bmatrix} \begin{bmatrix} 0 \\ \boldsymbol{\alpha}_x \end{bmatrix} = \begin{bmatrix} 0 \\ \boldsymbol{x}' \end{bmatrix} \tag{5-2}$$

$$\begin{bmatrix} 0 & \bar{\boldsymbol{e}}^{\mathrm{T}} \\ \bar{\boldsymbol{e}} & \boldsymbol{\Omega}+\gamma^{-1}\boldsymbol{e} \end{bmatrix} \begin{bmatrix} 0 \\ \boldsymbol{\alpha}_y \end{bmatrix} = \begin{bmatrix} 0 \\ \boldsymbol{y}' \end{bmatrix} \tag{5-3}$$

矩阵方程有多种数值求解方法，它们各自具有不同的计算复杂度，主要包括求逆法、迭代法[158]、消元法等。求逆法利用系数矩阵的逆矩阵左乘以等号右边向量得到拉格朗日解向量，但高阶系数矩阵求逆计算过于复杂；迭代法通过迭代计算使解向量逐渐收敛到稳定值，计算结果受到迭代初值、收敛速度的影响；消元法通过有限次四则运算就能求解矩阵方程。其中，Gauss-Jordan 列主元消元法通过矩阵行变换消去非主元素进行求解，计算复杂度相对较低[159, 160]。

注意到式（5-2）和式（5-3）具有相同的系数矩阵，恰好可以利用 Gauss-Jordan 列主元消元法对两个矩阵方程进行同步求解。设有

$$\boldsymbol{A} = \begin{bmatrix} 0 & \bar{\boldsymbol{e}}^{\mathrm{T}} \\ \bar{\boldsymbol{e}} & \boldsymbol{\Omega}+\gamma^{-1}\boldsymbol{e} \end{bmatrix},\quad \boldsymbol{B}_x = \begin{bmatrix} 0 \\ \boldsymbol{x}' \end{bmatrix},\quad \boldsymbol{B}_y = \begin{bmatrix} 0 \\ \boldsymbol{y}' \end{bmatrix} \tag{5-4}$$

利用以上矩阵构造增广矩阵：

$$\boldsymbol{C} = [\boldsymbol{A},\boldsymbol{B}_x,\boldsymbol{B}_y] = \begin{bmatrix} 0 & \bar{\boldsymbol{e}}^{\mathrm{T}} & 0 & 0 \\ \bar{\boldsymbol{e}} & \boldsymbol{\Omega}+\gamma^{-1}\boldsymbol{e} & \boldsymbol{x}' & \boldsymbol{y}' \end{bmatrix} \tag{5-5}$$

通过 Gauss-Jordan 列主元消元法进行矩阵变换：

$$\boldsymbol{C} = [\boldsymbol{A},\boldsymbol{B}_x,\boldsymbol{B}_y] \to [\boldsymbol{E},\boldsymbol{A}^{-1}\boldsymbol{B}_x,\boldsymbol{A}^{-1}\boldsymbol{B}_y] \tag{5-6}$$

式中，$\boldsymbol{A}^{-1}\boldsymbol{B}_x = [0\quad \boldsymbol{\alpha}_x^{\mathrm{T}}]^{\mathrm{T}}$；$\boldsymbol{A}^{-1}\boldsymbol{B}_y = [0\quad \boldsymbol{\alpha}_y^{\mathrm{T}}]^{\mathrm{T}}$。矩阵方程式（5-2）、式（5-3）的解向量 $\boldsymbol{a}_x$、$\boldsymbol{a}_y$ 分别为回归模型 $f_x(\boldsymbol{V})$、$f_y(\boldsymbol{V})$的拉格朗日乘子向量。

由于回归模型 $f_x(\boldsymbol{V})$、$f_y(\boldsymbol{V})$矩阵方程具有相同系数矩阵，可以采用 Gauss-Jordan 列主元消元法对两个矩阵方程进行同步求解，计算复杂度相对较低，从而减少 LSSVR 建模时间，提高回归建模的计算效率，便于在嵌入式计算系统中实现。

5.3　LSSVR 快速定位节点通信机制

下面探讨减少 LSSVR 定位通信时间 t_{T} 的快速定位节点通信机制问题。

无线信道的独占性和广播、单播通信方式是 WSN 节点通信的主要特点。其中，无线信道的独占性，指任意时刻只有一个节点能掌握特定频率信道使用权，完成信息发送任务；广播、单播通信方式是指 WSN 广播通信以接收节点为邻居节点，单播通信接收节点为指定节点。

数据汇集、节点唤醒需要多节点频繁交换信息，信道独占性容易导致数据冲突、重传而延长通信时间，通信方式选择直接影响节点通信效率。

5.3.1　数据汇集的分时通信机制

目标定位过程中，数据汇集为多个测量节点到簇头节点的“多对一”通信过程。若测量节点任意争用信道，簇头节点通常需要较长时间才能汇集到全部测量数据。若对每个测量节点提前设定不同的数据发送延迟时间，则测量节点在获得测量数据后的任意时刻，只有一个测量节点与簇头节点通信，从而在较短时间内实现数据汇集。

上述通信机制可称为数据汇集的分时通信机制，具体实现过程为：上一轮节点唤醒时，簇头节点为每个探测节点分配一个延时序号 $i\ (i=1,2,\cdots,N-1)$ 。t_k 时刻测量节点测量目标信号强度值，根据延时序号 i 、延迟时间单位 τ_Δ 计算延迟时间 $\tau_{di}\ (\tau_{di}=i\tau_\Delta)$ ，在延迟 τ_{di} 时间后通过单播方式将测量数据发送到簇头节点，这样在 $t_k+(N-1)\tau_\Delta$ 时间内就能汇集全部测量节点数据，数据汇集通信时间长度为 $t_h=(N-1)\tau_\Delta$ 。数据汇集分时通信机制下测量节点工作流程如图 5-4 所示。

可以看出，延迟时间单位 τ_Δ 需满足不等式 $\tau_\Delta>\tau_p$ （τ_p 为测量节点发送数据占用信道时间）。τ_Δ 取值过小易导致信道冲突，取值过大则会增加数据汇集时间。

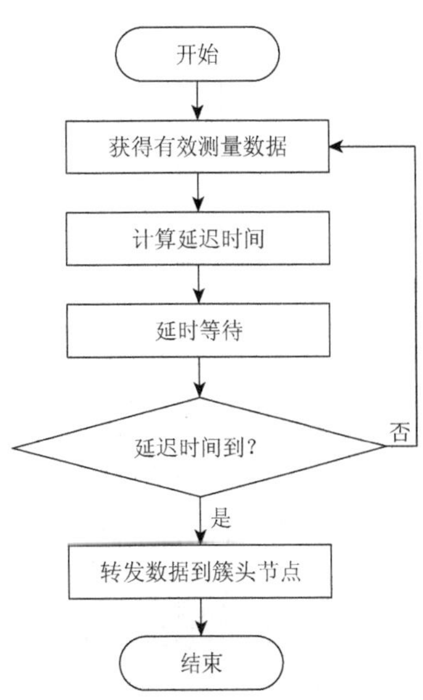

图 5-4　数据汇集分时通信机制下测量节点工作流程

5.3.2　节点唤醒的广播式通信机制

节点唤醒为簇头节点到多个探测节点的“一对多”通信过程。通过单播方式依次唤醒各个节点，显然会增大唤醒时间及簇头节点通信能耗。

可采用广播方式，通过合理定义数据格式来快速唤醒节点。具体过程为：簇头节点广播记录有唤醒节点、休眠节点 ID 及其状态控制位“0”或“1”的节点唤醒数据包（0 代表唤醒，1 代表休眠），所有探测节点收到唤醒数据包后，根据数据包控制信息调节自身工作状态，更新节点簇，将以上通信机制称为节点唤醒的广播式通信机制。广播式通信机制下节点唤醒的簇头节点、探测节点工作流程如图 5-5 所示。

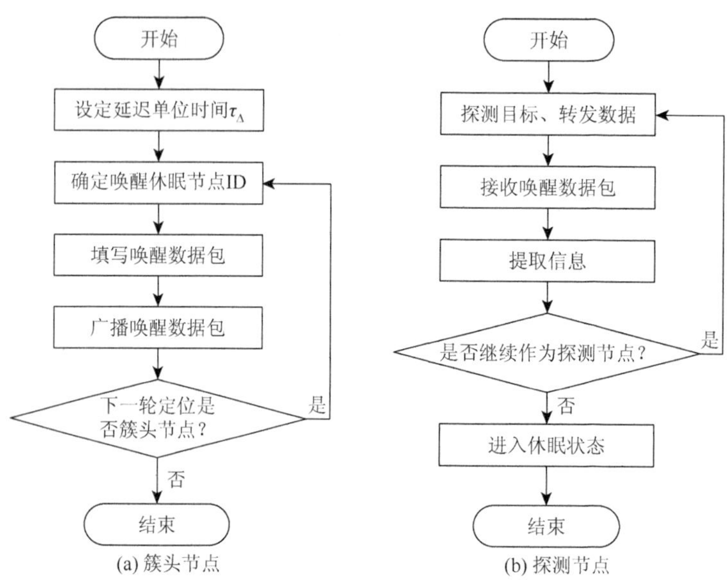

图 5-5　广播式通信机制下节点唤醒的簇头节点、探测节点工作流程图

可以看出，广播通信“一对多”形式恰好符合节点唤醒特点，通过合理定义数据格式有望在短时间内切换节点工作状态，实现快速节点唤醒。

图 5-6 所示为 LSSVR 建模定位各节点工作时序。向上箭头表示发送数据，向下箭头

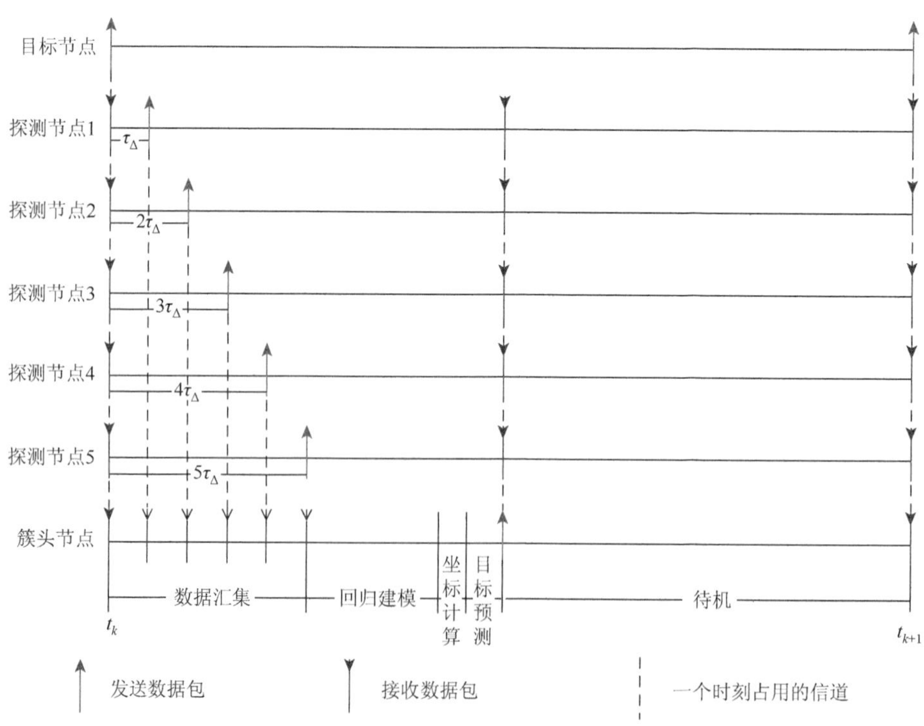

图 5-6　LSSVR 建模定位节点时序图

表示接收数据。探测节点同时测量到目标数据后，延迟不同时间后依次单播发送测量数据到簇头节点。簇头节点进行建模、定位、预测时，其他节点处于待机状态，待预测完成后这些节点同时收到簇头节点发送的唤醒信息。由图 5-6 可见，任意时刻只有一个节点占用信道发送数据，各节点能合理利用信道进行通信，实现快速数据汇集、节点唤醒。

综上所述，以上数据汇集的分时通信机制通过分段延时方式发送测量数据，减少信道冲突，完成快速数据汇集；节点唤醒的广播式通信机制借助于广播、节点唤醒“一对多”特点，通过广播包含多节点唤醒信息的数据包，在短时内完成节点快速唤醒，减少节点通信时间。

5.4 基于自适应 LSSVR 同步建模 WSN 目标快速定位方法

下面综合自适应 LSSVR 建模、Gauss-Jordan 同步建模求解、分时数据汇集通信机制、广播式节点唤醒通信机制等内容，提出基于自适应 LSSVR 同步建模的 WSN 目标快速定位方法。该方法根据测量节点、LSSVR 模型建模节点包含关系进行减少建模时间的自适应建模定位，采用合理的节点通信机制减少通信时间，实现目标移动下的 LSSVR 快速定位，主要包括以下步骤。

(1)分时数据汇集：探测节点根据上一次定位簇头节点分配的延迟序号计算延迟时间，测量节点获取测量数据，经过时间延迟将包含节点坐标、节点 ID、测量数据的数据包汇集到簇头节点。

(2) 自适应 LSSVR 同步建模定位：簇头节点比较测量节点、上一次定位所用 LSSVR 模型建模节点 ID。若测量节点包含建模节点，将建模节点测量数据构成的测量向量输入上一次定位 LSSVR 模型计算目标坐标；若测量节点不完全包含建模节点，基于测量节点进行 LSSVR 建模，利用 Gauss-Jordan 列主元消元法同步求解矩阵方程得到 LSSVR 模型，将基于测量节点数据构造的测量向量输入 LSSVR 模型进行定位。

(3) 目标预测：簇头节点预测下一个定位时刻的目标坐标，根据预测结果确定负责下一次定位的探测节点、簇头节点。

(4) 广播式节点唤醒：新确定簇头节点为待唤醒节点分配时间延迟序号，将时间延迟序号、唤醒节点 ID、休眠节点 ID 记录在数据包中，通过广播方式将数据包发送到邻居节点，邻居节点根据数据包唤醒信息调整自身工作状态，进入新一轮探测状态。自适应 LSSVR 同步建模 WSN 目标快速定位流程如图 5-7 所示。

综上所述，如果用基于自适应 LSSVR 同步建模 WSN 目标快速定位方法进行目标定位，将会从建模定位计算、节点通信两方面减少定位时间，完成快速目标定位。

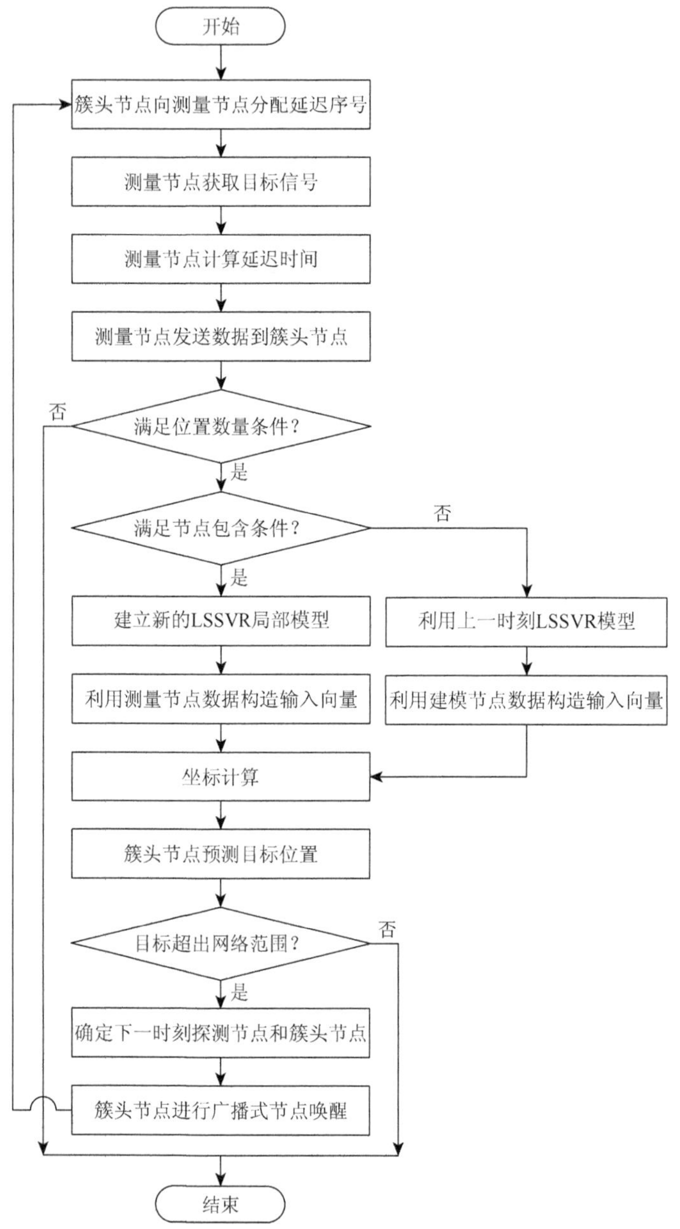

图 5-7　自适应 LSSVR 建模快速定位流程图

5.5　定位实验及结果分析

本节通过 CC2430 定位实验测试基于自适应 LSSVR 同步建模 WSN 快速目标定位方法的效果。设定目标节点广播时间间隔为 2 s，目标预测误差 $e_{\mathrm{p}} \sim N(0, 4)$（其余参数设置情况同第 4 章）。为方便叙述，选取距离值、信号强度差作为特征量的自适应 LSSVR 同步建模定位方法分别简称为 ADTL-LSSVR 方法、ASDTL-LSSVR 方法；选取距离值、信号强度差作为特征量的非自适应方法简称为 NDTL-LSSVR 方法、NSDTL-LSSVR 方法（任意定位时刻都建立 LSSVR 模型)。

5.5.1　自适应 LSSVR 快速建模方法定位效果实验

首先考察自适应 LSSVR 快速建模方法的整体定位效果(建模参数经过粒子群优化)。

图 5-8 为不同方法目标定位 e_{rmse}。MLE 目标定位方法的 e_{rmse} 在[1.70，1.85]m 区间内；ADTL-LSSVR 方法、ASDTL-LSSVR 方法的 e_{rmse} 分别在[1.52，1.56]m、[1.50，1.60]m 区间内，相比 MLE 目标定位方法提高 10%～17%。

NDTL-LSSVR 方法、NSDTL-LSSVR 方法定位结果如图 5-9 所示。NDTL-LSSVR 方法的 e_{rmse} 在[1.54，1.61]m 区间内；NSDTL-LSSVR 方法的 e_{rmse} 在[1.48，1.62]m 区间内。表 5-1 为自适应方法、非自适应方法建模次数。自适应方法建模次数为 15 次；非自适应方法建模次数为 30 次。

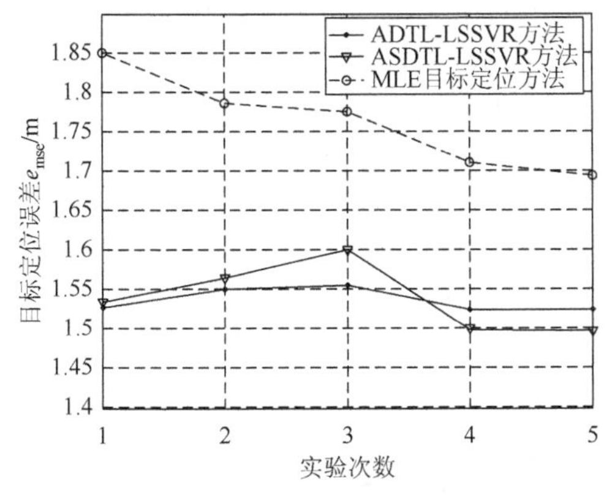

图 5-8　不同方法目标定位误差

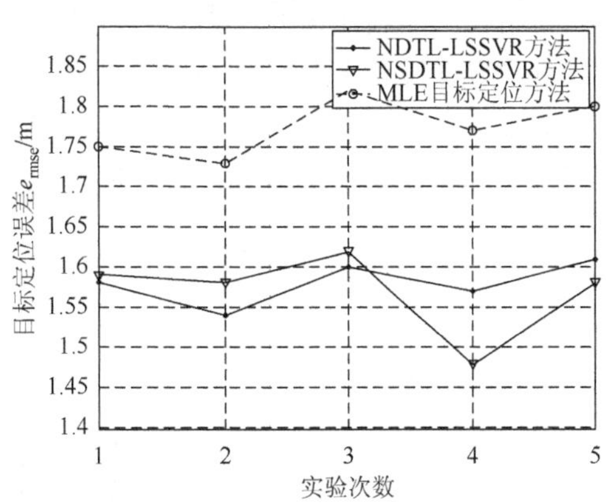

图 5-9　非自适应方法目标定位误差

表 5-1　不同方法建模次数比较表

建模方法	自适应方法建模	非自适应方法建模
建模次数	15	30

根据上面的实验结果，可以得到如下结论：①自适应方法建模条件下，LSSVR 快速建模方法定位效果仍然优于 MLE 目标定位方法；②自适应 LSSVR 建模定位准确度与非自适应方法很接近，但自适应方法建模次数显著减少。

5.5.2　自适应 LSSVR 快速建模方法定位时间实验

本节评估自适应 LSSVR 快速建模定位方法的实时性能。表 5-2 为利用 CC2430 节点测试的目标定位各环节所用时间比较表(实验选用 5 个测量节点、9 个训练样本)。随机数据汇集时间通常大于 30 s(测量节点随机发送数据到簇头节点)；基于求逆法的 LSSVR 建模时间通常大于 2 s；单播节点唤醒时间通常大于 1 s。本书提出的分时数据汇集方法

（τ_Δ=0.1 s）、LSSVR 同步建模方法、广播式节点唤醒方法所用时间分别为 0.5 s、0.4 s、0.2 s。实验还测得 LSSVR 定位计算时间为 0.04 s，则 LSSVR 建模情况下建模定位总时间为 0.44 s；MLE 目标定位方法定位计算时间约为 0.6 s。

表 5-2　目标定位各环节所用时间比较表　（单位：s）

方法＼时间	数据汇集时间	LSSVR 建模定位时间		节点唤醒时间
		建模时间	坐标计算时间	
随机数据汇集	＞30	—	—	—
求逆法 LSSVR 建模	—	≥2	—	—
非广播节点唤醒	—	—	—	≥1
本书方法	0.5	0.4	0.04	0.2

注：MLE 目标定位方法定位计算时间为 0.6 s。

采用二次多项式预测方法、PF 预测方法的自适应建模定位时间如图 5-10 所示（二次多项式预测方法拟合坐标数为 6；PF 预测方法粒子数为 8）。15 个定位时刻的目标定位时间 t_L 分别为 1.15 s、1.22 s，其余 15 个定位时刻的目标定位时间 t_L 分别为 0.75 s、0.82 s，这些定位时间均小于探测时间间隔 2 s。

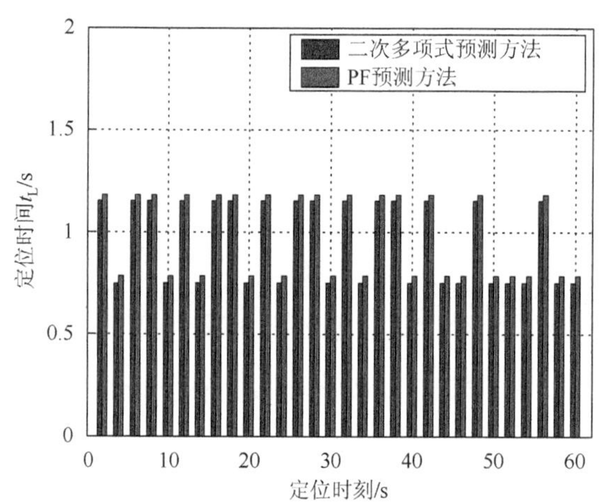

图 5-10　自适应 LSSVR 方法目标定位时间

此外，本实验还测试不同参数值下的目标预测计算时间（二次多项式预测方法、PF 预测方法），为 WSN 目标定位预测建模参数选取提供一些参考数据。表 5-3 为不同拟合目标位置数下二次多项式预测节点唤醒时间，当拟合目标位置数为 3～8 时，预测节点唤醒时间为 5～9 ms。表 5-4 为不同粒子数下 PF 预测节点唤醒时间。当粒子数为 10 时，PF 预测节点唤醒时间为 76 ms。

表 5-3　不同拟合目标位置数下二次多项式预测节点唤醒时间　（单位：ms）

拟合目标位置数	3	4	5	6	7	8
预测时间	5	6	7	7	8	9

表 5-4　不同粒子数 PF 预测节点唤醒时间　（单位：ms）

粒子数	5	6	7	8	9	10
预测时间	41	49	55	62	69	76

由上面的实验数据可以看出：①自适应 LSSVR 快速建模定位方法包含的各环节所用时间（分时数据汇聚、LSSVR 同步建模、广播节点唤醒时间）相比常用方法显著减少；②不建模情况下，自适应 LSSVR 快速建模方法的定位计算时间明显小于 MLE 目标定位方法定位计算时间；在建模情况下，LSSVR 建模、定位计算总时间接近于 MLE 目标定位方法定位计算时间；③自适应 LSSVR 快速建模定位方法的定位时间小于节点探测时间间隔，体现出良好的定位实时性能。

第 6 章　WSN-MTT 节点任务分配

节点任务分配是实现 WSN-MTT 的第一个主要环节。WSN 特有的超大规模、拓扑结构动态变化、资源受限等特点，给节点任务分配机制带来困难[78, 161]。针对 WSN-MTT 节点任务分配竞争冲突、竞争冲突时系统能耗增加与实时性问题，本章首先分析 WSN-MTT 节点任务分配过程，以保证定位跟踪精度、尽量降低网络能耗，提高目标跟踪系统总体性能为目标，构建 WSN-MTT 多节点联盟协同跟踪任务分配数学模型，把节点任务分配问题转化成一类受约束的组合优化问题，然后采用多弹性模自组织神经网络（multiple elastic modules self-organizing maps，MEMSOM）和离散粒子群（discrete particle swarm optimization，DPSO）方法优化分配节点任务，并考虑 WSN-MTT 监测区域目标随机出现的情况，提出基于类间距阈值模糊 C 均值聚类（fuzzy C means，FCM）的基于 FCM-MEMSOM、FCM-DPSO 节点任务分配算法。

6.1　WSN-MTT 节点任务分配问题及数学模型

WSN-MTT 问题就是当多个目标出现在监测区域时，WSN 如何协调分配传感器节点对多个目标进行探测跟踪的问题。下面首先分析 WSN-MTT 节点任务分配过程，然后构建 WSN-MTT 多节点联盟跟踪任务分配数学模型。

6.1.1　WSN-MTT 节点任务分配过程

MTT 节点任务分配过程实际上是一个动态的、分布的资源分配约束满足过程。对于多个目标的跟踪，意味着要对多个目标分别建立监测联盟。在某些情况下，不同的监测目标也许需要同样的节点资源，这样就可能会发生资源争夺，在这种情况下，必须分配关键性的节点资源给合适的任务。由于噪声及环境的不确定性或受时间约束，分配是动态的，在某一时刻构建的多个动态监测联盟协同工作完成任务，随着目标运动，监测联盟在汇聚节点的任务分配算法调配下动态地进行调整。

WSN 目标监测跟踪节点任务分配过程可用图 6-1 进行说明[162]。图中星形代表某时刻目标位置，虚线框代表该时刻能探测到目标的传感区域，处在虚线框内的节点可以探测到目标。实心圆代表监测联盟节点，监测联盟由若干节点组成，在每个周期中只有监测联盟内节点处于活跃激活状态，其他节点（空心圆）表示处于低功耗的探测工作状态。当 WSN 监测区域有目标出现时，探测到目标的节点把各自信息通过单跳或多跳的方式传送给汇聚节点，汇聚节点构建多目标监测数据矩阵，根据一定任务分配算法选择合适节点组建各目标初始监测联盟、确定各监测联盟盟主，各目标监测联盟形成后，各联盟盟主组织盟内节点监测目标，盟内节点监测信息传送给联盟盟主，由盟主对盟内监测数据进行数据融合、对所监测目标进行状态预测，并把结果传送到汇聚节点。当目标超出该联盟覆盖范围时，汇聚节点根据各目标下一时刻的状态预测和任务分配算法，选择合适的节点构成下一时刻各目标的监测联盟，进行联盟交接，新的盟主组织联盟内节点继续目标监测过程，以保持对目标的跟踪信息。在移动目标跟踪过程中，包含初始监测联盟形成、联盟内部信息处理、联盟信息传送、多跟踪任务节点协同分配、联盟交接等步骤。该过程循环进行，直至目标离开跟踪区域。

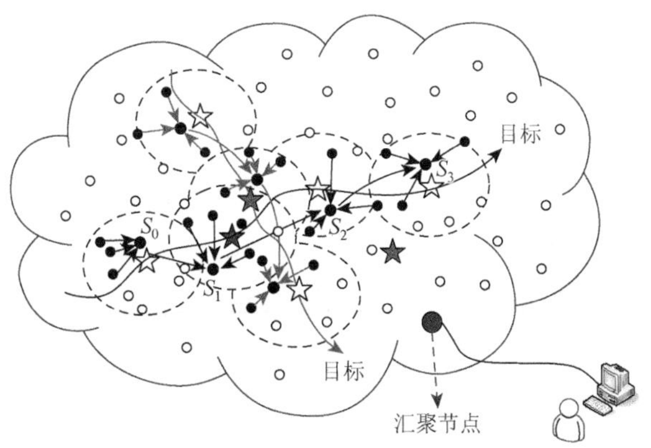

图 6-1　WSN 目标监测跟踪的节点任务分配过程

6.1.2　WSN-MTT 节点任务分配数学描述

要协同分配 WSN-MTT 节点任务，首先要建立 WSN-MTT 节点任务分配数学模型。假设 WSN 监测区域中随机均匀部署 N 个传感器节点，节点覆盖度满足待探测跟踪目标周围存在大于 3 个可用传感节点条件。要对目标进行精确定位跟踪，每个目标监测联盟至少由 3 个节点构成[78, 163]。若监测区多个目标相近（或相遇），目标附近节点可能会出现任务分配的竞争冲突。如图 6-2 所示，某时刻下，T_1 和 T_2 两个目标接近，这时则需判断能同时监测这两个目标的附近节点 S_1、S_2、S_3、S_4 是否需加入监测联盟，以及加入哪个目标监测联盟。

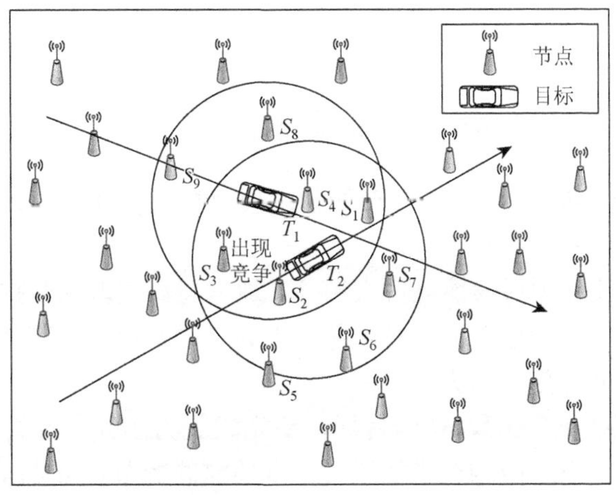

图 6-2　节点任务分配竞争冲突示意图

假设在 t_0 时刻监测区域内出现 M 个目标，若用 e_{mn} 表示第 n 个 WSN 节点是否能观测到第 m 个目标，则 WSN 节点监测目标的情况，可用一个多目标多节点监测数据矩阵来描述：

$$\boldsymbol{E}=\begin{bmatrix} e_{11} & e_{12} & \cdots & e_{1N} \\ e_{21} & e_{22} & \cdots & e_{2N} \\ \vdots & \vdots & & \vdots \\ e_{M1} & e_{M2} & \cdots & e_{MN} \end{bmatrix} \tag{6-1}$$

式中，$m=1,2,\cdots,M; n=1,2,\cdots,N$，第 m 行代表第 m 个目标，第 n 列代表第 n 个 WSN 节点；若第 n 个 WSN 节点能观测到第 m 个目标，则 e_{mn} =1，否则 e_{mn} =0。

若 $c_m=\{s_{m1},s_{m2},s_{m3}\}$ 表示第 m 个目标的监测联盟，s_{mi}（i=1，2，3）为联盟内节点，M 个目标需构建 M 个监测联盟 $\Omega_c=\{c_1,c_2,\cdots,c_m,\cdots,c_M\}$，$N$ 个 WSN 节点监测 M 个目标的任务分配情况，可用如下节点任务分配矩阵来描述：

$$\boldsymbol{A}=\begin{bmatrix} a_{11} & a_{12} & \cdots & a_{1N} \\ a_{21} & a_{22} & \cdots & a_{2N} \\ \vdots & \vdots & & \vdots \\ a_{M1} & a_{M2} & \cdots & a_{MN} \end{bmatrix} \tag{6-2}$$

式中，$m=1,2,\cdots,M; n=1,2,\cdots,N$，若第 n 个 WSN 节点加入第 m 个监测联盟监测第个 m 目标，则 a_{mn} =1，否则 a_{mn} =0。

当多个目标相近（或相遇）时，目标附近 WSN 节点可能同时能检测到多个目标，但从网络资源平衡、节点能力、跟踪精度方面考虑，要求在同一时刻下，一个 WSN 节点只能加入一个联盟，并且一个目标监测联盟由三个 WSN 节点构成，故矩阵 $\boldsymbol{A}$ 中元素 a_{mn} 需满足

$$\begin{cases} \sum\limits_{m=1}^{M} a_{mn} \leqslant 1, \quad n=1,2,\cdots,N \\ \sum\limits_{n=1}^{N} a_{mn} = 3, \quad m=1,2,\cdots,M \end{cases} \tag{6-3}$$

式（6-2）、式（6-3）构成了 WSN-MTT 节点任务分配问题数学模型。节点任务分配就是要确定任务分配矩阵 $\boldsymbol{A}$ 中每个元素 a_{mn} 的值。

6.1.3 WSN-MTT 节点任务分配目标函数

通常情况下，WSN-MTT 节点任务分配的主要目标是保证定位跟踪精度，尽量降低网络能耗，提高目标跟踪系统总体性能。

如前所述，节点能耗中通信能耗占大部分。通信能耗模型由数据发送能耗 E_{Tx} 和数据接收能耗 E_{Rx} 两部分组成，通信能耗 E 是通信距离 d 的函数，在其他参数确定的情况下，通信距离增大，通信能耗随之增大。

若在 t_0 时刻监测区域内出现 M 个目标，要完成监测任务，监测联盟节点与被监测目标之间、监测联盟内节点之间均要进行通信。令监测联盟节点 n 与被监测目标 m 之间的通信距离为 d_{mn}，同一监测联盟内任两个节点 n_1、n_2 之间的通信距离为 $d_{n_1n_2}$，节点分配矩

阵元素 a_{mn} 满足式（6-3），在以距离反映总通信能耗情况下，监测 M 个目标的通信能耗模型可表示为[74, 145]

$$J_1 = \min\left(\sum_{m=1}^{M}\sum_{n=1}^{N} a_{mn}d_{mn} + \sum_{m=1}^{M}\sum_{\substack{n_1, n_2=1 \\ n_1\neq n_2}}^{N} a_{mn_1}a_{mn_2}d_{n_1n_2}\right) \tag{6-4}$$

再从跟踪精度方面考虑，WSN-MTT 节点任务分配应该使参与联盟的所有节点与目标的距离之和尽量小，即

$$J_2=\min\sum_{m=1}^{M}\sum_{n=1}^{N} a_{mn}d_{mn} \tag{6-5}$$

综合通信能耗、跟踪精度两方面内容，WSN-MTT 节点任务分配目标函数为

$$J=w_1J_1 + w_2J_2 \tag{6-6}$$

式中，w_1、w_2 为权重系数，满足 $w_1,w_2 \in[0,1]$；$w_1 + w_2 =1$。

任务分配就是在上述建立的目标函数基础上，对 MTT 任务进行各种可能联盟组合，求得任务分配下的目标函数值，从中选取最优目标函数所对应的联盟组合，作为分配结果，其实质是一类约束条件下的聚类、多维组合优化问题。由式（6-2）～式（6-6）可以看到，J_1、J_2 既相对独立又相互制约，直接求解有相当难度，基于 MEMSOM[161, 164]和 DPSO 优化方法的特点[82, 165]，并考虑 WSN-MTT 监测区域目标随机出现的情况，下面两节分别研究结合 FCM 的基于 FCM-MEMSOM、FCM-DPSO 的节点任务分配方法。

6.2　基于 FCM-MEMSOM 的节点任务分配方法

本节研究应用 WSN 基于类间距阈值 FCM、MEMSOM 实现 WSN-MTT 节点跟踪任务优化分配的原理和流程。

6.2.1　基于 FCM-MEMSOM 的节点任务分配算法原理

图 6-3 为基于 FCM-MEMSOM 的节点任务分配算法框架图。框架包括两部分，前部分应用 WSN 基于类间距阈值 FCM 算法，对 WSN 节点探测数据进行聚类分析，获得监测区域出现的目标数量及预测位置；后部分再用 MEMSOM 对各种可能联盟组合进行优化，完成节点任务优化分配。下面先分析 WSN 基于类间距阈值 FCM 求取 WSN 监测区域目标数量和监测数据聚类中心的原理，并建立 WSN-MTT 节点任务分配的弹性神经网络模型。

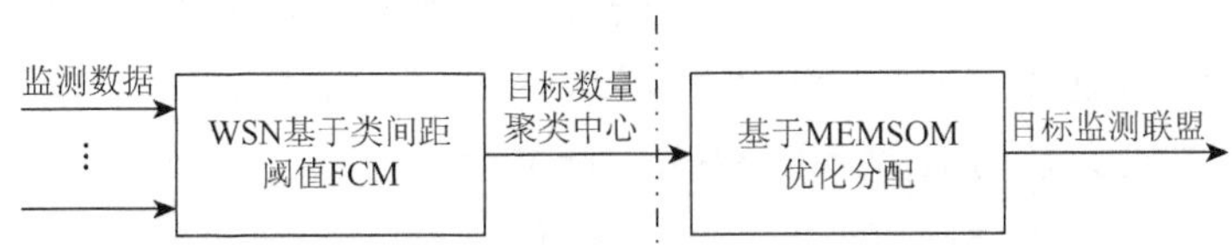

图 6-3　基于 FCM-MEMSOM 的节点任务分配算法框架

1. WSN 基于类间距阈值 FCM 算法

对于 WSN-MTT，若将 WSN 目标数看作 FCM 聚类数，WSN 观测数据作为 FCM 聚类样本，WSN 目标状态预测值作为 FCM 聚类中心，则 WSN 多目标监测跟踪问题可转化为 FCM 模糊聚类问题。但是，基本 FCM 算法是基于目标函数的聚类算法，要求事先给定聚类数 c。一般情况下，WSN 监测区域目标是随机出现的，WSN 无法事先知道可能出现的目标数量。下面研究一种基于类间距阈值 FCM 算法，当 WSN 监测区域目标数未知时，也能对 WSN 探测数据进行分析，估计监测区域可能出现目标数量，并估计出每个目标位置。

WSN 基于类间距阈值 FCM 算法思想是：首先根据 WSN 传感器节点采样数据数量初步确定 WSN 监测区域最大目标数，由最大未知目标数 $c_{\max}$、监测区域面积 S 确定最合适目标数的搜索范围和类间距阈值 r_{th}，计算每次 FCM 算法所得各类之间的间距，判断该间距、类间距阈值大小关系，多次迭代找到准确目标数，在得到 WSN 目标数后，再应用 FCM 算法，迭代估计每个目标位置。具体过程如下。

（1）基于类间距阈值 FCM 求取 WSN 目标数设 WSN 监测区域面积为 S，采样数据节点点数为 n，最大未知目标数为 $c_{\max}$，类平均半径为 $\bar{r}$，那么有

$$\pi\bar{r}^2 c_{\max} \leqslant S \quad \Rightarrow \quad \bar{r} \leqslant \sqrt{\frac{S}{\pi c_{\max}}} \tag{6-7}$$

通常情况下，取 $c_{\max} \leqslant \sqrt{n}$ [166]。若取类间距阈值 r_{th} 为 2 倍 $\bar{r}$ 最大值[167]，即有

$$r_{\text{th}} = 2\sqrt{\frac{S}{\pi c_{\max}}} = 2\frac{1}{\sqrt[4]{n}}\sqrt{\frac{S}{\pi}} \tag{6-8}$$

当类间距 $r_{\text{cal}} < r_{\text{th}}$ 时，表示分类数已经过大，停止搜索。

（2）基于 FCM 初步估计目标位置设 WSN 监测数据集合为 $X = \{x_1, x_2, \cdots, x_n\}$，估计出 WSN 目标数 c_{app}，聚类中心集 $V = \{v_1, v_2, \cdots, v_c\}$，数据 x_i 对聚类中心 v_k 的隶属度为 u_{ik}，$U = \{u_{ik}\}$，m 为模糊权重因子[166]，那么 WSN 监测数据 x_k 与各聚类中心 v_i 的带权距离平方和 $J_m(U, V)$ 为

$$J_m(U,V) = \sum_{k=1}^{n}\sum_{i=1}^{c} u_{ik}^m d_{ik}^2, \quad d_{ik}^2 = \left\| x_k - v_i \right\|^2 \tag{6-9}$$

这时，数据集 X 最佳模糊划分应满足$v_i = \sum_{k=1}^{n} u_{ik}{}^m x_i \Big/ \sum_{k=1}^{n} u_{ik}{}^m, \forall i; \quad u_{ik} = 1\Big/\sum_{k=1}^{n}(d_{ik}/d_{jk})^{2/(m-1)}$，$\forall i,k$，不断迭代调整聚类中心，计算 WSN 数据对各类中心隶属度[168]，当目标函数最小时，得到各聚类中心，从而也估计出 WSN 目标位置。

2. 节点任务分配的 MEMSOM 模型

MEM 是在 SOM 神经网络基础上发展起来的一种竞争型神经网络，其神经元是非全

连接，并基于神经元感受域弹性调整竞争输出[161]。MEM 输入层神经元接受外界信息并将输入模式向竞争层传递，竞争层各神经元竞争对输入模式的响应机会，每次仅有一个神经元获胜，调整与获胜神经元有关的各连接权值，使其朝更有利于竞争方向进行，最终获胜神经元代表当前输入样本的分类模式。

对于随机部署 N 个传感器节点跟踪 M 个目标的问题，其 WSN MEMSOM 网络结构如图 6-4 所示[163]。WSN MEMSOM 输入层神经元共有 3 个，每个神经元输入初值对应一个节点的二维位置；竞争输出层神经元分 M 组，每组由 3 个全连接神经元组成一个弹性子模，去锁定一个目标的监测联盟。弹性子模内的神经元（即相邻神经元）之间连接权值为它们的空间距离。

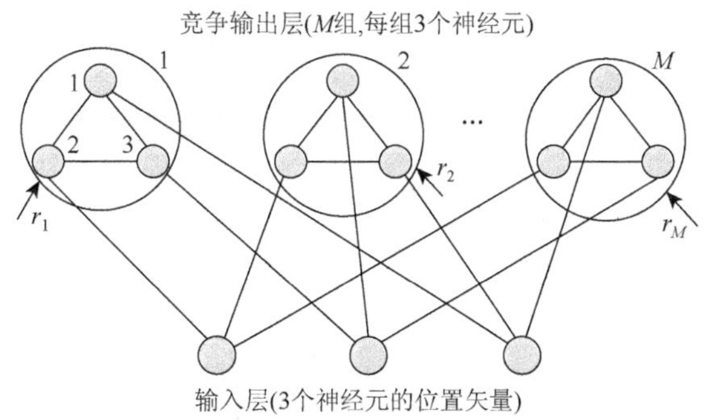

图 6-4　传感器任务分配的 MEMSOM 模型结构

WSN MEMSOM 模型中每个神经元有一个动态感受域（receptive field，RF），第 i 个神经元的动态感受域半径为[161, 163, 164]

$$r_i = p_i h_i + e_i + \xi_i \tag{6-10}$$

式中，p_i 是当前竞争神经元是否为期望目标函数最优解的度量参数；h_i 表示神经元锁定值（neuron locking value）；e_i 为神经元期望值（neuron expectation value）；ξ_i 是噪声系数。下面讨论这些参数的物理意义及数学定义[161, 163, 164]。

（1）p_i 描述神经元子模和局部形状变化情况，它包含竞争神经元当前分布是否为期望目标函数最优解的信息。对 WSN-MTT 节点任务分配问题，期望目标解是竞争神经元子模取得最优目标函数时的节点监测联盟。因此，本书将 p_i 直接定义为当前竞争神经元子模对应的目标函数，即

$$p_i = w_1\left(\sum d_{m_i n_i} + \sum_{j\in L_i} d_{n_i n_j}\right) + w_2 \sum d_{m_i n_i} \tag{6-11}$$

（2）h_i 用来监视网络一段时间的状态和确定网络是否已经锁定了较好解。如果找到了较好解，则 $h_i \to 0$，此时神经元的感受域不起作用。h_i 动态结合了一种滞后机制，使网络不会陷入局部最小或很快地锁定一个错误结果，h_i 定义为一个单极型 Sigmoid 函数，即

$$h_i = S(\gamma l_i) = \frac{1}{1+\mathrm{e}^{-\gamma l_i}} \tag{6-12}$$

式中，γ 是调整 Sigmoid 函数 $S(x)$ 值的参数。在对竞争神经元的动态感受域 r_i 的调整中，只对获胜神经元的 h_i 进行更新，非获胜神经元的 h_i 不变。获胜神经元的 h_i 中参数 l_i^* 的调整规则为

$$\frac{\mathrm{d}l_i^*}{\mathrm{d}t} = -\tau h_i' + \frac{\mathrm{d}X^*}{\mathrm{d}t}(1-h_i') \tag{6-13}$$

式中，τ 为泄漏参数；X^* 为获胜神经元位置；h_i' 为辅助参数，$h_i' = S(\gamma' l_i)$，$\gamma > \gamma'$，h_i' 通过 $\rho = \frac{\gamma}{\gamma'} > 1$ 来调整网络的滞后程度。如果 X^* 变化速率与泄漏参数 τ（通过实验和经验设定）相比较大，则 $\frac{\mathrm{d}l_i^*}{\mathrm{d}t} > 0$，$l_i^*$ 增加，h_i 增加，相应的神经元锁定节点的可能性不大；如果 X^* 变化速率与泄漏参数 τ 相比不大，则 $\frac{\mathrm{d}l_i^*}{\mathrm{d}t} < 0$，$l_i^*$ 减少，h_i 减少，相应的神经元就可能锁定对应的节点。

（3）e_i 是 h_i 的对抗平衡参数，其作用是使神经元 i 在对所有数据的迭代过程中不能胜出或其感受域内没有目标时，能逐渐增大神经元的 r_i，以扩大搜索范围。因此，e_i 可定义为

$$e_i = S(k_i) = \frac{R}{1+\mathrm{e}^{-k_i}} \tag{6-14}$$

式中，R 为常数。对于获胜神经元，$k_i^* = 0$，e_i 为常数 0.5R；对于非获胜神经元，$\frac{\mathrm{d}k_i}{\mathrm{d}t} = 1$，$e_i$ 不断增大，使得 r_i 也不断增大。

（4）ξ_i 是决定感受域 r_i 最小值的一个噪声小常数，与传感器节点探测误差有关。

6.2.2 基于 FCM-MEMSOM 的节点任务分配算法流程

根据上面的原理分析，基于 FCM-MEMSOM 的节点任务分配算法流程如图 6-5 所示。具体步骤如下。

（1）估计目标个数、目标位置采用 WSN 基于类间距阈值 FCM 算法对传感器节点探测数据进行聚类分析，得到监测区域出现的目标数量 M 及聚类中心 X_m (m=1,2,⋯,M)。

（2）构造节点任务分配的 MEMSOM 模型在获得目标个数 M 后，构造出图 6-4 所示的节点任务分配 MEMSOM 模型。

（3）环形弹性子模神经元初始化选与各聚类中心 X_m 最近的三个节点位置，作为各环形子模神经元初始位置矢量。

（4）输入层神经元初始化能探测到目标的节点集合为

$$S=\{X_s \mid \|X_s-X_m\|\leqslant R_0\}$$

其中 R_0 为节点探测半径，X_m、X_s 分别为目标 m、节点 s 的二维位置，在 S 中随机选择一个节点 s，以其二维位置 X_s 作为输入层神经元初始值（为保证所有节点都有机会参加竞争，每次在 S 中随机选择不同节点作为输入）。

（5）构建各子模可能的监测联盟神经元集合：

$$X=\{i \mid X_i\in F_m \cap \|X_s-X_i\|\leqslant r_i\} \tag{6-15}$$

式中，X_i 为神经元 i 位置；F_m 为能够覆盖到节点 s 的弹性子模。

（6）获胜神经元 X_i^* 根据胜者为王竞争机制确定：

$$X_i^*=\min_{X_i\in F_m}\|X_s-X_i\|$$

（7）获胜神经元、相邻神经元位置矢量的调整：

$$\begin{cases}X_i^*=X_i^*+\alpha(X_s-X_i^*), & i\in F_m\\ X_j=X_j+\beta(X_s-X_j), & j\neq i; j\in F_m\end{cases} \tag{6-16}$$

式中，α、β 分别为获胜神经元、相邻神经元学习率。

（8）神经元感受域半径根据式（6-10）调整。

（9）最优监测联盟的迭代求解根据弹性子模神经元锁定节点联盟条件 $p_i\leqslant 3\varepsilon_i$，迭代求解所有目标的最优监测联盟。

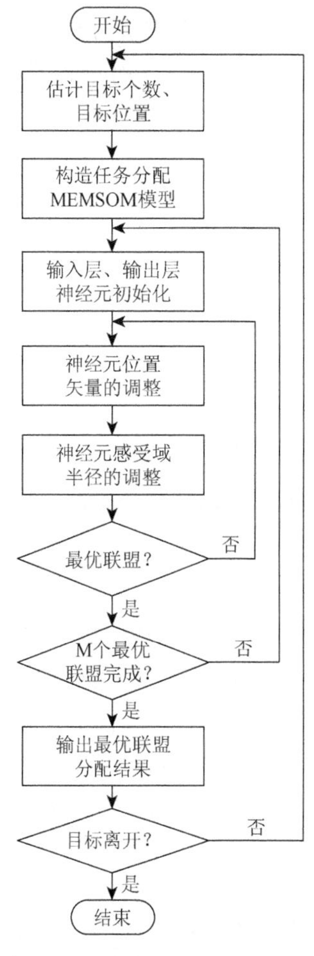

图 6-5　基于 FCM-MEMSOM 节点任务分配流程

6.3　基于 FCM-DPSO 的节点任务分配方法

本节研究 WSN 基于类间距阈值 FCM 算法和 DPSO 算法，实现 WSN-MTT 节点跟踪任务优化分配的原理和流程。

6.3.1　基于 FCM-DPSO 的节点任务分配算法原理

图 6-6 为基于 FCM-DPSO 的节点任务分配算法框架图。框架前部分与基于 FCM-MEMSOM 节点任务分配算法相同，用基于类间距阈值 FCM 算法对节点探测数据进行聚类分析，获得监测区域目标数量及监测数据聚类中心；后部分用 DPSO 算法，优化分配节点任务。下面叙述 DPSO 算法优化分配节点任务的机理。

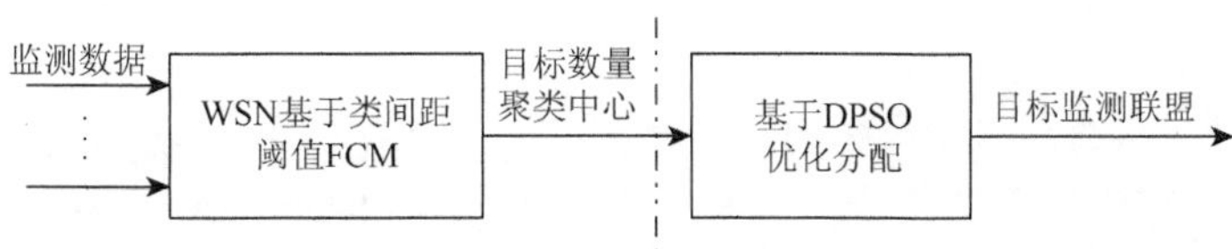

图 6-6　基于 FCM-DPSO 的节点任务分配算法框架图

PSO 算法是由 Kennedy 和 Eberhart 于 1995 年提出的一种基于群体智能理论的随机寻优算法[171]，具有形式简单、全局优化能力强、收敛速度快等特点，在非线性、不可微和多峰值复杂问题求解方面具有良好表现，是非线性连续优化、组合优化和混合整数非线性优化问题的有效优化工具。PSO 优化基本原理为：根据实际应用灵活构造反映优化参数、目标值数学关系的适应度函数，将优化参数组成的若干个向量作为初始粒子，计算每个粒子的适应度、速度向量。利用速度向量更新粒子进行迭代，将适应度函数值最大的粒子作为全局最优粒子。

假设在一个 D 维目标空间中，有 N 个代表潜在问题解的粒子组成一个群，其中第 i 个粒子表示为一个 D 维向量，$\boldsymbol{X}_i=(x_{i,1},x_{i,2},\cdots,x_{i,D})$ $(i=1,2,\cdots,N)$；第 i 个粒子在 D 维搜索空间中的位置为 X_i，飞行速度为 $\boldsymbol{V}_i=[v_{i,1},v_{i,2},\cdots,v_{i,D}]$；记 $\boldsymbol{P}_i$ 为第 i 个粒子迄今为止搜索到的个体最优位置，$\boldsymbol{P}_i=[p_{i,1},p_{i,2},\cdots,p_{i,D}]$；记 $\boldsymbol{P}_g$ 为粒子群迄今为止搜索到的全局最优值，$\boldsymbol{P}_g=[p_{g,1},p_{g,2},\cdots,p_{g,D}]$；每次迭代中粒子按式（6-17）、式（6-18）更新速度与位置：

$$v_{i,j}(t+1)=wv_{i,j}(t)+c_1r_1(p_{i,j}-x_{i,j}(t))+c_2r_2(p_{g,j}-x_{i,j}(t)) \tag{6-17}$$

$$x_{i,j}(t+1)=x_{i,j}(t)+v_{i,j}(t+1),\qquad j=1,\cdots,d \tag{6-18}$$

式中，t 为迭代次数；w 为加权因子，c_1、c_2 为学习因子，分别调节向个体最好粒子和全局最好粒子方向飞行的最大步长，合适的 c_1、c_2 可以加快收敛且不易陷入局部最优，通常令 $c_1=c_2=2$；r_1、r_2 是[0，1]的随机数。粒子通过不断学习更新，最后找到全局最优解 P_g。基本 PSO 算法针对连续问题进行求解，而 WSN-MTT 节点任务分配问题是一个离散问题。因此，针对 WSN-MTT 节点任务分配问题，必须对 DPSO 粒子及相关操作进行具体定义[170]。

设在 t_0 时刻，监测区域内出现 M 个目标，定义粒子位置 X 代表一种任务分配方案，即 $X=(X_1;X_2;\cdots;X_j;\cdots;X_M)$ $(1\leqslant j\leqslant M)$；$X_j=(x_{j1},x_{j2},\cdots,x_{ji},\cdots,x_{jN})$ $(1\leqslant i\leqslant N)$。其中 $x_{ji}=1$ 表示第 i 个节点分配跟踪目标 j，$x_{ji}=0$ 表示第 i 个节点不跟踪目标 j，那么用粒子位置 X 表示节点分配问题的矩阵为

$$\boldsymbol{X}=\begin{bmatrix} x_{11} & x_{12} & \cdots & x_{1N} \\ x_{21} & x_{22} & \cdots & x_{2N} \\ \vdots & \vdots & & \vdots \\ x_{M1} & x_{M2} & \cdots & x_{MN} \end{bmatrix} \tag{6-19}$$

类似地，定义粒子速度 V 表示粒子位置改变速率，反映粒子在搜索空间单次迭代的位移。$V=(V_1;V_2;\cdots;V_i;\cdots;V_M)$ $(1\leqslant j\leqslant M)$；$V_j=(v_{j1},v_{j2},\cdots,v_{ji},\cdots,v_{jN})$ $(1\leqslant i\leqslant N)$。$v_{ji}=0$，表示空操作，该速度作用不影响某一位置上数据；$v_{ji}=1$，则对此位置的相应数据进行修改。粒子速度可用如下矩阵描述：

$$\boldsymbol{V}=\begin{bmatrix} v_{11} & v_{12} & \cdots & v_{1N} \\ v_{21} & v_{22} & \cdots & v_{2N} \\ \vdots & \vdots & & \vdots \\ v_{M1} & v_{M2} & \cdots & v_{MN} \end{bmatrix} \tag{6-20}$$

定义位置与速度的加法运算 $X_2=X_1+V$ 表示粒子位置的移动，使粒子进入一个新的位

置。新位置的每一维数据按 $v_{ji}=0$， $x_{2ji}=x_{1ji}$； $v_{ji}=1$， $x_{2ji}=x_{1ji}+v_{ji}$ 计算。

6.3.2　基于 FCM-DPSO 的节点任务分配算法求解

根据 FCM-DPSO 算法原理设计算法流程，下面重点对 DPSO 算法部分进行分析。图 6-7 为基于 DPSO 节点任务优化分配算法流程图。在该算法里，粒子群初始化、适应值函数、个体极值和全局极值的确定是非常关键的步骤。

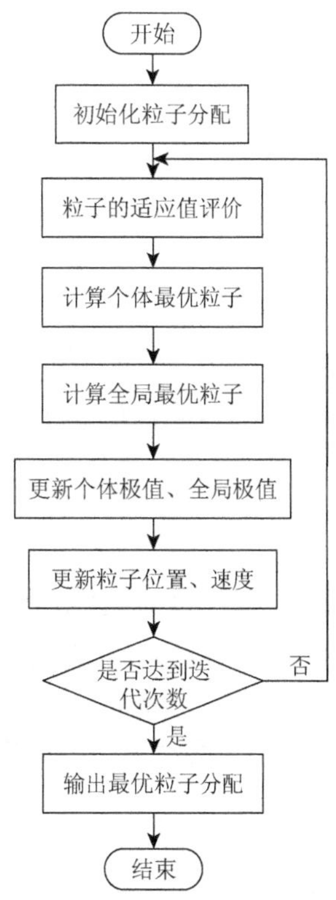

图 6-7　基于 DPSO 节点任务优化分配流程

1. 粒子群初始化

粒子群初始化时，若没有任何先验条件，则随机指定初始解；若能根据先验条件来初始化粒子群，将有助于更快搜索到最优解。对应于 WSN 目标跟踪，初始化包括产生有效的任务分配初始方案和粒子初始速度。

任务分配初始方案以 WSN 目标估计位置 X_m 为依据，选取与目标估计位置最近三个节点构成初始监测联盟，避免随机指定初始解造成粒子搜索空间太大。DPSO 结果至少优于最近邻结果。粒子位置表示的任务分配初始方案矩阵形式如下：

$$\boldsymbol{A}=\begin{bmatrix} 1 & 1 & 0 & 1 & \cdots & 0 \\ 0 & 0 & 1 & 0 & \cdots & 0 \\ 0 & 0 & 0 & 0 & \cdots & 1 \\ \vdots & \vdots & \vdots & \vdots & & \vdots \\ 0 & 0 & 0 & 0 & \cdots & 0 \end{bmatrix} \tag{6-21}$$

离散粒子速度用矩阵 $\boldsymbol{V}$ 来表示， $\boldsymbol{V}=(\boldsymbol{V}_1;\boldsymbol{V}_2;\cdots;\boldsymbol{V}_M)$， 其中第 i 个粒子速度为一个 n 维向量，即 $\boldsymbol{V}_i=(v_{i1},v_{i2},\cdots,v_{in})$，根据经验和多次实验比较，设置初始速度如下：

$$\boldsymbol{V}=0.5\times\begin{bmatrix} 1 & 1 & 1 & 1 & \cdots & 1 \\ 1 & 1 & 1 & 1 & \cdots & 1 \\ 1 & 1 & 1 & 1 & \cdots & 1 \\ \vdots & \vdots & \vdots & \vdots & & \vdots \\ 1 & 1 & 1 & 1 & \cdots & 1 \end{bmatrix} \tag{6-22}$$

粒子群中所有粒子的位置与速度以式（6-21）、式（6-22）为初值，根据式（6-17）、式（6-18）进行更新。

2. 适应值函数、个体极值和全局极值的确定

（1）适应值函数作为评价标准，必须能反映求解问题的目标要求及约束限制。WSN-MTT 节点任务分配问题是有约束的组合优化问题，优化节点任务分配就是要找出目标函数最小所对应的节点分配方案，故根据式（6-6），DPSO 算法适应值函数为

$$f = J = \min w_1 \left(\sum_{m=1}^{M} \sum_{n=1}^{N} a_{mn} d_{mn} + \sum_{m=1}^{M} \sum_{\substack{n_1, n_2=1 \\ n_1 \neq n_2}}^{N} a_{mn_1} a_{mn_2} d_{n_1 n_2} \right) + \min w_2 \sum_{m=1}^{M} \sum_{n=1}^{N} a_{mn} d_{mn} \tag{6-23}$$

（2）个体极值即为粒子 i 所经历过的具有最好适应度的位置 $pb_i(t)$，由式（6-24）计算：

$$pb_i(t+1) = \begin{cases} pb_i(t), & f(x_1(t+1), x_2(t+1), \cdots, x_n(t+1)) > pb_i(t) \\ x_i(t+1), & f(x_1(t+1), x_2(t+1), \cdots, x_n(t+1)) \leqslant pb_i(t) \end{cases} \tag{6-24}$$

（3）全局极值即为群体中所有粒子经历过的最好位置 $gb(t)$，由式（6-25）计算：

$$gb(t) = \min\{f(pb_1(t)), f(pb_2(t)), \cdots, f(pb_N(t))\} \tag{6-25}$$

DPSO 算法依据式（6-17）、式（6-18）对粒子的速度和位置进行进化，若目标函数适应度达到足够好或进化到预先设定数值，则输出优化分配结果，否则继续循环进行。

6.4　仿真实验与结果分析

本节对 FCM-MEMSOM、FCM-DPSO 节点任务分配两种方法性能进行仿真实验，并与弹性神经网络节点任务分配[78]、最近邻法节点任务分配[167]等主流方法的效果进行对比。

6.4.1　实验环境和参数设置

仿真在一台PC上于MATLAB7.8编程环境下进行，机器配置为Windows XP Professional操作系统，Intel（R）Core（TM） 2CPU，T5200@1.60 GHz，1 GB 内存，80 GB 硬盘，主频为 1.60 GHz。仿真实验参数设置如表 6-1 所示。设在[0，100]m×[0，100]m 监测区域内随机均匀布置 60 个传感器节点，节点可以获得自身位置信息，通信半径为 20 m，监测半径为 20 m。三个目标在监测区域内做匀速直线运动（实线、虚线、点划线分别代表目标 T_1、T_2、T_3 的运动轨迹），T_1、T_2、T_3 初始位置分别为[60，0]、[0，0]、[60，0]，在 x 轴、y 轴方向上的运动速度分别为[−2，4]、[2.7，4]、[1，3]，目标 T_1 与 T_2 在运动大约 10 s 后相遇后分开。仿真实验中的传感器节点部署与目标运动轨迹如图 6-8 所示。

表 6-1　仿真环境及参数设置

参数	取值范围	参数	取值范围
探测区域	[0，100]m×[0，100]m	相邻神经元弹性系数	$\eta=3$
节点总数	N=60	锁定值参数	γ=0.3，γ'=0.09
节点部署分布	随机均匀分布	泄漏参数	$\tau=0.3$
节点通信（监测）半径	20 m	噪声系数	$\xi=0.01$
采样周期	T=1 s	粒子群参数	w=1，c_1=c_2=2
获胜神经元学习率	α=0.05	循环次数	n=100

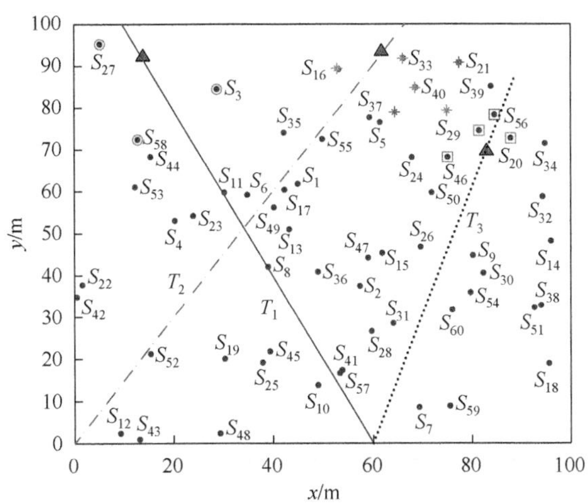

图 6-8　传感器节点部署与目标运动轨迹

6.4.2　基于 FCM-MEMSOM 的节点任务分配算法仿真分析

为了对比效果，分别用基于 FCM-MEMSOM 方法、MEM 方法[78]和最近邻法实验[171]，对上述三个目标连续运动 20 s，期间每隔 1s 进行节点任务分配，仿真比较各算法竞争冲突、能耗、分配时间等方面性能。

1. WSN-MTT 任务分配竞争冲突性能分析

对 WSN-MTT 节点任务分配竞争冲突引起能耗增加的问题进行分析，首先以目标 T_1、T_2 运动相遇时（t=10 s）的任务分配为例进行说明。图 6-9 所示为 T_1、T_2 相遇时刻基于 FCM-MEMSOM 的算法进行任务分配的实验结果。图中三个▲分别代表 t=10 s 时，T_1、T_2、T_3 的位置，三个圆分别代表 T_1、T_2、T_3 的探测区域，各圆以内传感器节点可探测到对应目标，●、◆、□分别为 T_1、T_2、T_3 此时选出的最优监测联盟，分别为{S_{17}、S_{11}、S_{23}}、{S_{49}、S_6、S_1}和{S_9、S_{30}、S_{54}}。由图 6-9 可见，当 T_1、T_2 相遇时，它们的探测区域几乎重合，在重合区域内节点{S_4、S_{23}、S_{11}、S_{17}、S_1、S_6、S_{49}、S_{13}、S_8、S_{36}}既可探测到 T_1，也可探测到 T_2，如果没有采取有效的优化分配方法，将会引起传感器节点分配的竞争冲突，可能会导致网络资源失衡，网络能耗增加。仿真结果显示，采用 FCM-MEMSOM 算法在 t=10 s 时的任务分配能耗近似衡量指标（通信距离）为 104 m，采用 MEM 算法、最近邻法的通信距离分别为 139 m、148 m，结果表明：当 T_1、T_2 相遇时，FCM-MEMSOM 算法能较好地解决任务分配冲突时系统能耗增加的问题。

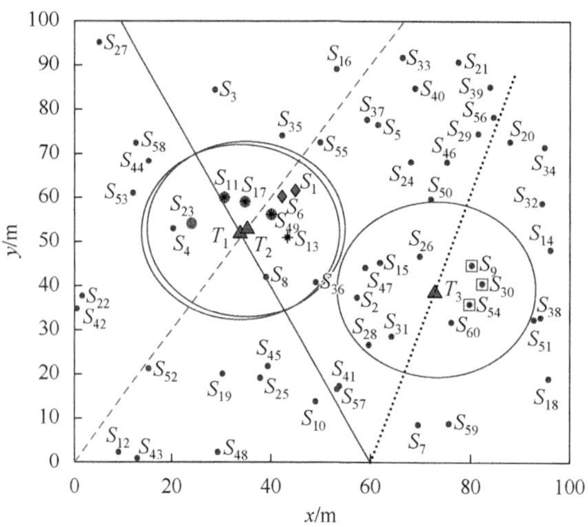

图 6-9　T_1 与 T_2 相遇时（t=10 s）节点任务分配结果

对其他时间节点任务分配也进行实验，图 6-10 是目标运动到 t=13 s 时，T_1、T_2 相距较近时的分配情况。图 6-11 是三个目标在连续 20 s 运动中节点分配总体情况，表 6-2 列出了三个目标在连续 20 s 运动中，每个目标最优联盟分配详细情况。从图 6-10、图 6-11、表 6-2 也可看到，FCM-MEMSOM 算法能较好地解决 WSN-MTT 节点任务分配冲突时系统能耗增加的问题。

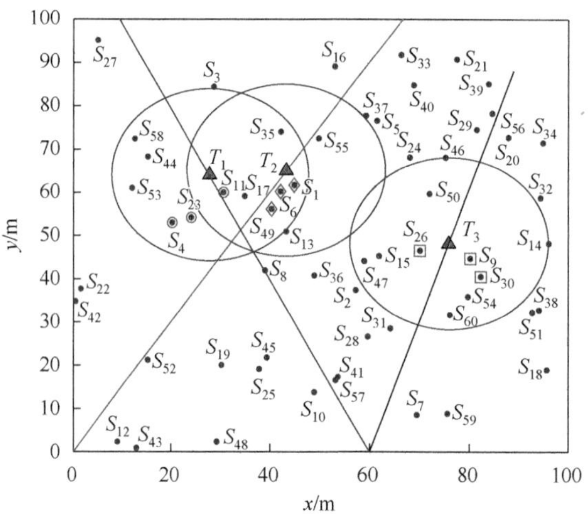

图 6-10　T_1 与 T_2 相近时（t=13 s）任务分配结果

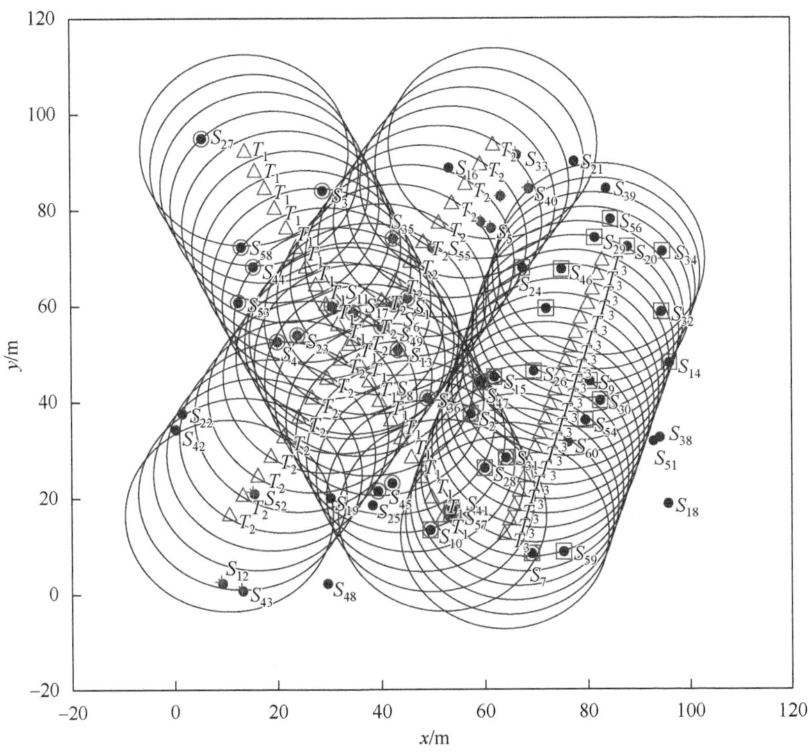

图 6-11 三个目标连续 20 s 节点任务分配总体情况

表 6-2 目标 T_1、T_2、T_3 在连续 20 s 节点任务分配情况

时刻/s \ 目标	T_1	T_2	T_3	时刻/s \ 目标	T_1	T_2	T_3
1	27，3，58	40，37，5	56，29，20	11	13，6，1	17，11，49	2，31，28
2	44，58，27	5，37，55	46，50，24	12	8，49，13	17，11，6	2，47，15
3	3，58，44	5，37，40	24，46，50	13	1，6，13	4，23，11	2，31，28
4	3，58，44	5，37，55	30，9，50	14	2，36，47	4，11，23	9，30，54
5	3，58，44	5，37，55	30，9，26	15	2，36，47	4，8，23	9，30，54
6	3，35，17	1，6，49	30，9，54	16	2，36，47	52，52，19	7，59，41
7	1，6，11	5，37，55	30，9，54	17	2，36，47	52，19，42	7，59，41
8	4，23，11	1，6，49	30，9，54	18	2，28，31	52，19，42	7，59，41
9	4，23，11	1，6，49	2，15，26	19	2，28，31	52，12，43	7，59，41
10	4，23，11	1，6，49	2，15，26	20	7，59，28	12，43，52	10，41，57

FCM-MEMSOM 算法能解决任务分配冲突时系统能耗增加问题的原因在于，该算法把 WSN-MTT 节点任务分配问题转化为一类约束条件下的组合优化问题，从重要性能指标出发建立优化目标函数，并把任务分配冲突问题转化为目标函数约束条件，以具有约束条件的目标函数指引 MEMSOM 求解，有效协调 MTT 任务分配冲突问题，并解决多个监

测联盟对节点资源竞争冲突时系统能耗增加的问题。

2. 能耗分析

对三个目标连续运动 20 s 的节点任务分配所需能耗进行比较。假设节点之间传送数据通信量相同，以通信距离作为能耗近似衡量指标，图 6-12 是目标 T_1 三种分配方法能耗比较图形曲线。

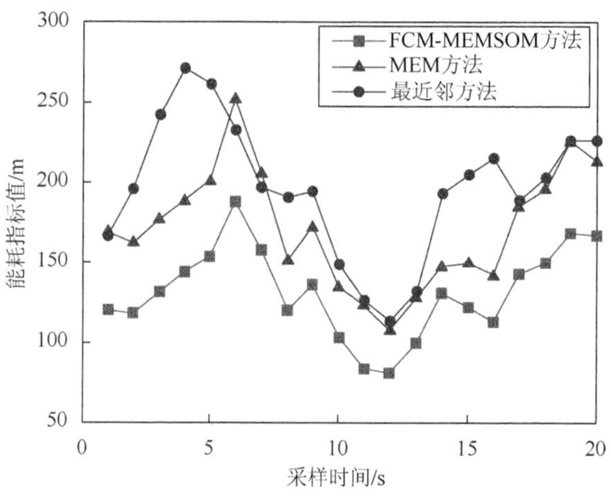

图 6-12　三种分配方法能耗比较图形曲线

仿真结果显示，三种方法在 20 s 的平均通信距离分别为 131.15 m、144.19 m 和 171.73 m，其中采用 FCM-MEMSOM 方法对目标 T_1 进行节点任务分配所需能耗分别比 MEM 方法、最近邻方法低 9.0% 和 23.6%。采用 FCM-MEMSOM 方法对目标 T_2、T_3 进行节点任务分配所需能耗分别比 MEM 方法、最近邻方法低 7.4%～14.5% 和 18.2%～27.9%。仿真结果表明，采用 FCM-MEMSOM 方法相比于 MEM 方法、最近邻方法，从分配所需能耗方面均能有效降低。

采用 FCM-MEMSOM 方法能耗有效降低的原因在于，它把能耗最小化作为节点任务分配的目标函数之一，在 MEMSOM 模型训练时以目标函数为依据，根据胜者为王原则动态调整神经元弹性子模感受域，从而确定节点最优监测联盟。

3. 分配时间分析

对三个目标连续运动 20 s 的任务分配需要时间进行比较。图 6-13 是三种方法在连续 20 s 内进行任务分配所需时间比较图形曲线。在 20 s 内任务分配平均时间分别为 0.3195 s、0.3766 s、0.0063 s，最近邻方法由于直接选用最靠近目标节点组成监测联盟，几乎不消耗节点分配时间，而 FCM-MEMSOM 方法的任务分配时间比 MEM 方法平均减少了 15.2%。FCM-MEMSOM 方法任务分配时间减少与算法各环节改进有关，由实验可知，分配时间减少主要来自于竞争层神经元子模初始化方法。FCM-MEMSOM 选择与各聚类中心位置最近的三个节点位置作为各子模神经元初始位置矢量，与 MEM 采用监测区域内随机产生空间位置作为神经元初始化位置相比，大大缩小了搜索空间，减少了迭代次数，因此能缩短任务分配时间，使 FCM-MEMSOM 方法更能满足跟踪系统的实时性要求。

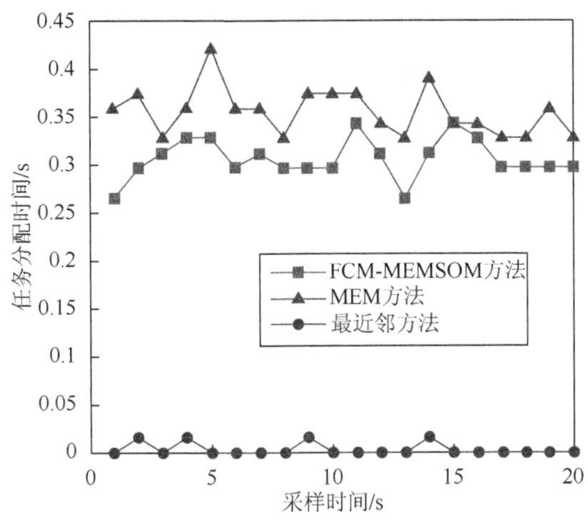

图 6-13　三种分配方法任务分配时间比较图形曲线

6.4.3　基于 FCM-DPSO 的节点任务分配算法仿真分析

用 FCM-DPSO 方法和最近邻方法进行对比实验。对三个目标连续运动 20 s 进行节点任务分配，仿真比较两种算法在满足跟踪精度的前提下能量消耗和竞争冲突方面的性能。

1. 能耗分析

图 6-14 是 FCM-DPSO 方法和最近邻方法能耗指标比较图形曲线。由图 6-14 可见，FCM-DPSO 方法的能耗整体上比最近邻方法低，两种方法在 20 s 的平均通信距离分别为 142.08 m 和 152.83 m，与最近邻方法相比，FCM-DPSO 方法的能耗平均降低 7.03%。仿真结果表明，FCM-DPSO 方法相比于最近邻方法，在分配所需能耗方面能有效降低。

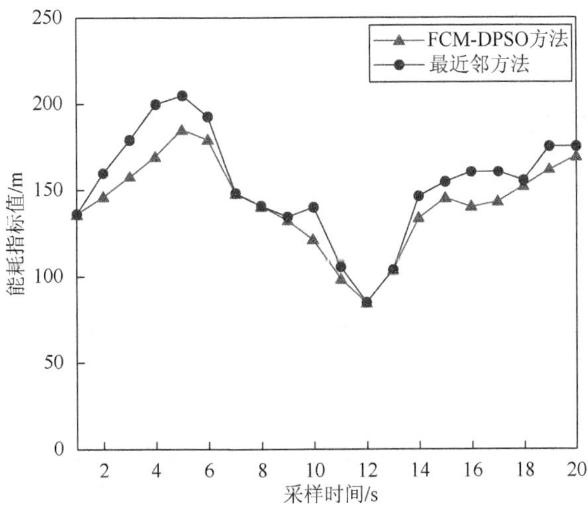

图 6-14　两种分配方法能耗比较图形曲线

采用 FCM-DPSO 方法能耗降低的原因在于，它把能耗最小化作为节点任务分配目标函数，在 DPSO 方法中以目标函数作为 DPSO 的适应值函数，指引粒子以最佳飞行速度飞向最优解，从而快速实现节点最优分配。该方法从原理上确保 WSN-MTT 节点任务分配低能耗的要求。

2. WSN-MTT 任务分配竞争冲突性能分析

对 WSN-MTT 节点任务分配的竞争冲突引起能耗增加的问题，同样以目标 T_1 与 T_2 相遇时（t=10 s）的任务分配为例进行说明。FCM-DPSO 方法在目标运动到 t=10 s 时，T_1、T_2、T_3 的监测联盟分别为{S_{17}、S_{23}、S_{11}}、{S_6、S_{49}、S_1}和{S_{60}、S_{30}、S_{54}}，分配结果与 FCM-MEMSOM 方法分配结果相同。

FCM-DPSO 的节点任务分配算法通过建立目标跟踪节点任务分配目标函数，以代表跟踪性能的目标函数作为 DPSO 的适应值函数指引粒子进化，有效协调 MTT 任务分配冲突问题，解决多个监测联盟对节点资源竞争冲突系统能耗增加的问题。

表 6-3 列出了 T_1 在连续 20 s 用 FCM-DPSO 进行任务分配并配以 PF 进行目标状态估计的目标位置跟踪误差。由表 6-3 可见，目标位置预测最大误差为 2.7 m，满足实际应用需求。

表 6-3　T_1 的跟踪误差

采样时刻/s	1	2	3	4	5	6	7	8	9	10
误差/m	0.3	2.0	2.7	1.2	1.0	0.3	2.1	2.0	2.3	2.7
采样时刻/s	11	12	13	14	15	16	17	18	19	20
误差/m	2.7	0.4	2.5	2.1	1.9	1.0	1.4	1.6	1.0	1.5

实验结果还显示，DPSO 参数取值和算法收敛速度也会影响目标跟踪效果，根据实际情况恰当选择循环次数能提高算法实时性和降低网络能耗。另外，当节点分布较密集且离目标较近时，由于节点与目标、节点与节点之间距离相距较近，这时，最近邻方法与 FCM-DPSO 方法结果差别不大；但在联盟节点有较多选择且节点与节点之间距离较远情况下，FCM-DPSO 方法的能耗值远小于最近邻方法。而在实际 WSN 节点部署时，节点分布及节点与目标之间的距离一般不可能太密集，由此可见，FCM-DPSO 方法对于 WSN 节点部署的实际情况具有优越性。

第 7 章 WSN 网内监测数据融合

准确有效地监测数据是实现目标精确跟踪的基础，WSN 通过多传感节点构成监测联盟协同监测来提高目标监测数据准确性，但用于监测的传感节点越多，网络数据传输量越大，消耗能量越大。为了减少数据传输量，降低传输能耗，必须采取有效措施对网内数据进行融合。改善监测数据质量，合理表征监测数据，充分利用多传感器监测信息，对监测联盟各节点监测数据进行适当数据融合，可使监测数据更准确有效。KDE 具有仅从采样数据本身出发、能逼近任意形式密度分布的特性，非参数置信传播（nonparametric belief propagation，NBP）具有适合处理分布计算环境信息的特点，它们在计算机视觉跟踪[97, 98]、过程故障检测诊断[99]、医学检测诊断[100]、WSN 节点自定[89]等方面的成功应用表明，若利用 KDE 表征 WSN 网内检测数据、NBP 处理 WSN 多节点监测联盟信息，可能会减少测量干扰和噪声影响，提高监测数据准确性，为 WSN 网内数据融合带来良好效果。

本章探讨利用 KDE 精确表征 WSN-MTT 系统采样数据、利用 NBP 对多节点监测联盟协同感知监测信息进行融合的方法。首先分析 WSN 运动目标监测过程，详细讨论 WSN 节点监测数据的 KDE 表征、WSN-MTT 过程的 NBP 流程和 Gibbs 采样融合机理，提出基于 KDE-NBP 的 WSN 网内监测数据融合算法。

7.1 WSN 目标监测过程及网内检测数据融合设计思路

WSN 目标监测数据与目标运动监测过程密切相关，要准确有效地表达监测数据，首先要深入了解目标运动监测过程。

7.1.1 WSN 目标监测过程

目标监测数据质量高低直接影响目标定位跟踪的准确性，为了充分利用节点计算资源和存储资源，发挥分布式信息处理优势，每个目标由多个传感节点组成监测联盟协同监测。当 WSN 监测区域有目标出现时，WSN 对目标的监测跟踪过程如图 7-1 所示[162]。图中的实心星形代表某时刻目标位置，虚线框代表该时刻能探测到目标的传感区域，处在虚线框内的节点可以探测到目标，但能否探测到目标还受特定环境、传感器节点特性、网络传输特性等因素影响。通过节点任务分配算法选定目标传感区域内一些节点构成监测联盟（实心圆表示）监测目标，每个监测联盟由 1 个联盟盟主和若干传感节点组成。在每个周期中只有监测联盟内节点处于活跃激活状态，其他节点（空心圆表示）处于低功耗的探测状态。目标监测联盟节点探测目标信息，联盟盟主接收联盟内节点采集的数据和上一个联盟盟主传递来的目标状态信息，进行信息融合处理。当目标离开当前被激活联盟时，盟主就将最后采样时刻的目标信息传递给下一个被激活联盟盟主。新激活联盟盟主组织联盟内节点继续目标监测过程，直至目标离开跟踪区域。

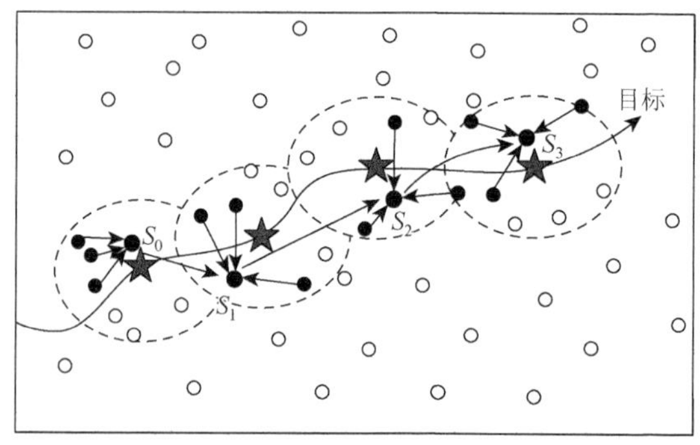

图 7-1 WSN 对目标运动的监测跟踪过程

7.1.2 WSN 网内检测数据融合设计思路

由上述 WSN 目标监测过程可以看到，构成目标监测联盟节点的数量、联盟节点探测干扰、探测数据的表示形式和传送方式、联盟盟主对数据的融合处理方法等均会影响监测数据质量；合理表征 WSN 监测数据，充分利用多节点监测信息，对监测联盟各节点监测数据进行合适的处理和适当的数据融合，都可提高监测数据质量。下面从 WSN-MTT 监测联盟节点数据表征、多节点监测数据传播汇集、多节点监测数据处理方法等方面考虑，设计 WSN 网内监测数据融合算法。

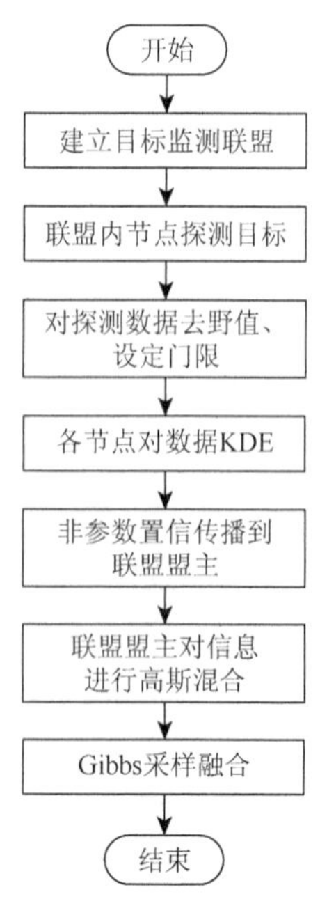

图 7-2 WSN 网内监测数据融合算法流程图

对于 WSN-MTT 监测联盟节点数据表征，第 1 章中已经分析：KDE 具有仅从采样数据本身出发、不依赖于特征提取及环境制约、能逼近任意形式密度分布的特性，能对节点采样数据进行较精确鲁棒表示，适合用于表示 WSN 复杂不确定环境的传感器节点采样数据。本节将在 WSN 网内节点内采用 KDE 表征节点检测数据。

对于多节点监测数据传播汇集，利用非参数信念传播 NBP 处理分布计算环境信息的特点[172]，把多节点构成的监测联盟协同感知监测信息传送汇集到联盟盟主，联盟盟主通过 NBP 得到高斯混合信息乘积，减少测量干扰和噪声影响，提高监测数据准确性。

对于在联盟盟主得到的高斯混合信息，利用 Gibbs 采样方法简单、计算速度快的特点[173]，对高斯混合信息乘积进行 Gibbs 采样融合，实现多节点联盟监测数据的精确融合表征。图 7-2 为 WSN 网内监测数据融合算法流程图。WSN 探测到目标进入到监测区域时，首先构建目标跟踪监测联盟，对每一个监测联盟，联盟内节点连续多次探测目标，对测量数据进行去野值、设定门限和 KDE 处理，然后把 KDE 数据基于 NBP 非参数传送到联盟盟主，由联盟盟主对监测联盟信息进行高斯混合、Gibbs 采样融合，融合的结果作为下一步状态精确预测的依据。

7.2　基于 KDE-NBP 的检测数据融合算法设计

本节讨论WSN节点监测数据的KDE表示和目标监测联盟数据的NBP传播融合原理，然后分析目标监测联盟信息乘积 Gibbs 采样融合过程和基于 KDE-NBP 的检测数据融合算法具体流程。

7.2.1　WSN 节点观测数据的 KDE 表示

在 WSN 监测区域中，传感器节点对随机出现的配合式目标进行监测，假设 WSN 已通过第 2 章的节点任务分配方法对出现的目标构建了监测联盟，设某目标的监测联盟为 c， $c=\{S_n,n=1,\cdots,d\}$， S_n 为联盟内节点，联盟内节点 S_n 获得独立噪声的目标距离观测数据 Z_n。利用 KDE 对观测数据进行估计，设节点 S 的观测数据估计值为 $\hat{p}(z)$，则其 KDE 表示为

$$\hat{p}(z)=\sum_i w_i K_h(z-z_i) \tag{7-1}$$

假设 $\hat{p}(z)$ 服从高斯混合分布，并且由 M 个高斯分布相加组成，核函数 $K_h(\cdot)$ 采用如下高斯核：

$$K_h(z-\mu_i)=N(z;\mu_i,hI)\propto\exp(-\|z-\mu_i\|^2/(2h)) \tag{7-2}$$

则式（7-1）可表示为

$$\hat{p}(z)=\sum_{i=1}^{M} w_i N(z;\mu_i,\Lambda_i) \tag{7-3}$$

式中，μ_i 是第 i 个高斯分布均值；w_i 是归一化后第 i 个高斯分布的权重，一般根据观测值大小来确定，并且 $\sum_{i=1}^{M} w_i=1$，最简单的情况可选为 $\frac{1}{M}$； Λ_i 是第 i 个高斯分布的方差，这里为带宽 h_i，h_i 用拇指规则（rule of thume，ROT）选择[89]：

$$\begin{cases} h_i=h_{\text{ROT}}\approx 1.05\sigma^2 N^{-2/5} \\ \sigma^2=\dfrac{1}{N}\sum_{i=1}^{N}(z_i-\mu)^2 \\ \mu=\dfrac{1}{N}\sum_{i=1}^{N} z_l \end{cases} \tag{7-4}$$

由式（7-3）可以看到，每个节点观测数据可用 M 个高斯密度 $\{\mu_d^i,\Lambda_d^i,w_d^i\}_{i=1}^{M}$ 的加权融合来表示。

7.2.2　WSN 目标监测联盟数据的 NBP 表示

WSN 中每个目标的监测联盟一般由一个联盟盟主和多个传感节点 $s_n\,(n=1,2,\cdots,d)$ 组成，监测联盟内的 d 个传感节点数据传送到联盟盟主进行融合。

WSN 传感节点数据采用非参数置信传播 NBP 算法汇集融合。NBP 是一种迭代近似求解 PGM 概率推断问题的方法[174-176]。PGM 通过图形模式表达基于概率相关关系[89, 162]。一个无向 PGM 表示为 $G=(V,E)$，其中 $V=\{v_s\}$为节点（node）集，$E=\{(v_{s1},v_{s2})\}$表示节点之间边线（edge）集。每个节点 v_s 代表一个随机变量 x_s，节点之间边线连接关系表示随机变量之间的影响关系。NBP 算法目的是求解 PGM 中每个节点 x_s 的后验条件概率分布，它包含图模型节点之间信息传递、对信息局部乘积加权两个过程。

对于 WSN 目标监测跟踪，图 7-3 描述了 k 时刻某目标监测联盟节点观测数据的 NBP 传送过程。图中上层节点示表 k 时刻目标监测联盟节点，各节点观测值分别为 $z_1,z_2,\cdots,z_d$，下层节点为连续两个时刻的联盟盟主。

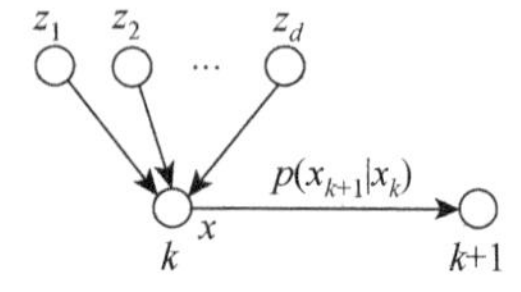

图 7-3　WSN 监测联盟节点数据 NBP 传送示意图

根据 NBP 算法原理[174-176]，定义目标 k 时刻在盟主节点的信息融合为该时刻所有局部证据（监测联盟节点测量值的 KDE 估计）的乘积，则 k 时刻盟主节点的信息融合可表示为

$$B_k=\prod_{n=1}^{d}m(z_n)=\prod_{n=1}^{d}\hat{p}(z_n) \tag{7-5}$$

由式（7-3）、式（7-5）可得盟主节点的信息融合乘积为

$$B_k=\prod_{n=1}^{d}\sum_{i=1}^{M}w_i N_n(z;\bar{\mu}_i,\bar{\Lambda}) \tag{7-6}$$

式（7-5）和式（7-6）表示联盟盟主处的信息融合乘积由 d 个高斯混合分布相乘确定（称为高斯混合乘积），高斯混合乘积的结果为 M^d 个高斯分布乘积之和，其中每个高斯分布乘积项由 d 个高斯分布相乘而得。d 个高斯分布乘积结果仍然是一个高斯分布，设该高斯分布为 $N(z;\bar{\mu},\bar{\Lambda})$，则

$$\prod_{n=1}^{d}N_n(z;\mu_n,\Lambda_n)\propto N(z;\bar{\mu},\bar{\Lambda}) \tag{7-7}$$

其权值、带宽和期望值由式（7-8）确定：

$$\bar{w}=\frac{\prod_{n=1}^{d}w_n N(z;\mu_n,\Lambda_n)}{N(z;\bar{\mu},\bar{\Lambda})},\quad \Lambda^{-1}=\sum_{n=1}^{d}\Lambda^{-1},\quad \bar{\Lambda}^{-1}\cdot\bar{\mu}^{-1}=\sum_{n=1}^{d}\Lambda_n^{-1}\mu_n \tag{7-8}$$

式中，$\{w_n\}_{n=1}^{d}$ 是节点 s_n 监测数据在信息乘积中所占的权重，取值与节点 s_n 和目标之间距离成反比，并且 $\sum_{n=1}^{d}w_n=1$。

7.2.3　WSN 目标监测联盟信息乘积 Gibbs 采样融合

前面已经得到 WSN 目标监测联盟信息融合乘积（高斯混合乘积），该乘积为 M^d 个由式（7-8）确定的高斯分布之和，该乘积反映监测联盟对目标探测数据情况，可通过从该高斯混合乘积中直接采样的方法获得样本值来进行监测信息的融合。但在实际计算中，由式（7-8）定义的高斯混合乘积所确定的联合分布是复杂的，并且直接采样方法的运算复杂度会呈指数增长，为降低计算复杂度，同时考虑到每个高斯核的条件分布很容易得到，下面采用 Gibbs 采样方法，从高斯混合乘积中独立抽取样本来估计信息乘积。

Gibbs 采样方法是一种应用最广泛的马尔可夫链蒙特卡罗（Markov chain Monte Carlo，MCMC）方法，具有简单、计算速度快的优点[173, 177, 178]。其基本思想是，从满条件分布中迭代地进行抽样，当迭代次数足够大时，就可以得到来自联合后验分布的样本。其基本采样过程实际上是一个振荡过渡过程，首先给定任意的起始值，然后轮流地更新每一个变量，通过更新，转移到一个新的状态，不断迭代循环，最终收敛于一个稳定状态，从而得到来自联合后验分布的样本。Gibbs 采样假设有 d 个高斯混合信息相乘，在每次迭代中，从 d 个高斯混合信息的其中一个高斯核中进行采样，其他 $d-1$ 个高斯混合信息均固定其中一个高斯核不变，由不变的 $d-1$ 个高斯核和采样得到的高斯核相乘得到新的高斯核，新高斯核的权重由固定的 $d-1$ 个组成来确定。图 7-4 描述了从 3 个高斯混合信息（每个信息由 4 个高斯分布相加组成）乘积中 Gibbs 采样的迭代过程。

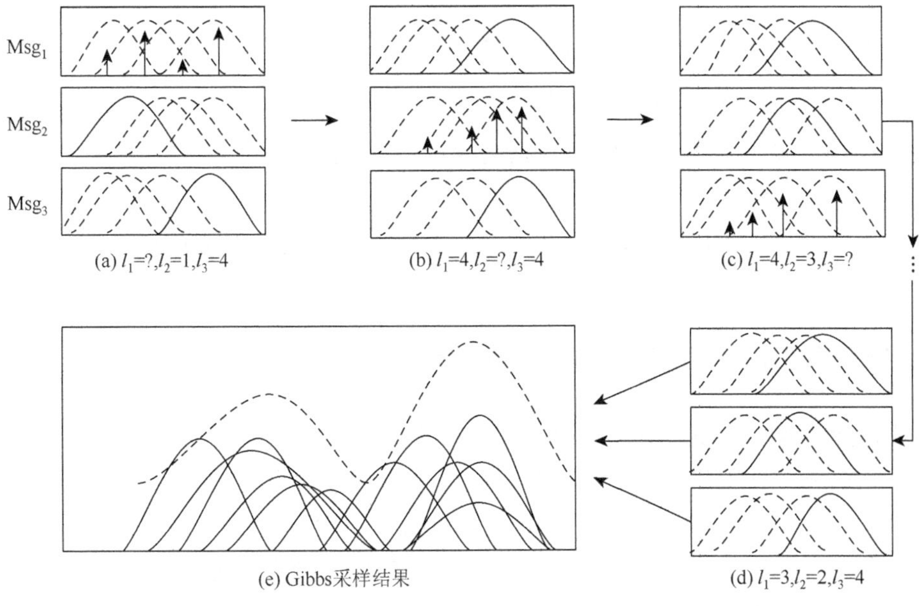

图 7-4　Gibbs 采样过程

在图 7-4 中，$d=3$，$M=4$，Msg_1、Msg_2、Msg_3 分别表示需要进行融合的高斯混合信息，为了描述方便，用 l_j 的取值表示第 j 个高斯混合信息中每个高斯核的序号，如 $l_1=1$ 表示第 1 个高斯混合信息中的第 1 个高斯核，$l_2=3$ 表示第 2 个高斯混合信息中的第 3 个高斯核。Gibbs 采样在每次迭代中，固定其中 2 个高斯混合信息中的高斯核不变，从另外 1 个高斯混合信息的一个高斯核中进行采样，由不变的 2 个高斯核和采样得到的高斯核相乘得到新的高斯核，新高斯核的权重［图（7-4）（a）、（b）、（c）中箭头表示］由固定的 2 个组成［图（7-4）（a）、（b）、（c）中实线箭头表示］来确定。如图 7-4（a）所示，$l_2=1$，$l_3=4$，即固定 Msg_2 和 Msg_3 中的第 1 个和第 4 个高斯核，Msg_1 分别从 l_1=1, 2, 3, 4 的条件分布中抽取，相乘后的新高斯核权重由固定的 Msg_2 和 Msg_3 中的第 1 个和第 4 个高斯核决定。每

次迭代更新一个 l_j，连续进行 k 次迭代，由最后的每个 l_j 可以确定高斯混合乘积中的一个样本。这样，进行 dkM^2 次 Gibbs 采样，就得到 M 个来自高斯混合乘积的样本。迭代的次数越多，采样得到的样本越精确，但需相对较高的计算成本。图 7-4（d）所示的是经过对每个高斯混合信息的 k 次迭代，确定的每个高斯混合中的高斯核信息（实线所示），这些信息是高斯乘积［图 7-4（e）中细实线所示］的组成之一。

Gibbs 采样算法如下。

（1）对于每个 $j \in [1,d]$，根据 $p(l_j = i) \propto w_j^{(i)}$，选一个初始值 $l_j \in [1,M]$。

（2）对于每个 $k \in [1,d]$（$k \neq j$）：

①通过式（3-16），计算乘积 $\prod_{k \neq j} N(x;\mu_k^{(l_k)},\Lambda_k^{(l_k)})$ 的均值 μ^* 和方差 Λ^*；

②对于每个 $i \in [1,M]$，计算 $N(x;\mu^*,\Lambda^*) \cdot N(x;\mu_j^{(i)},\Lambda_j^{(i)})$ 的均值 $\overline{\mu}^{(i)}$ 和方差 $\Lambda^{(i)}$，计算权值：$\overline{w}^{(i)} = w_j^{(i)} \dfrac{N(x;\mu^*,\Lambda^*) \cdot N(x;\mu_j^{(i)},\Lambda_j^{(i)})}{N(x;\overline{\mu}^{(i)},\overline{\Lambda}^{(i)})}$；

③根据 $p(l_j = i) \propto \overline{w}^{(i)}$，采样得到一个新的 l_j。

（3）将步骤（2）重复进行 k 次迭代。

（4）计算乘积 $\prod_{j=1}^{d} N(x;\mu_j^{(l_j)},\Lambda_j^{(l_j)})$ 的均值 $\overline{\mu}$ 和方差 $\overline{\Lambda}$，从 $N(x;\overline{\mu},\overline{\Lambda})$ 中采样得到一个样本。

（5）重复进行上述 Gibbs 采样，得到乘积 $\prod_{n=1}^{d} m(z_n)$ 的 M 个独立的样本 $\{x_i\}_{i=1}^{M}$。

7.2.4　基于 KDE-NBP 的 WSN 检测数据融合算法流程

综上所述，基于 KDE-NBP 的 WSN 检测数据融合算法流程如下。

（1）k 时刻，每个目标的监测联盟内节点组成一个监测联盟：联盟内节点为 $\{S_n\}_{n=1}^{d}$，观测值为 $\{z_n\}_{n=1}^{d}$。设初始时刻（$k-1$=0）的观测值 $\{z_n\}_{n=1}^{d} \equiv 1$。

（2）联盟内节点对各自的观测值进行 KDE，得到高斯混合密度估计 $\{\mu_j^i,\Lambda_j^i,w_j^i\}_{i=1}^{M}$：

①由 $k-1$ 时刻产生的粒子得到预测粒子集 $\{x_k^i\}(i=1,2,\cdots,N)$；

②计算每个粒子基于观测值的权重 $w_k^i = p(z_k^j \mid x_k^i)$，设初始时刻权值为 1；

③归一化权重：$w_k^i = w^{-1}w_k^i$，其中 $w = \mathrm{sum}[(w_k^i)_{i=1}^{N}]$ 为总权重；

④从高斯核中采样得到 ε^i，则：$x_k^i = x_k^i + h_{\mathrm{opt}}\boldsymbol{D}_k\varepsilon^i$，其中 $\boldsymbol{D}_k\boldsymbol{D}_k^{\mathrm{T}} = \boldsymbol{S}_k, \boldsymbol{S}_k$ 为 $\{x_k^i,w_k^i\}_{i=1}^{N}$ 的经验协方差矩阵；得到 N 个高斯混合的密度估计 $\{x_k^i,\Lambda_k^i,w_k^i\}_{i=1}^{N}$；这里，$\Lambda_k^i = h_{\mathrm{opt}}$。

（3）联盟内传感节点把各自高斯混合的密度估计 $\{x_k^i,\Lambda_k^i,w_k^i\}_{i=1}^{N}$ 传送到盟主节点。

（4）在盟主节点对各联盟内传感节点的高斯混合乘积 $\prod_{n=1}^{d}\sum_{i=1}^{N} w^i N_n(x;\mu^i,\Lambda^i)$ 进行 Gibbs 采样，Gibbs 采样算法如上节所示，得到 N 个样本。

（5）对上述样本取平均，得到 t 时刻目标监测联盟观测值的融合数据表征。

7.3　仿真实验和结果分析

7.3.1　实验环境和参数设置

下面对基于 KDE-NBP 的检测数据融合算法性能进行仿真实验。仿真在一台 PC 上于 MATLAB7.8 编程环境下进行，机器配置为 Windows XP Professional 操作系统，Intel（R）Core（TM）2CPU，T5200@1.60 GHz，1 GB 内存，80 GB 硬盘，主频为 1.60 GHz。仿真实验参数设置如表 7-1 所示。

表 7-1　仿真环境及参数设置

参数	取值范围	参数	取值范围
探测区域	[0, 100]m×[0, 100]m	核函数	$K_h(z)=N(z;\mu,hI)$
节点总数	N=100	核函数带宽	$h_i=h_{\mathrm{ROT}}$
节点部署分布	随机均匀分布	粒子数	100
节点通信半径	20 m	采样方法	Gibbs 采样
节点监测半径	20 m	过程噪声	$w_t\sim N(0,\sigma_w^2),\sigma_w^2=1$
目标数	m=3	测量噪声	$v_t\sim N(0,\sigma_v^2),\sigma_v^2=1$
监测联盟节点数	n=3	采样周期	T=1 s

设在监测区域内有三个运动目标，运动目标选两个广为引用的经典运动模型[119, 125, 149, 150]（一个为简单的线性模型，另一个为强非线性模型）和自行设计的一个复杂非线性模型，三个目标在 50 个采样周期内多次交叉，其状态方程分别为

$$T_1: x_t = x_{t-1} + [0.5; 0.5x_{t-1}(2,1)/(1+(x_{t-1}(2,1))^2)] + [0; 2\cos(1.2(t-1))] + w_t \tag{7-9}$$

$$T_2: x_t = x_{t-1} + \left[5\cos(0.8(t-1)); 5\sin\frac{p}{4t}\right] + w_t \tag{7-10}$$

$$T_3: x_t = x_{t-1} + [0.5; 0.5] + w_t \tag{7-11}$$

式中，w_t 为状态噪声。

假设三个目标均为配合式目标，其初始位置分别为（8, 15）、（25, 6）、（7, 2），在目标监测半径范围内的传感器节点都能测得目标的噪声距离测量值[89]：

$$z_t = \| x_t - s_t \| + v_t,\quad v_t \sim N(v; 0, s_v^2) \tag{7-12}$$

式中，$\| x_t - s_t \|$ 为 t 时刻目标与监测传感器节点之间的距离；v_t 为测量噪声。

用本章基于 KDE-NBP 的检测数据融合算法对目标的观测值进行融合估计。为了对比效果，同时采用基于自适应加权的网内数据融合方法（self-adaption weighted data aggregation，SAWDA）[92]、FCM 数据融合算法[91, 167]和本书提出的算法对三个运动目标传感数据进行实验。仿真比较三种算法的融合精度、数据丢失率方面的性能。

7.3.2　实验结果及分析

图 7-5 为目标运动轨迹示意图。由图 7-5 可见，三个运动目标在 50 个采样周期内多次交叉运动，既有简单的线性运动，又有复杂的非线性运动。图 7-6 为目标多次交叉运动期间（t=19～35 s）的轨迹及测量数据。图 7-7 为采用 KDE-NBP 方法对三个目标进行数据融合的效果。图 7-8～图 7-10 为采用三种方法对三个目标进行数据融合的效果比较。图 7-11 为三种融合方法对三个目标的平均均方根误差 e_{rmse} 对比。图 7-12～图 7-14 分别为三种方法对三个目标的融合 e_{rmse} 曲线。表 7-2 是三种方法融合性能比较。

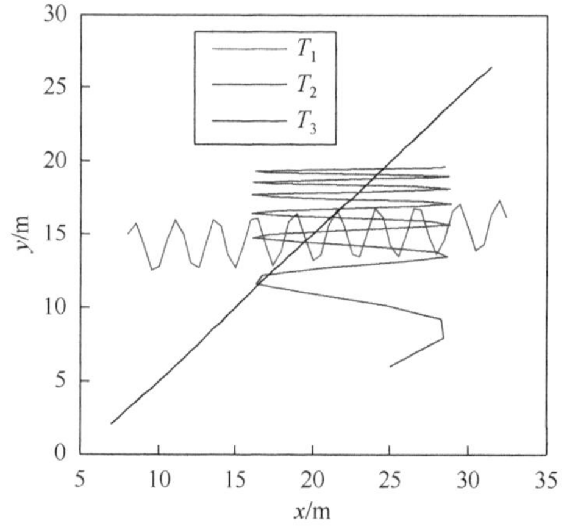

图 7-5　目标运动轨迹示意图

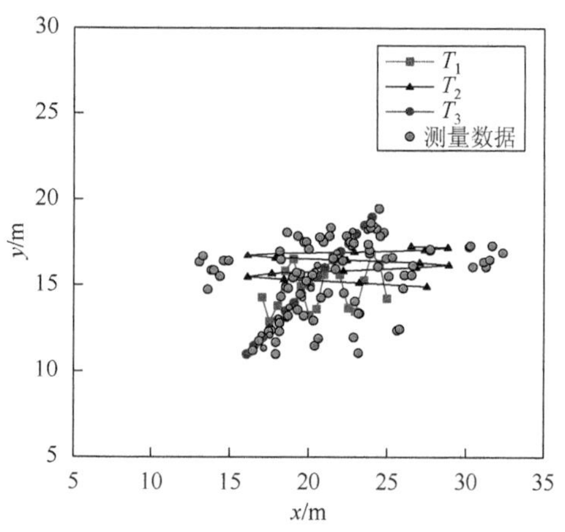

图 7-6　目标在 t=19～35 s 时交叉运动轨迹及测量数据

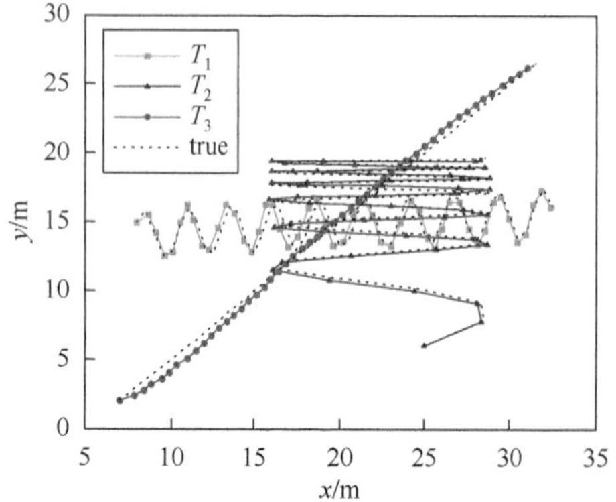

图 7-7　KDE-NBP 方法对三个目标的数据融合效果

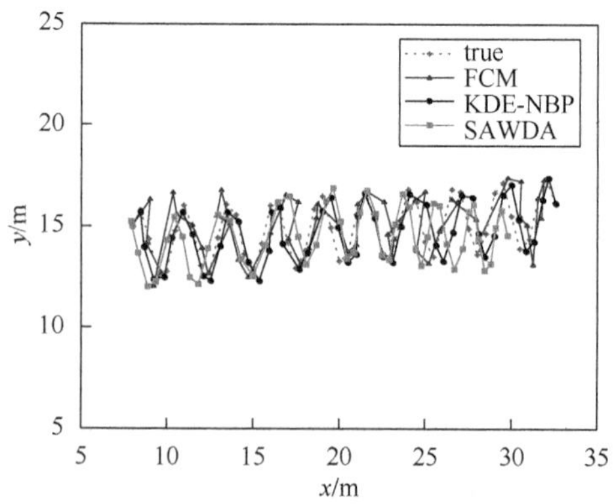

图 7-8　三种方法对 T_1 的融合结果比较

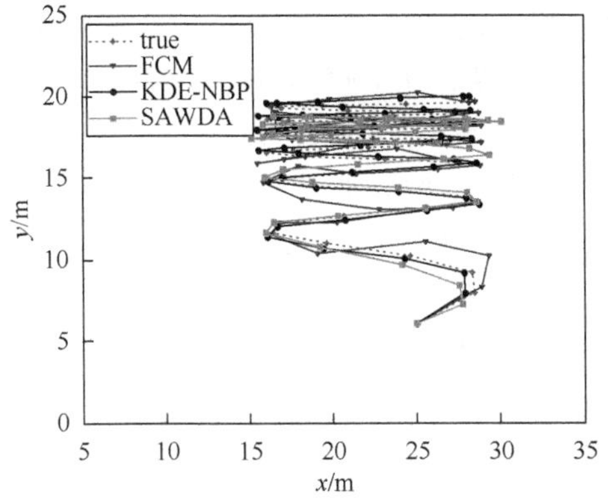

图 7-9　三种方法对 T_2 的融合结果比较

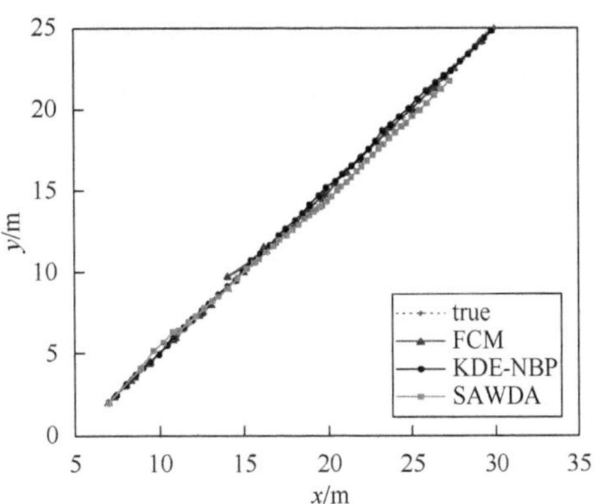

图 7-10　三种方法对 T_3 的融合结果比较

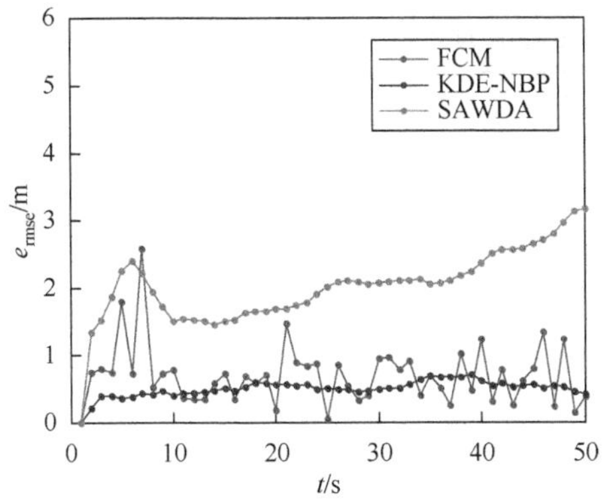

图 7-11　三种方法对三个目标数据融合的平均 e_{rmse} 对比

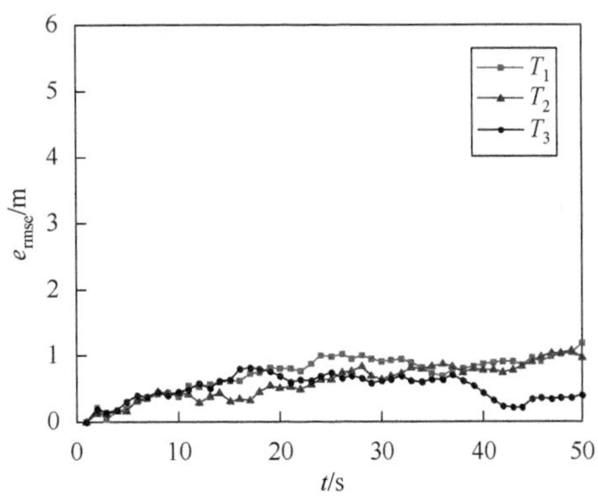

图 7-12　KDE-NBP 方法对三个目标融合结果 e_{rmse} 曲线

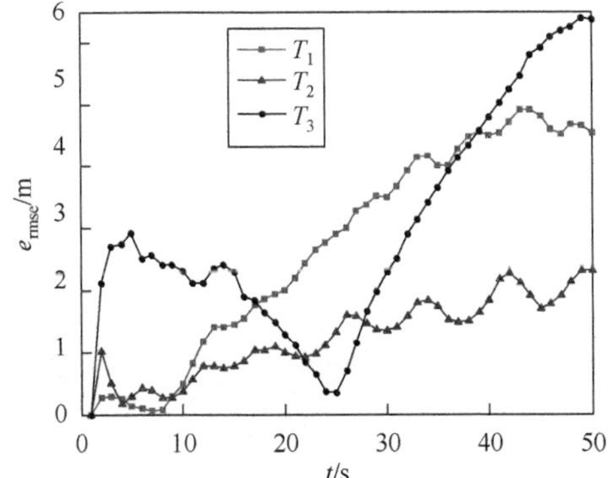

图 7-13　SAWDA 方法对三个目标融合结果的 e_{rmse} 曲线

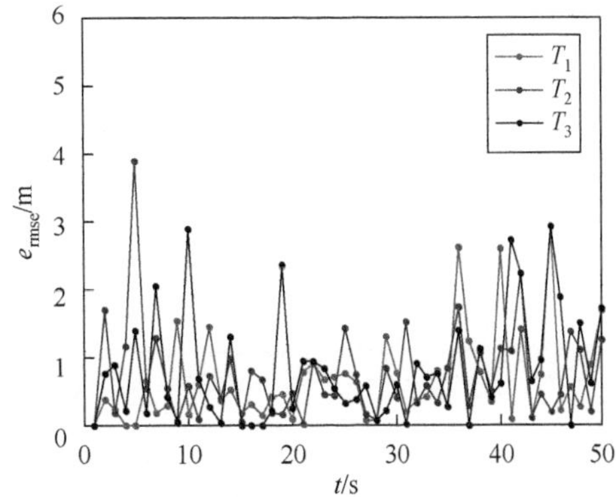

图 7-14　FCM 方法对三个目标融合结果的 e_{rmse} 曲线

由图 7-7～图 7-14、表 7-2 可见，无论线性目标还是复杂非线性目标，无论目标距离相距较远还是相距较近，KDE-NBP 方法的数据融合精度总体上较 FCM、SAWDA 方法高；三种方法在 50 个时刻的平均融合均方根误差 e_{rmse} 分别是 0.5025 m、0.6385 m、1.5294 m，KDE-NBP 方法与 FCM、SAWDA 方法相比，融合精度平均分别提高 21.3%、67.1%。在整个实验中，KDE-NBP 方法未发现失跟现象，而 FCM、SAWDA 方法每次实验都存在失跟现象，平均失跟率分别为 1.1%、3.8%；实验结果还表明，FCM 方法受突发干扰影响较大，SAWDA 方法在强非线性情况下融合效果变差，而 KDE-NBP 方法充分考虑 WSN-MTT 系统存在的随机噪声干扰、特定物理环境偏差、传感器节点感知的脆弱性、网络传输影响等各种不确定性现实应用环境，利用 KDE 仅从采样数据本身出发、不依赖特征的提取及环境的制约、能够逼近任意形式的密度分布的特点，来精确表征 WSN-MTT 系统的采样数据，同时，基于 NBP 汇集监测联盟数据并 Gibbs 融合，充分利用了多传感器协同监测信息，克服突发干扰，消除失跟现象，取得了很好的监测数据融合效果。

表 7-2　三种方法数据融合性能的比较

性能指标	SAWDA				FCM				KDE-NBP			
	T_1	T_2	T_3	平均值	T_1	T_2	T_3	平均值	T_1	T_2	T_3	平均值
e_{rmse}/m	1.702 2	1.458 0	1.428 0	1.529 4	0.716 2	0.517 9	0.681 5	0.638 5	0.698 1	0.422 0	0.387 5	0.502 5
失跟率/%	0	6.0	5.4	3.8	2.0	0	1.3	1.1	0	0	0	0

第 8 章　WSN 多目标定位跟踪方法

对 WSN 目标定位跟踪理论与算法进行研究，最终目的是要实现对 WSN 目标的高性能跟踪。PGM 作为概率论和图论相结合的产物，为解决应用数学和工程中的不确定性、复杂性问题提供了直观而自然的方法，近年来在数据发掘、专家系统、模式识别等领域已有相当广泛的应用。针对 WSN-MTT 信息的不确定性，利用 PGM 建立 WSN-MTT 图模型来分析目标状态概率分布函数；针对目标运动模型的非线性、非高斯特性，分析利用 PF 在非线性、非高斯甚至多峰分布等复杂的递推贝叶斯估计的能力，研究基于 PF 的目标状态预测方法；针对标准 PF 算法存在权值退化和粒子贫乏的问题，探讨正则化粒子滤波（regularized particle filter，RPF）克服 PF 粒子退化的机理；在上述基础上提出基于 PGM-RPF 的 WSN-MTT 算法，实现 WSN 多目标的精确定位跟踪。本章首先建立和分析 WSN 目标定位跟踪图模型，然后讨论 RPF 目标状态预测方法和 WSN 多目标定位跟踪方法。

8.1　WSN 目标定位跟踪图模型

建立 WSN 目标定位跟踪图模型是实现基于 PGM-RPF 的 WSN-MTT 算法的重要基础。WSN 目标运动可看作一个马尔可夫过程，分析目标运动过程中的不确定因素，建立目标跟踪 MRF 模型，构造目标状态概率分布函数，把目标状态预测问题转化为 MRF 模型隐含节点的概率推断问题。下面首先概述 PGM 建模思想、无向 PGM 表示及其 NBP 推理方法，然后分别建立 WSN 的 STT-MRF、MTT-MRF 模型。

8.1.1　PGM 建模及其推理

PGM 是一类用图形模式表达基于概率相关关系的模型，是处理复杂不确定性问题的有力工具[179-181]。利用 PGM 可以对复杂的 WSN-MTT 过程进行准确描述和建模。

1. PGM 建模思想

PGM 使用图来表示和推理联合概率分布，通过结合图论和概率论来形成一个多变量统计模拟的强大形式体系[179, 181]。整个模型包括结构元素（由边的集合构成的图形模式）和参数元素（由参数化节点或节点子集构成的参数集合）。结构元素和参数元素间的关系体现 PGM 计算机制。PGM 基本思想是把一个复杂系统看作由许多简单部分组成，通过概率论描述组成部分之间数学依赖特性，通过图论直观体现组成部分之间关系。

一个 PGM 就是一个定义于有向或无向图中的概率分布族，如图 8-1 所示。图中节点为随机变量，节点之间的边表示变量之间的概率依赖关系。在相互联结节点子集上定义相关函数，联合概率分布则表示为这些函数的乘积。PGM 规定变量之间是条件独立关系，仅通过局部计算就能推理全局。

从图论角度来说，PGM 包括无向（undirected）PGM 和有向（directed）PGM。贝叶斯网（Bayesian networks）、马尔可夫网（Markov networks）分别是目前研究和应用最广泛的有向 PGM 和无向 PGM[162, 179, 180, 182, 183]。

2. 无向 PGM 及马尔可夫模型

1）无向 PGM 及其条件独立性

一个无向 PGM 表示为 $G=(V, E)$，其中 $V=\{v_s\}$ 为节点集，每个节点 v_s 表示一个随机变量 x_s， $E=\{(v_{s1},v_{s2}\}$ 表示节点之间边线集。如果节点 v_{s1} 与 v_{s2} 之间有边线连接，则称节点 v_{s1} 与 v_{s2} 是邻接的，邻接 v_s 的所有节点称为 v_s 的邻元素，用 $\Gamma(s)$ 表示。如果集合 $C\subseteq V$ 中每一对节点都有边线连接，则集合 C 称为全连接，全连接节点的集合称为簇（clique）。如果集合 $B\subseteq V$ 中任意两个节点 v_{s1} 与 v_{s2} 的每一条路径（path）都经过集合 B，则称 B 把节点 v_{s1} 与 v_{s2} 分割开（separate），在集合 $x_B=\{x_s:v_s\in B\}$ 确定时，随机变量 x_{s1} 与 x_{s2} 相互独立，该性质称为条件独立性，也称为马尔可夫特性，表示为

$$p(x_{s1},x_{s2}\mid x_B)=p(x_{s1}\mid x_B)p(x_{s2}\mid x_B) \tag{8-1}$$

上述性质扩展到集合，得到更一般的结论，如图 8-1 所示。

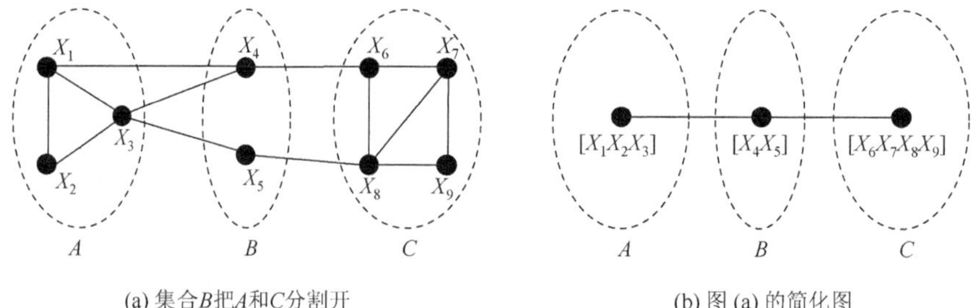

(a) 集合B把A和C分割开　　(b) 图 (a) 的简化图

图 8-1　节点集 B 把 A 和 C 分割开

图 8-1（a）中节点集 B 把 A、C 分割开，三个集合变量之间的关系可简化为图 8-1（b），根据条件独立性，变量之间的关系可表示为

$$p(x_A,x_C\mid x_B)=p(x_A\mid x_B)p(x_C\mid x_B) \tag{8-2}$$

特别地，当集合 A、B、C 都仅有一个随机变量时，就形成了一条时序马尔可夫链：变量 $\{x_i\}$ 按照时间 i 顺序排列，边线集为 $E=\{(v_i,v_{i+1})\}$，当前时刻状态把过去和将来时刻状态分离开，即

$$p(x_i,x_k\mid x_j)=p(x_i\mid x_j)p(x_k\mid x_j),\quad i<j<k \tag{8-3}$$

2）MRF 及联合概率分布定理

马尔可夫网络（Markov random field，MRF）是一类常用的无向 PGM。MRF 理论的核心是描述给定图结构联合分布的分布式表示（局部表示）。在 MRF 中，关键是确定每一个局部函数应包含哪些节点，可以证明，在无向图中“局部”的含义是簇，定义的局部函数称为势函数（potential function）[184-187]。

设 c 为无向图 G 的一个簇，设 C 为所有 c 的集合，势函数 $Y_c(x_c)$ 定义为簇 c 取值为 x_c

的函数，$Y_c(x_c)$ 是正实值函数。下面给出马尔可夫网络定义及联合概率分布定理。

定义：一个马尔可夫网络定义为 $M=\{G, \Psi\}$，其中 G 是一个无向图，$\Psi=\{\Psi_1(c_1), \Psi_2(c_2), \cdots, \Psi_n(c_n)\}$是定义在 G 上所有簇 $C=\{c_1, c_2, \cdots, c_n\}$的势函数。

Hammersley-Clifford（H-C）定理描述了图模型结构及其随机变量 x_s 的分布之间的关系。根据 H-C 定理，给定一个马尔可夫网络 $M=\{G, \Psi\}$，其中 G 是一个无向图，$\Psi=\{\Psi_1(c_1), \Psi_2(c_2), \cdots, \Psi_n(c_n)\}$是定义在 G 上的所有簇 $C=\{c_1, c_2, \cdots, c_n\}$上的实值函数，则联合分布 $p(x)$ 为

$$p(x)=\kappa\prod_{c\in C}\Psi_c(x_c) \tag{8-4}$$

式中，κ 为归一化常数，$\kappa=1\Big/\sum\prod_{c\in C}\Psi_c(x_c)$。

任意图通过构建连接树方法均可转化成包含两类簇的图模型，这两类簇分别是单节点本地簇和成对节点边线簇。对应地，联合分布函数 $p(x)$ 包含单节点和成对节点势函数（pairwise and single-node potentials），若单节点 s_i 局部势函数、节点对(s_i、s_j)边线势函数分别用 $Y_{s_i}(x_i)$、$Y_{s_is_j}(x_i,x_j)$ 表示，则联合分布 $p(X)$ 可表示为

$$p(X)=\kappa\prod_{s_i\in V}\Psi_{s_i}(x_i)\prod_{(s_i,s_j)\in E}\Psi_{s_is_j}(x_i,x_j) \tag{8-5}$$

在许多实际应用领域中，很多问题都可归结为贝叶斯框架下的概率推断问题。假设可得到独立噪声观测量 $Z=\{z_{s_i}\mid s_i\in V\}$，$Z$ 局部关联于隐含待求变量 X，则基于 PGM 的联合分布 $p(x)$ 可转化为如下条件概率 $p(X\mid Z)$：

$$p(X\mid Z)=\kappa\prod_{s_i\in V}\Psi_{s_i}(x_i,z_i)\prod_{(s_i,s_j)\in E}\Psi_{s_is_j}(x_i,x_j) \tag{8-6}$$

一般直接求解式（8-6）比较困难，通常通过非参数置信传播算法 NBP 迭代求解 PGM 中每个节点 x_s 的后验边缘分布。

8.1.2 STT-MRF 模型及目标状态概率分布

设在 WSN 监测区域随机部署 N 个传感器节点，传感器节点对在其观测区域内随机出现的目标进行监测。假设在观测区域中出现的每个目标具有一阶马尔可夫特性，则目标运动过程可用一个马尔可夫单链模型来描述，如图 8-2 所示[162]。

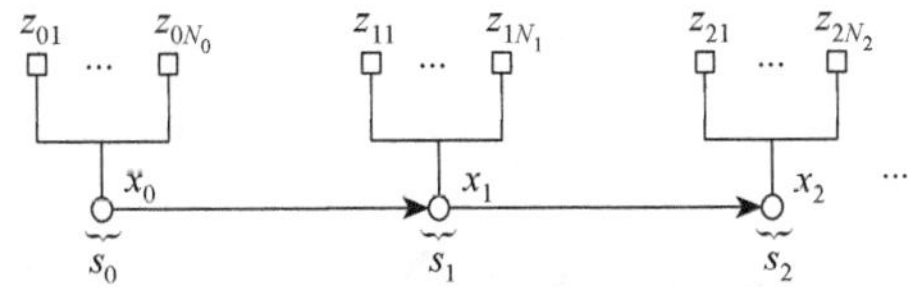

图 8-2　STT-MRF 模型结构

图中随机变量 x_k 代表目标在 k 时刻的状态变量（隐含待求变量），Z_k 代表节点在 k 时刻的量测变量（可观测变量）。如果可得到独立噪声观测量 $Z=\{Z_k\}$，$Z_k=\{z_{k1},z_{k2},\cdots,z_{kN_k}\}$，$N_k$ 为 k 时刻目标监测联盟节点数。如上节所述，目标状态联合概率分布 $p(X)$ 可转化为式（8-6）所示的联合条件概率 $p(X\mid Z)$。对于图 8-2 所示的 STT-MRF 模型结构，k 时刻目标

状态联合条件概率 $p(X|Z)$ 可表示为

$$p(X|Z)=\kappa\prod_{s_k\in V}\Psi_{s_k}(x_k,Z_k)\prod_{(s_{k-1},s_k)\in E}\Psi_{s_{k-1}s_k}(x_{k-1},x_k) \tag{8-7}$$

式中，$\Psi_{s_k}(x_k,Z_k)$ 表示 k 时刻的局部势函数，$\Psi_{s_{k-1}s_k}(x_{k-1},x_k)$ 表示目标在 $k-1$ 与 k 时刻之间的边线势函数。结合 STT-MRF 模型和分析 STT 过程，局部势函数、边线势函数可分别设为似然函数、状态转移概率，即

$$\Psi_{s_k}(x_k,Z_k)=p(x_k|Z_k) \tag{8-8}$$

$$\Psi_{s_{k-1}s_k}(x_{k-1},x_k)=p(x_k|x_{k-1}) \tag{8-9}$$

则目标状态联合概率 $p(X|Z)$ 可表示为

$$p(X|Z)=\kappa\prod_{k}p(x_k|Z_k)\prod_{k}p(x_k|x_{k-1}) \tag{8-10}$$

而 k 时刻目标状态概率分布 $p(x_k|Z)$ 可表示为

$$p(x_k|Z)=\kappa p(x_k|Z_k)p(x_k|x_{k-1}) \tag{8-11}$$

但实际上目标跟踪过程存在不确定性，在节点监测范围内出现的目标能否被节点监测到受特定物理环境、传感器节点感知特性等因素影响。假设用二元随机变量 O_k^n 表示 k 时刻某节点 s_n 是否监测到目标，即

$$O_k^n=\begin{cases}1, & z_k^n\ \text{被监测}\\ 0, & \text{其他}\end{cases} \tag{8-12}$$

若 k 时刻节点 s_n 监测到目标，设节点 s_n 监测到目标的概率为 $P_o(x_k,x_k^n)$。$P_o(x_k,x_k^n)$ 与节点 s_n 到目标的距离服从指数规律，并与节点监测半径 R_0 有关：

$$P_o(x_k,x_k^n)=\exp\left(-\frac{1}{2}\left\|x_k-x_k^n\right\|^2/R_0^2\right) \tag{8-13}$$

若有且只有目标落在节点监测半径 R_0 范围内，节点 s_n 才能且一定监测到目标，则

$$P_o(x_k,x_k^n)=\begin{cases}1, & \left\|x_k-x_k^n\right\|\leqslant R_0\\ 0, & \text{其他}\end{cases} \tag{8-14}$$

此时节点得到噪声观测值设为

$$z_k^n=\left\|x_k-x_k^n\right\|+v_k^n,\quad v_k^n=p_v(x_k,x_k^n) \tag{8-15}$$

式中，$p_v(x_k,x_k^n)$ 为与目标、节点及环境等有关的随机噪声。

由式（8-14）和式（8-15）可得实际目标在 k 时刻的状态概率分布函数：

$$p(x_k|z_k^n)=\begin{cases}P_o(x_k,x_k^n)p(z_k^n|x_k,x_k^n), & O_k^n=1\\ 1-P_o(x_k,x_k^n), & \text{其他}\end{cases} \tag{8-16}$$

$$p(x_k|Z_k^{(1,2,\cdots,N)})=\kappa\prod_{n=1}^{N_k}p(x_k|z_k^n)p(x_k|x_{k-1}) \tag{8-17}$$

特别地，若 k 时刻节点 s_n 能监测到目标，则 $O_k^n=1$，此时目标在 k 时刻的状态概率分布函数为

$$p(x_k \mid \{O\},\{Z\}) = \kappa \prod_{n=1}^{N_k} p(O_k^n \mid x_k, x_k^n) \prod_{n=1}^{N_k} p(Z_k^n \mid x_k, x_k^n) p(x_k \mid x_{k-1}) \tag{8-18}$$

8.1.3　MTT-MRF 模型及目标状态概率分布

前面为单目标情况，若在 WSN 监测区域有 M 个配合式目标，则 M 个配合式目标跟踪过程可用 M 个马尔可夫单链混合模型来描述。为了简化，不失一般性，假设三个目标的马尔可夫混合模型结构如图 8-3 所示[162]。其中，$x_k^{(m)}$ 表示第 k 个时刻目标 m 的二维位置，Z_k 表示第 k 个时刻传感器节点对 m 个目标的所有量测值。则 M 个目标的联合后验概率分布为

$$p(x_k^{(1)} \cdots x_k^{(m)} \mid \{O\},\{Z\}) = \kappa \prod_{m=1}^{M} \prod_{n=1}^{N_k} p^{(m)}(O_k^n \mid x_k, x_k^n) \prod_{m=1}^{M} \prod_{n=1}^{N_k} p_k^{(m)}(Z_k^n \mid x_k, x_k^n) \prod_{m=1}^{M} p_k^{(m)}(x_k \mid x_{k-1}) \tag{8-19}$$

由式（8-19）可见，多个目标的状态变量的联合分布可以分解为多个相互关联的局部子集分布。特别地，与 STT 情况类似，对于 MTT 中每个目标的监测联盟内节点，若其监测到目标的概率为 1，则 $O_k^n = 1$，此时 M 个目标的联合后验概率分布为

$$p(x_k^{(1)} \cdots x_k^{(m)} \mid \{O\},\{Z\}) = \kappa \prod_{m=1}^{M} \prod_{n=1}^{N_k} p_k^{(m)}(Z_k^n \mid x_k, x_k^n) \prod_{m=1}^{M} p_k^{(m)}(x_k \mid x_{k-1}) \tag{8-20}$$

若目标由第 2 章的节点任务分配方法构建监测联盟，每个目标的监测联盟由三个节点构成，则 M 个目标在 k 时刻的状态概率分布为

$$p(x_k^{(1)} \cdots x_k^{(m)} \mid \{O\},\{Z\}) = \kappa \prod_{m=1}^{M} \prod_{n=1}^{3} p^{(m)}(Z_k^n \mid x_k, x_k^n) \prod_{m=1}^{M} p^{(m)}(x_k \mid x_{k-1}) \tag{8-21}$$

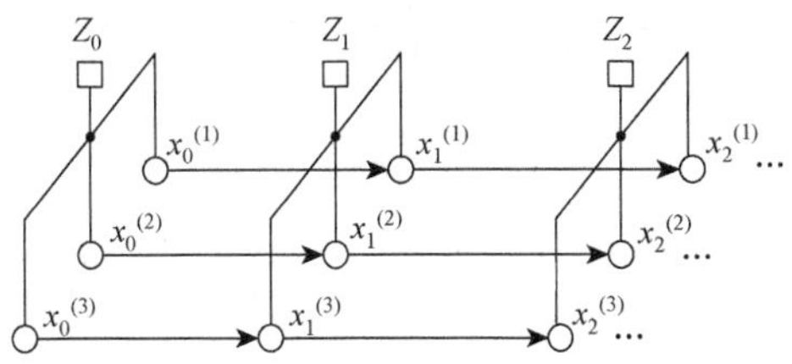

图 8-3　三个目标的 MRF 混合模型结构

由上面分析可知，基于目标跟踪 MRF 模型和目标状态概率分布函数，目标跟踪状态预测问题就可以转化为 MRF 模型隐含节点的概率推断问题。

8.2　基于 PGM-RPF 的 WSN-MTT 算法设计

前面把 WSN 目标运动看作一个马尔可夫过程，通过建立目标跟踪 MRF 模型和构造目标状态概率分布函数，把目标跟踪问题转化为 MRF 模型隐含节点的概率推断问题。本节在前面研究的基础上，首先讨论 WSN 目标状态信息的 NBP 融合，然后分析推断 MRF 模型隐含节点概率的 RPF 方法，最后设计基于 PGM-RPF 的 WSN-MTT 算法流程，实现

对 WSN-MTT 的精确跟踪。

8.2.1 WSN 目标状态信息的 NBP 融合

通过分析 WSN 目标跟踪过程，结合上面目标跟踪 MRF 模型，可以得到监测联盟节点观测信号与目标状态信息关系，可以用非参数信息传播 NBP 来描述，如图 8-4 所示[174, 181]。图 8-4 中，上层节点代表目标在 k 时刻的监测联盟节点，设监测联盟由 d 个节点组成，各节点观测值分别为 $z_1,z_2,\cdots,z_d$，下层节点为 k 时刻前后连续三个时刻目标状态节点。k 时刻监测联盟节点对各自测量值进行 KDE 估计后传送到盟主节点，k–1 时刻的盟主也把其 $p(x_k \mid x_{k-1})$ 传送到 k 时刻的盟主节点，由盟主节点对信息进行融合并预测 k 时刻的目标状态。根据 BP 算法和前面的分析，目标在 k 时刻的状态信息 $M_k(x_k)$ 与该时刻所有局部证据和传向该节点所有信息的乘积成正比，即

$$M_k(x_k)=\alpha p(x_k \mid x_{k-1})\prod_{n=1}^{d} m(z_n) \tag{8-22}$$

式中，α 是归一化常数；$m(z_n)$ 为局部证据（此处为监测联盟节点测量值的 KDE 估计 $\hat{p}(z_n)$；$p(x_k \mid x_{k-1})$ 为传向该节点的所有信息（此处为前一时刻该目标监测联盟盟主融合信息）。

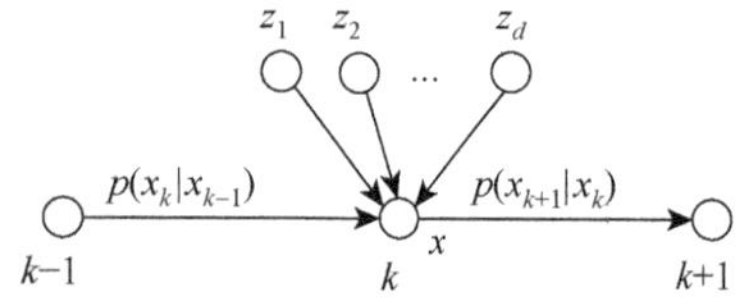

图 8-4　观测信号与目标状态信息影响关系示意图

设 $p(x_k \mid x_{k-1})$ 和 $\hat{p}(z_n)$ 均服从高斯混合分布，并且由 M 个高斯分布相加组成，则 $p(x_k \mid x_{k-1})$ 和 $\hat{p}(z_n)$ 均可表示为 $\sum_{i=1}^{M} w_i N(z;\mu_i,\Lambda_i)$ 的形式。则目标在 k 时刻的状态信息 $M_k(x_k)$ 可表示为

$$M_k(x_k)=\alpha\prod_{n=1}^{d+1}\sum_{i=1}^{M} w_i N(z;\mu_i,\Lambda_i) \tag{8-23}$$

式（8-23）表示目标在 k 时刻的状态 $M_k(x_k)$ 由 $d+1$ 个高斯混合分布相乘确定，称为高斯混合乘积，高斯混合乘积的结果为 M^{d+1} 个高斯分布乘积之和，其中每个高斯分布乘积项由 $d+1$ 个高斯分布相乘。$d+1$ 个高斯分布乘积结果仍然是一个高斯分布，设该高斯分布用 $N^*(z^*;\overline{\mu}^*,\overline{\Lambda}^*)$ 表示，则

$$\prod_{n=1}^{d+1} N_n(z;\mu_n,\Lambda_n) \propto N^*(z^*;\overline{\mu}^*,\overline{\Lambda}^*) \tag{8-24}$$

其权值、带宽和期望值由式（8-25）确定：

$$\overline{w}^*=\frac{\prod_{n=1}^{d+1} w_n N(z;\mu_n,\Lambda_n)}{N^*(z^*;\overline{\mu}^*,\overline{\Lambda}^*)}\quad \overline{\Lambda^*}^{-1}=\sum_{n=1}^{d+1}\Lambda_n^{-1}\quad \overline{\Lambda^*}^{-1}\overline{\mu^*}^{-1}=\sum_{n=1}^{d+1}\Lambda_n^{-1}\mu_n \tag{8-25}$$

通过式（8-23）～式（8-25）可以得到目标状态信息乘积的 NBP 表示，由式（8-18）和式（8-21）可知，目标状态信息乘积 $M_k(x_k)=\alpha p(x_k \mid x_{k-1})\prod_{n=1}^{d} m(z_n)$ 是目标状态后验概率 $p(x_k^{(1)}\cdots x_k^{(m)} \mid \{O\},\{Z\})$ 的重要组成部分，通过前面的推理，已经求得目标状态信息乘积 NBP

表示，采用第 3 章的信息融合方法，对目标状态信息乘积进行 Gibbs 采样融合，可以得到目标状态信息乘积融合值。下面对目标状态信息乘积融合值进行滤波，从而预测目标的状态。

8.2.2 基于 RPF 的 WSN-MTT 状态预测

PF 算法通过状态空间一组随机的自适应演化的样本探索状态的发展变化并获得最小方差估计，具有较好的鲁棒性，有效解决具有非线性、非高斯、非平稳等复杂情况的目标跟踪状态预测问题，是一种目前广泛采用的目标状态预测算法。但将标准 PF 算法应用于 WSN 目标跟踪时，又存在权值退化和粒子贫乏等问题。虽然重采样抑制了权值的退化，但重采样后粒子不再独立，简单的收敛性结果不再成立，只有较高权的粒子被采样多次，粒子丧失多样性，在极端情况下，经过若干次迭代后，所有粒子都坍塌到一个点上，使用于描述后验概率密度的粒子不够充分，产生粒子贫乏现象，限制了算法追踪某些具有极低权值的状态的能力[110, 188]。针对上述问题，这里采用 RPF 方法[110, 189]避免粒子退化现象，实现目标状态的精确预测。

通过分析 PF 重采样的过程可知，其重采样是在离散分布而不是连续分布上进行，因此引发粒子贫乏问题，因此，RPF 算法改进粒子贫乏问题的思路是，通过密度估计理论计算后验分布的连续密度，从连续分布而不是离散分布中进行重采样。

在 RPF 中，后验概率密度函数近似表示为

$$p(x_k \mid Z_k) \approx \sum_{i=1}^{N} w_k^i K_{\mathrm{h}}(x_k - x_k^i) \tag{8-26}$$

式中，$K_{\mathrm{h}}(x)$ 为核密度函数，满足

$$K_{\mathrm{h}}(x) = \frac{1}{h^p} K_{\mathrm{h}}\left(\frac{x}{h}\right) \tag{8-27}$$

其中，h 为核带宽，$h>0$；p 是状态向量 x 的维数。$K(x)$ 为标准的核密度函数，满足

$$\int xK(x)\mathrm{d}x = 0\,,\quad \int \|x\|^2 K(x)\mathrm{d}x < \infty \tag{8-28}$$

KDE 的精度完全取决于核函数和带宽。核 $K(\cdot)$ 和带宽 h 的选择是为了最小化真实后验概率密度和式（8-26）所示的密度之间的积分均方误差（mean integrated square error，MISE）。

在特殊情况下，所有粒子的权值相等时，最优密度函数为 Epanechnikov 核[110, 189]：

$$K_{\mathrm{opt}} = \begin{cases} \dfrac{p+2}{2c}(1-\|x\|^2), & \|x\|<1 \\ 0, & \text{其他} \end{cases} \tag{8 29}$$

式中，c 为欧氏空间 $\mathbf{R}^p$ 中单位超球面的体积；p 为分布的维数；$c = \dfrac{\pi^{\frac{p}{2}} R^p}{\Gamma\left(\dfrac{p}{2}+1\right)}$，当 p 为奇数时，$\Gamma\left(\dfrac{p}{2}+1\right) = \sqrt{\pi}\dfrac{p!!}{2^{(p+1)/2}}$，若 $p=1$，可计算得 $c=2$。

在最简单的情况下，若后验分布为具有单位协方差的高斯密度，则最优带宽为

$$h_{\text{opt}} = [8c^{-1}(n+4)(2\sqrt{\pi})^n]^{1/(n+4)} N^{-1/(n+4)} \tag{8-30}$$

式中，N 为粒子数。

相对于 SIR 后验概率分布，正则化前与正则化后的后验概率分布示意图如图 8-5 所示。

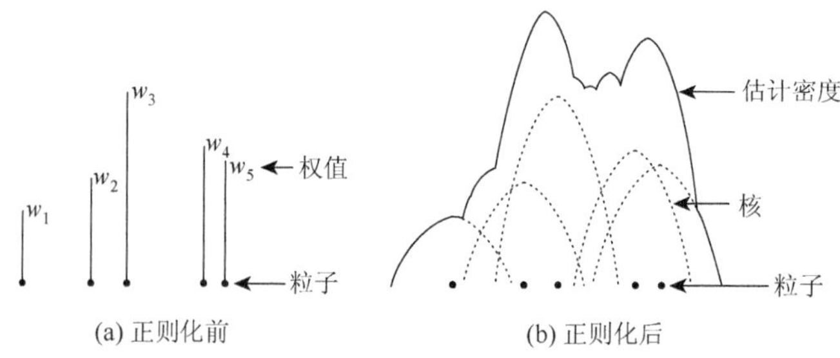

图 8-5　正则化前与正则化后的后验概率分布示意图

由图 8-5 可见，RPF 通过密度估计理论把后验分布从离散分布形式转化为连续密度分布形式，因此 RPF 能从连续分布中进行采样，从而缓解粒子贫乏现象。

RPF 的一步迭代伪码如下：

$(\{x_t^{i*}, w_t^i\}_{i=1}^N) = \text{RPF}(\{x_{t-1}^i, w_{t-1}^i\}_{i=1}^N, z_t)$

for $i = 1:N$

　　采样 $x_t^i \sim p(\vec{x}_t | \vec{x}_{t-1}^i)$

　　计算权值 $w_t^i = p(\vec{z}_t | x_t^i) w_{t-1}^i$

end for

　　计算总权值：$t = \text{sum}[\{w_t^i\}_{i=1}^N]$

for $i = 1:N$

　　归一化权值：$w_t^i = t^{-1} w_t^i$

计算 $\widehat{N}_{\text{eff}}$

if $\widehat{N}_{\text{eff}} < N_{\text{thr}}$

　　计算 $(\{x_t^i, w_{i=1}^N\}_{i=1}^N)$ 的经验协方差矩阵 S_t

　　计算矩阵 D_t，使得 $D_t D_t^{\text{T}} = S_t$；

　　　　重采样 $(\{x_t^i, w_t^i\}_{i=1}^N) = \text{SR}(\{x_t^i, w_t^i\}_{i=1}^N)$

　　for $i = 1:N$

　　　　从 Epanechnikov 核采样 $e^i \sim K_{\text{opt}}$；

　　　　　　产生随机变量 $\beta \sim \text{Beta}(1,1/2)$

　　　　　　产生随机变量 $T \sim U(-1,1)$

　　　　　　$e = \sqrt{\beta} T$

　　　　$x_t^{i*} = x_t^i + h_{\text{opt}} D_t e^i$；

　　end for

end if

8.2.3 基于 PGM-RPF 的 WSN-MTT 算法流程

如前所述，当目标进入 WSN 监控区域时，WSN 就开始对目标进行监测跟踪。图 8-6 描述了基于 PGM-RPF 的 WSN-MTT 算法流程。当 WSN 探测到目标进入监控区域时，首先通过节点任务分配方法构建监测联盟，每个监测联盟由 1 个联盟盟主和若干传感节点组成；然后根据目标运动的马尔可夫过程，建立目标跟踪 PGM；监测联盟内节点探测目标信息，通过第 3 章的监测数据融合方法，各传感节点对探测信息进行 KDE；KDE 数据与上一个盟主的目标状态信息基于 NBP 非参数传播到盟主节点，由盟主节点对所有信息进行高斯混合和 Gibbs 采样；Gibbs 采样结果作为 RPF 算法的输入，在盟主节点运行 RPF，对融合信息进行重采样和目标状态估计，得到此时刻目标的预测状态。这个过程循环进行，直至目标离开跟踪区域。

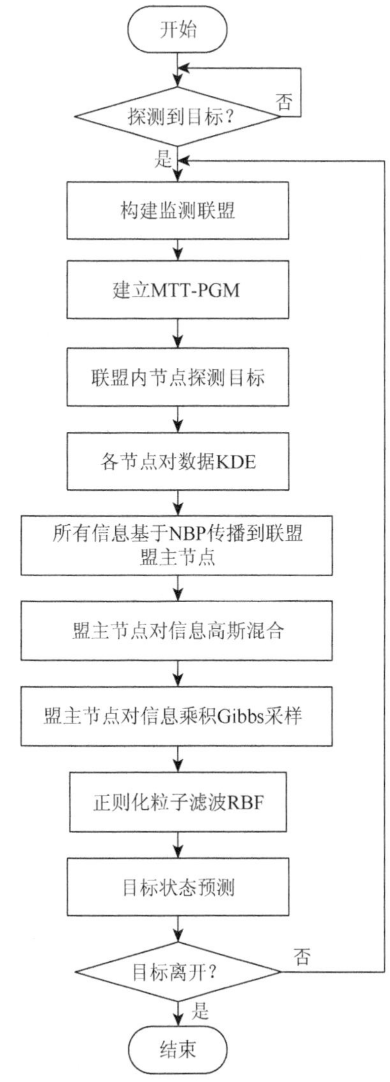

图 8-6 基于 PGM-RPF 的 WSN-MTT 算法流程

基于 PGM-RPF 的 WSN-MTT 算法具体步骤如下。

（1）k 时刻，每个目标的监测联盟内节点组成一个监测联盟簇：联盟内节点为 $\{S_n\}_{n=1}^{d}$，观测值为 $\{z_n\}_{n=1}^{d}$，设初始时刻（$k-1=0$）的观测值 $\{z_n\}_{n=1}^{d}\equiv 1$。

（2）联盟内节点对各自的观测值进行 KDE，得到高斯混合密度估计 $\{\mu_j^i,\Lambda_j^i,w_j^i\}_{i=1}^{N}$：

①由 $k-1$ 时刻产生的粒子得到预测粒子集 $\{x_k^i\}(i=1,2,\cdots,N)$；

②计算每个粒子基于观测值的权重 $w_k^i=p(z_k^j\mid x_k^i)$；

③归一化权重：$w_k^i=w^{-1}w_k^i$，其中 $w=\text{sum}[(w_k^i)_{i=1}^{N}]$ 为总权重；

④从高斯核中采样得到 ε^i，则 $x_k^i=x_k^i+h_{\text{opt}}\boldsymbol{D}_k\varepsilon^i$，其中 $\boldsymbol{D}_k\boldsymbol{D}_k^{\mathrm{T}}=\boldsymbol{S}_k$，$\boldsymbol{S}_k$ 为 $\{x_k^i,w_k^i\}_{i=1}^{N}$ 的经验协方差矩阵；得到 N 个高斯混合的密度估计 $\{x_k^i,\Lambda_k^i,w_k^i\}_{i=1}^{N}$；这里，$\Lambda_k^i=h_{\text{opt}}$。

（3）联盟内传感节点将 $\{x_k^i,\Lambda_k^i,w_k^i\}_{i=1}^{N}$ 传送到盟主节点。

（4）在盟主节点对各联盟节点的 $\{x_k^i,\Lambda_k^i,w_k^i\}_{i=1}^{N}$ 与上一时刻盟主节点估计信息的高斯混合乘积进行 Gibbs 采样，Gibbs 采样详细算法如上节所示，得到 N 个样本。

（5）重采样：对 Gibbs 采样得到的 N 个粒子重采样。

（6）状态估计：对步骤（5）中的粒子取平均值，得到 k 时刻目标状态估计值 x_k。

（7）把 k 时刻状态估计值 x_k 传送给下一时刻盟主，重复上述步骤直到目标离开监测区域。

8.2.4 仿真实验

1. 实验环境和参数设置

对基于 PGM-RPF 的 WSN-MTT 算法的性能进行仿真实验。仿真在一台 PC 上于 MATLAB7.8 编程环境下进行，机器配置为 Windows XP Professional 操作系统，Intel（R）Core（TM）2CPU，T5200@ 1.60 GHz，1 GB 内存，80 GB 硬盘，主频为 1.60 GHz。设在 100 m×100 m 的区域内随机均匀部署 100 个传感器节点，仿真实验参数设置如表 8-1 所示。

表 8-1 仿真环境及参数设置

参数	取值范围	参数	取值范围
探测区域	[0，100]m×[0，100]m	核函数带宽	$h_i=h_{ROT}$
节点总数	N=100	粒子数	100
节点部署分布	随机均匀分布	采样方法	Gibbs 采样
节点通信（监测）半径	20 m	过程噪声	$w_t \sim N(0,\sigma_w^2),\sigma_w^2=1$
目标数	m=3	测量噪声	$v_t \sim N(0,\sigma_v^2),\sigma_v^2=1$
监测联盟节点数	n=3	跟踪方法	PGM-RPF、FCM-PF、FCM-EKF
核函数	$K_h(z)=N(z;\mu_i,hI)$	采样周期	T=1 s

设在监测区域内有三个运动目标，三个目标状态方程仍选与第 3 章相同的模型，为了讨论方便，三个目标状态方程重列如下：

$$T_1: x_t = x_{t-1} + \left[\frac{1}{2}; \frac{x_{t-1}(2,1)}{2(1+(x_{t-1}(2,1))^2)}\right] + \left[0; 2\cos\left(\frac{6}{5}(t-1)\right)\right] + w_t \tag{8-31}$$

$$T_2: x_t = x_{t-1} + \left[5\cos\left(\frac{4}{5}(t-1)\right); 5\sin\frac{\pi}{4t}\right] + w_t \tag{8-32}$$

$$T_3: x_t = x_{t-1} + \left[\frac{1}{2}; \frac{1}{2}\right] + w_t \tag{8-33}$$

式中，w_t 为状态噪声。假设三个目标均为配合式目标，在目标的监测半径范围内的传感器节点都能测得目标的噪声距离测量值[89]：

$$z_t = \|x_t - s_t\| + v_t, \quad v_t \sim N(v; 0, \sigma_v^2) \tag{8-34}$$

式中，$\|x_t - s_t\|$ 为 t 时刻目标与监测传感器节点之间的距离；v_t 为测量噪声。

设上述三个目标初始位置分别为（8, 15）、（25, 6）、（7, 2），在 50 个采样周期内多次交叉运动，用基于 PGM-RPF 的 WSN-MTT 算法对目标进行跟踪。为了对比效果，同时采用基于 FCM-EKF、FCM-PF、PGM-RPF 的算法对三个运动目标进行跟踪实验。仿真比较三种算法在跟踪精度、失跟率等方面的性能，并分析比较 PF、RPF 算法粒子退化情况。

2. 实验结果及分析

图 8-7～图 8-9 分别为采用 PGM-RPF 算法对上述三个目标进行仿真的位置 x 分量、位置 y 分量及二维位置的预测轨迹与真实轨迹比较图，图 8-10～图 8-12 分别为采用三种算法对三个目标进行跟踪的效果比较，图 8-13～图 8-15 为 50 个采样时间三种算法对三个

目标的跟踪均方根误差 e_{rmse} 对比，表 8-2 是三种方法跟踪性能比较。

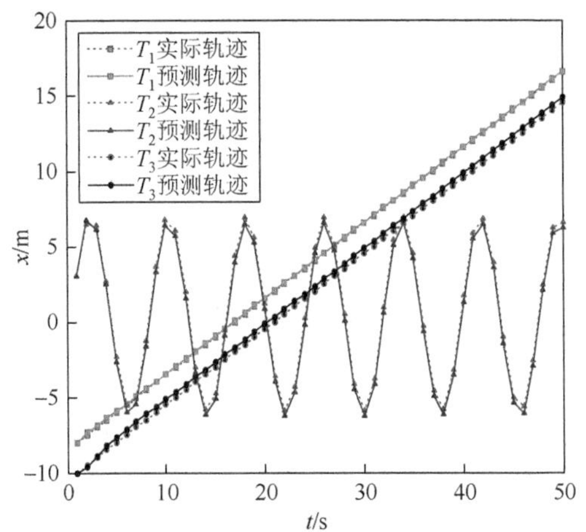

图 8-7　PGM-RPF 方法目标位置 x 分量真值及预测结果

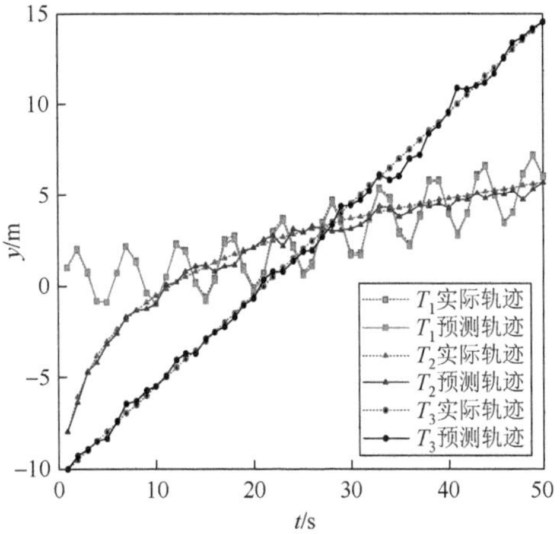

图 8-8　PGM-RPF 方法目标位置 y 分量真值及预测结果

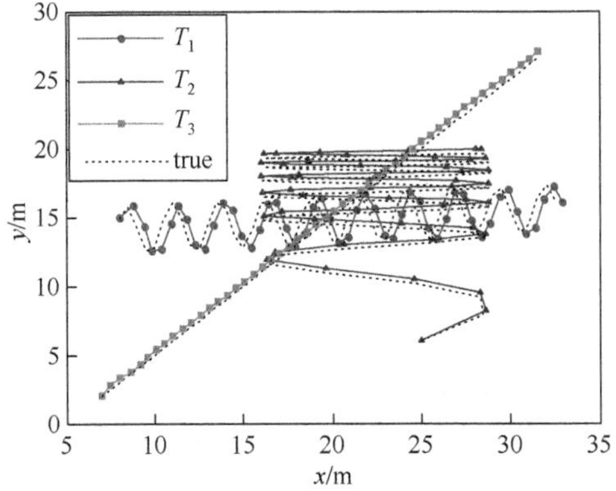

图 8-9　PGM-RPF 方法的目标跟踪轨迹与真实轨迹比较

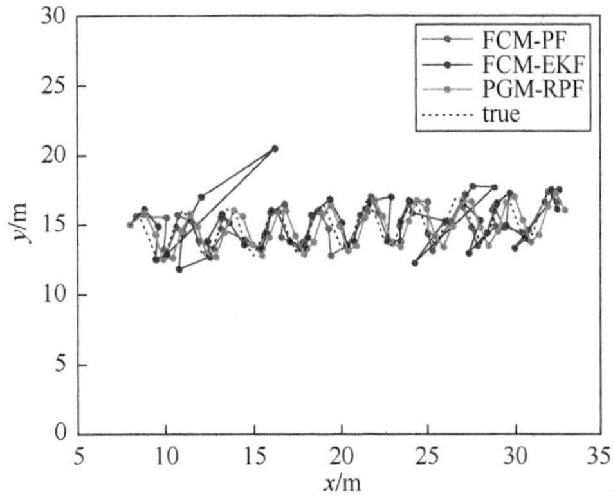

图 8-10　三种方法对 T_1 的跟踪轨迹比较

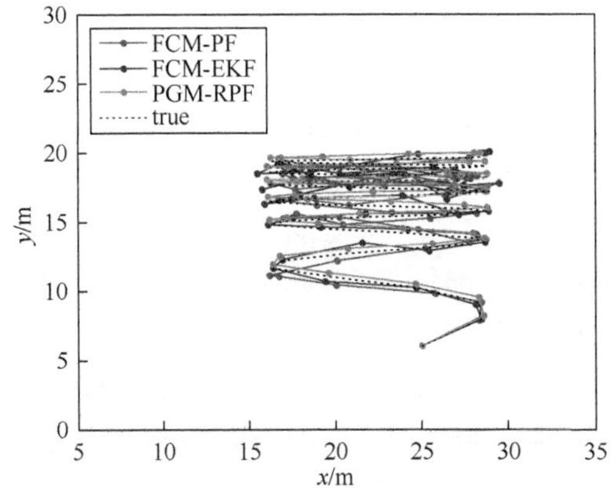

图 8-11　三种方法对 T_2 的跟踪轨迹比较

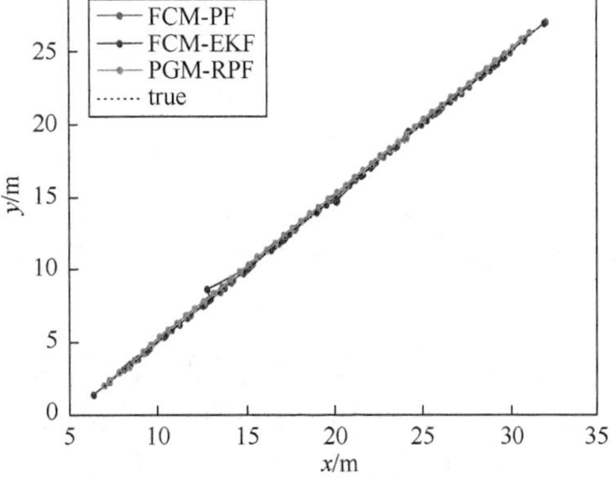

图 8-12　三种方法对 T_3 的跟踪轨迹比较

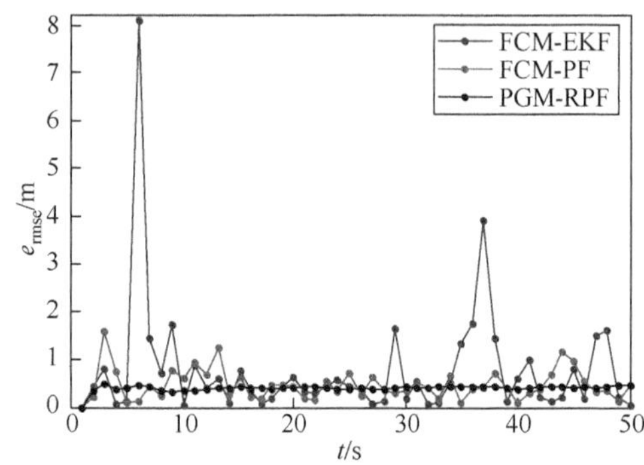

图 8-13　三种方法对 T_1 的跟踪 e_{rmse} 曲线比较

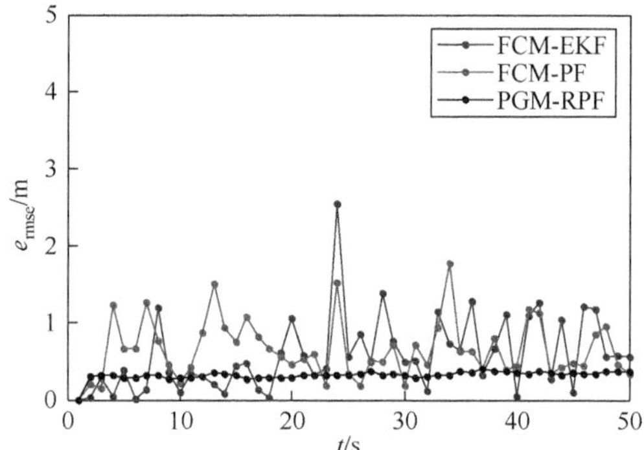

图 8-14　三种方法对 T_2 的跟踪 e_{rmse} 曲线比较

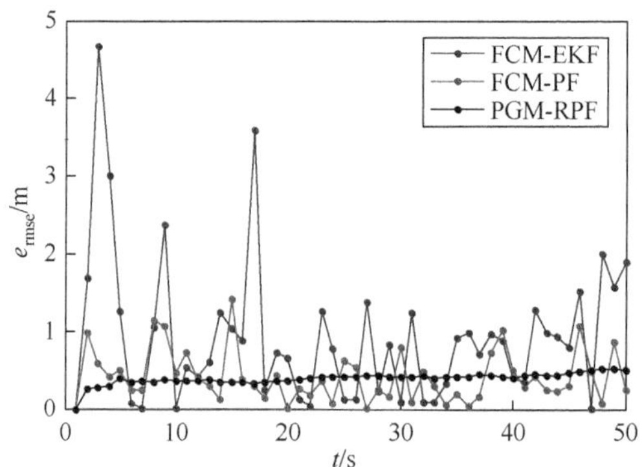

图 8-15　三种方法对 T_3 的跟踪 e_{rmse} 曲线比较

表 8-2　三种方法跟踪性能比较

性能指标	FCM-EKF				FCM-PF				PGM-RPF			
	T_1	T_2	T_3	平均值	T_1	T_2	T_3	平均值	T_1	T_2	T_3	平均值
e_{rmse}/m	0.936 7	0.738 5	0.782 1	0.819 1	0.277 3	0.580 1	0.381 3	0.412 9	0.270 5	0.495 0	0.348 0	0.371 1
失跟率/%	10	2	6	6	0	2	2	1	0	0	0	0

由图 8-7～图 8-15 和表 8-2 的结果可见，无论线性目标还是非线性目标，无论目标距离相距较远还是相距较近，PGM-RPF 算法的跟踪精度总体上比 FCM-EKF 与 FCM-PF 方法的跟踪精度高；三种方法在 50 个时刻的跟踪平均 e_{rmse} 分别是 0.3711 m、0.4129 m 和 0.8074 m，平均失跟率分别是 0、1.3%和 6%，即 PGM-RPF 算法能降低失跟率，并且与 FCM-PF、FCM-EKF 方法相比，跟踪精度平均提高 17.0%、54%。

由图 8-7～图 8-15 和表 8-2 的结果还可见：EKF 算法作为一种基于模型线性化和高斯噪声的滤波算法，只适用于弱非线性和高斯噪声模型，而 PF 算法是一种本质非线性非高斯的滤波算法，在强非线性动态模型和多模态观测模型中具有出色的跟踪精度。

仿真中 PGM-RPF 算法运算时间比 FCM-EKF 与 FCM-PF 算法时间稍长，这是因为 PGM-RPF 算法采用了较复杂智能方法实现跟踪，所提方法是以运算时间代价换取较高的跟踪精度。但随着计算机和电子技术的迅猛发展，处理器的计算速度和处理能力不断提高，算法的运算时间差别不会很大。

实验也对 RPF 和 PF 算法的粒子多样性问题进行了仿真，图 8-16 和图 8-17 分别显示了 PGM-RPF 和 FCM-PF 算法在 30 s 和 50 s 时的粒子分布情况。由图 8-16 和图 8-17 可以看到，在 t=30 s 采样时刻时，PF 已经退化到只有 2 个粒子在进行复制，在 t=50 s 采样时刻时，PF 几乎只有 1 个粒子在进行复制，PF 产生了严重的粒子贫乏现象，而 RPF 因为在连续分布而不是在离散分布中重采样，在采样过程中一直有很充分的粒子在状态空间传播，保证了粒子的多样性，提高了算法追踪某些具有极低权值状态的能力，实现了目标状态的精确预测。

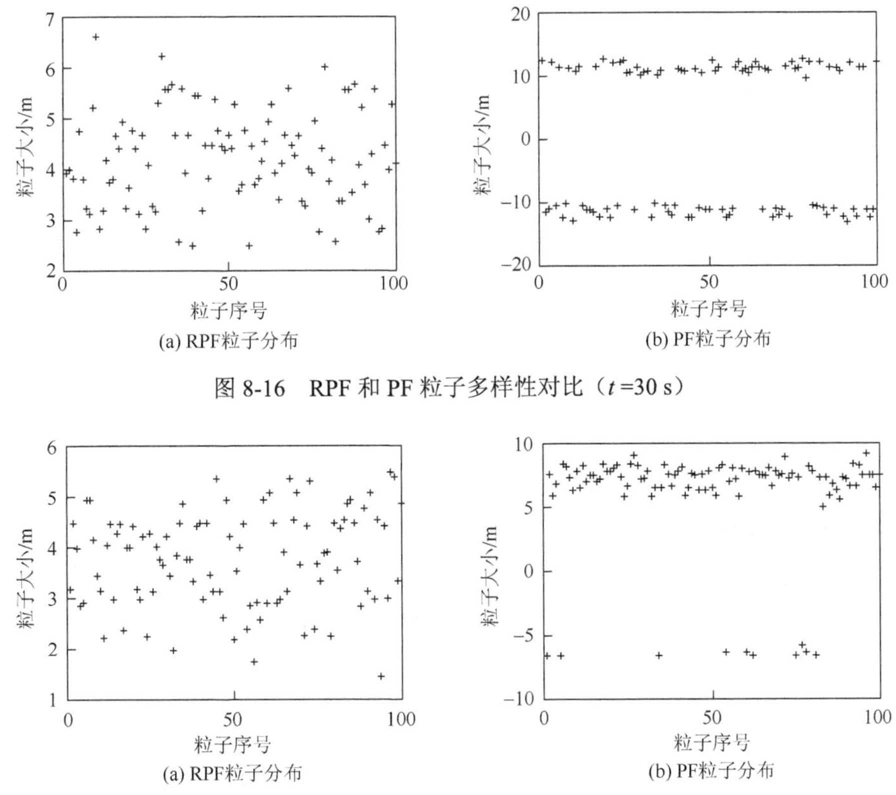

图 8-16　RPF 和 PF 粒子多样性对比（t=30 s）

图 8-17　RPF 和 PF 粒子多样性对比（t=50 s）

8.3　WSN-MTT 试验平台

8.3.1　试验平台架构与工作流程

WSN-MTT 试验平台构架示意图如图 8-18 所示，由硬件系统和软件系统两大部分构成。硬件系统主要包括 WSN 监控网络、网关节点和 PC 上位监控系统；软件系统主要包括 WSN 节点程序(单片机 C 语言编写)、PC 上位监控显示程序(高级语言编写)。WSN-MTT 试验平台可完成 WSN 节点自组网、目标探测、WSN-MTT 节点任务分配、目标定位跟踪、远程监控等主要功能。

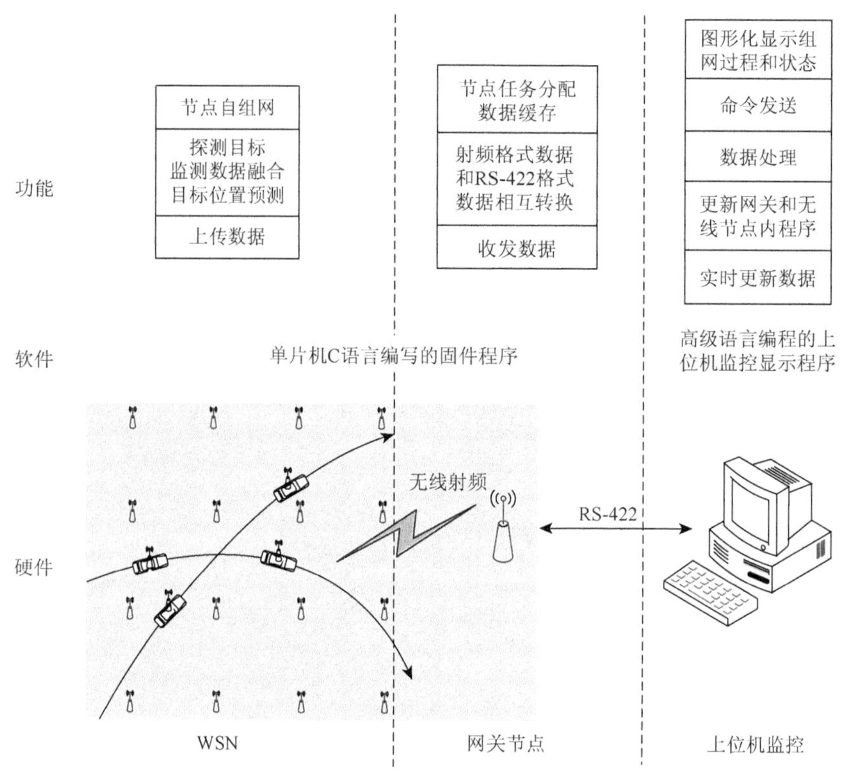

图 8-18　WSN-MTT 试验平台构架示意图

图 8-19 为 WSN-MTT 试验平台工作流程示意图。WSN 部署好网络节点并初始化，固定节点位置信息已知，若移动目标进入监测区域，探测范围内固定节点探测到移动目标，把探测到的目标信息（包括目标 ID、位置信息）发送到汇聚节点；汇聚节点对节点任务进行

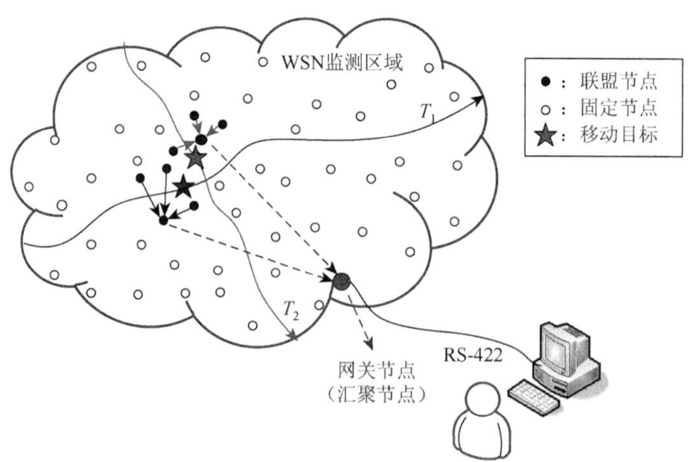

图 8-19　WSN-MTT 试验平台系统工作流程示意图

分配，确定目标跟踪联盟、联盟盟主，把任务分配信息发回联盟盟主；联盟盟主组织联盟内节点监测目标，收集盟内节点监测信号，融合接收信息、预测目标位置，把结果传送到汇聚节点；汇聚节点具有信息处理、网关功能，将 WSN 节点的射频信号数据转换成 RS-422 帧格式，传输给 PC 上位监控系统；PC 存储数据并采用图形化等形式显示 WSN 跟踪监控系统信息。WSN 节点和 PC 上位监控系统之间的数据流是双向的，通过网关节点进行联系；WSN 节点数据可通过网关节点传送给 PC 上位监控系统，PC 也能根据试验要求，通过网关节点发送控制命令、更新 WSN 节点的固件程序。

8.3.2 WSN 监控网络

WSN 监控网络主要由 WSN 无线节点组成，WSN 节点之间采用 IEEE802.15.4 协议标准和 ZigBee 无线通信技术实现信息交换。

IEEE802.15.4 是一种经济、高效、低速率、短距离无线通信协议标准[190]，ZigBee 是一种新兴的近距离、低复杂度、低功耗、低速率、低成本的双向无线通信技术[191]；ZigBee 应用简单，电池寿命长，成本低，可靠性高，具有自组网和自恢复能力。WSN 节点之间基于 ZigBee 协议栈进行通信，ZigBee 协议栈模型如图 8-20 所示[191]。IEEE802.15.4 标准定义了低级的物理层（physical layer，PHY）和 MAC 协议，ZigBee 以 IEEE802.15.4 为基础，对其网络层（NWK）协议和应用层（APL）进行标准化[192]；其中，应用层框架由应用支持子层（APS）、ZigBee 设备对象（ZDO）和制造商定义的应用对象组成。在本 WSN-MTT 试验平台中，IEEE802.15.4 工作在 2.4 GHz 频段，速率为 250 kbit/s。

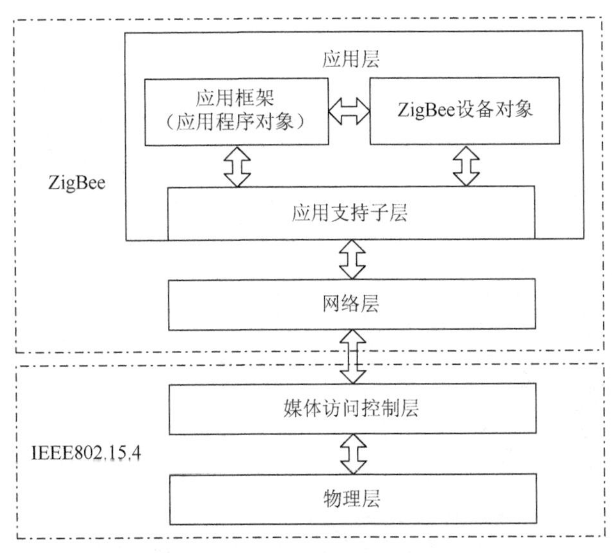

图 8-20　ZigBee 协议栈模型

本设计中采用 TI/Chipcon 公司免费提供的 ZigBee2006 协议栈，程序中嵌入了实时操作系统，用于对网络组建、节点加入、数据收发等功能运行统一调度。进行程序设计时，需要在协议栈应用层程序中添加相应的任务。

WSN 节点典型硬件结构如图 8-21 所示，由传感器、处理器、无线通信和电源等模块组成。传感器模块检测信号并进行模数转换后送处理器；处理器模块处理采集的及其他节点发送来的数据；无线通信模块负责与其他传感器节点进行无线通信，交换控制信息和收发采集数据；电源模块负责为各功能模块提供电源。

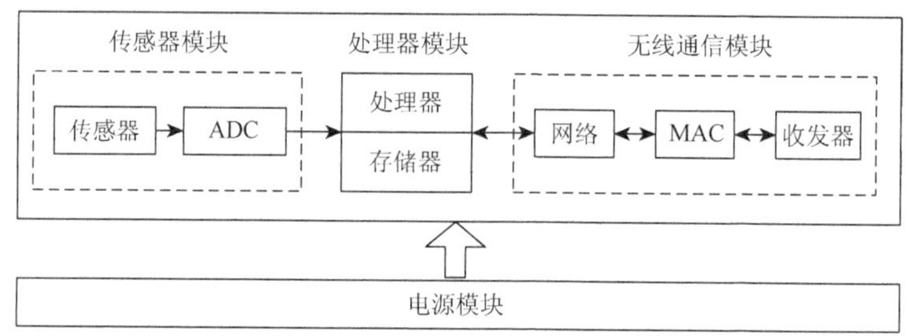

图 8-21　WSN 节点典型硬件结构

试验平台中 WSN 节点采用德州仪器公司（TI）的 CC2430 芯片[193, 194]。这两款芯片内部集成了高性能低功耗 8051 微控制器内核和 CC2420 射频收发器，同时包含 8 kB SRAM 及 128 kB 片内 Flash 存储器，模拟数字转换器、三个定时器、AES128 协同处理器、看门狗定时器、32 kHz 晶振的休眠模式定时器、上电复位电路、掉电检测电路及 21 个可编程 FO 引脚。采用 2.4 GHz IEEE802.15.4 兼容 RF 收发器，射频模块选用 ZigBee SoC，射频芯片为 CC2430F128，利用两节 AA 电池供电。本试验中固定节点主要由 CC2430、128×64 点阵图形液晶、键盘、USB/串口、指示灯、天线及电池等组成；移动目标携带的无线节点由 CC2430、指示灯、天线及电池组成。试验中的 WSN 固定节点和移动目标如图 8-22 所示。

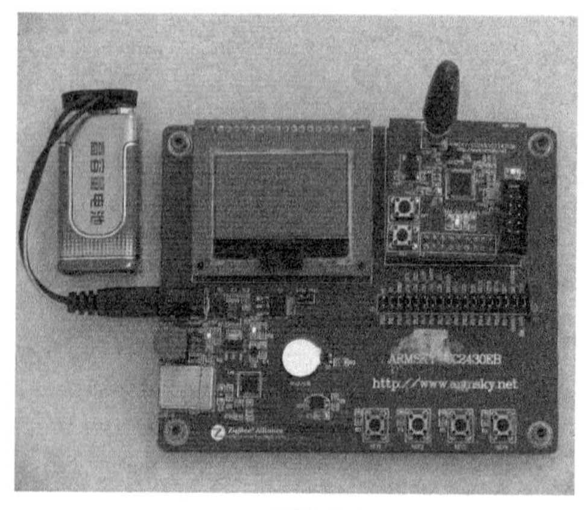

(a) 固定节点

(b) 移动目标

图 8-22　试验中的 WSN 固定节点和移动目标

WSN 固定节点有一定的计算能力，节点程序在 IAR Embedded Workbench（EW8051）集成环境下开发（IAR7.20），监测联盟盟主节点程序包括射频收发驱动、各层协议的实现、数据融合算法和定位跟踪算法等，主要实现节点发射功率控制、最优数据传输路径选取、节点数据融合定位跟踪等功能。WSN-MTT 试验中各节点及与 PC 机之间的信息传递关系程

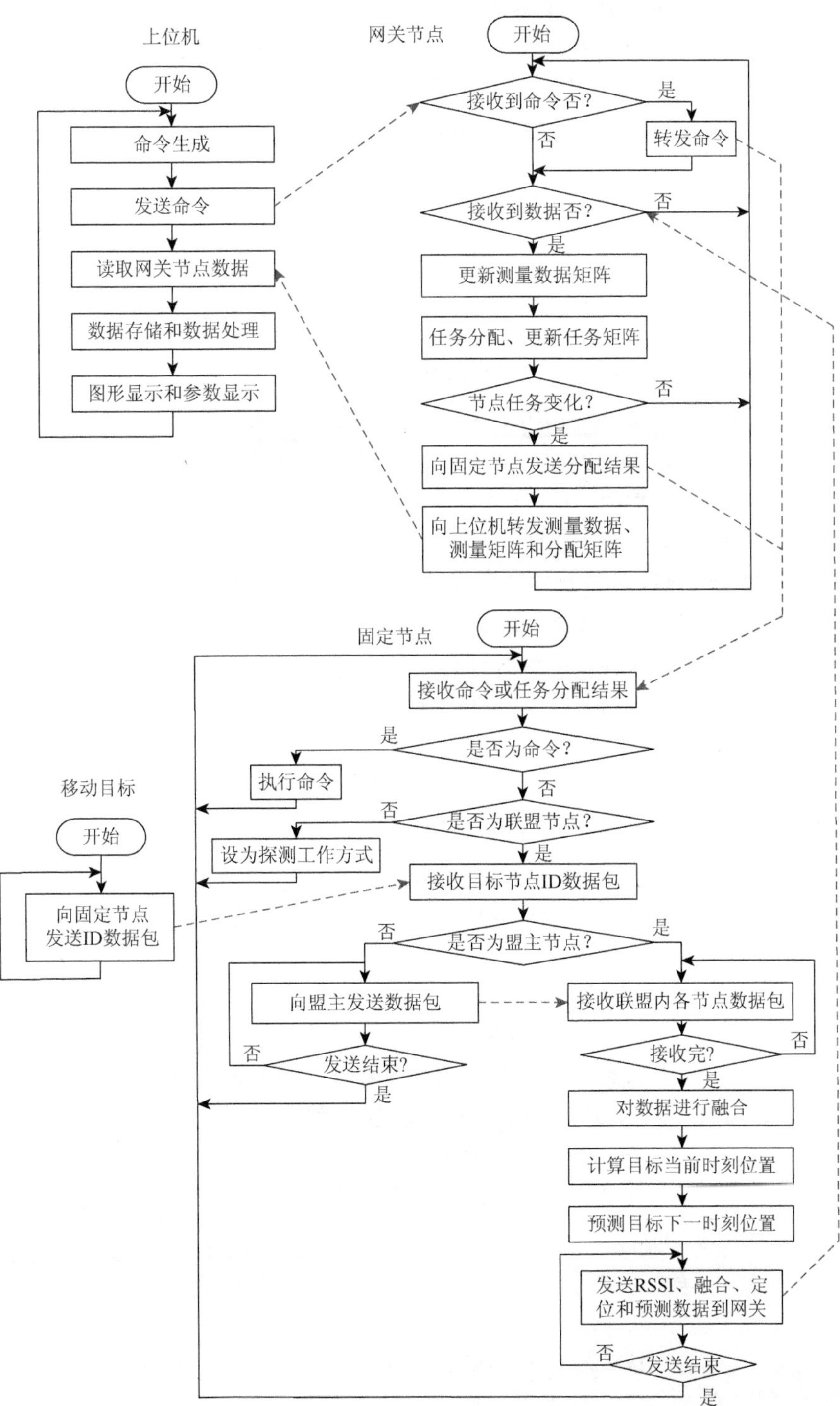

图 8-23　WSN-MTT 试验中各节点及与 PC 之间的信息传递关系程序流程示意图

序流程示意图如图 8-23 所示。固定节点被部署在监控区域，WSN 网络初始化后，若监测区域出现配合式移动目标，配合式移动目标向固定节点发送射频信号（ID 数据包），探测到目标的固定节点接收到 ID 数据包，传送给联盟盟主节点，盟主节点收集盟内节点数据，执行数据融合、目标定位跟踪算法，对目标位置进行预测，并与网关节点通信。

其中联盟盟主节点接收转发数据程序段如下：

```
void AnchorCtrl(void)
{
  BOOL res_send;//发送成功标志
BYTE*receiveBuffer;//接收缓冲区
   BYTE length;
BYTE res_receive;//接收成功标志
BYTE sender;BYTE sendBuffer[4];//发送缓冲区
  radioInit(frequency,myAddr);//初始化射频模块
  res_receive=radioReceive(&receiveBuffer,&length,RECEIVE_
TIMEOUT,&sender);//数据的接收
/**********将数据存放到发送缓冲区*************/
  sendBuffer[0]=receiveBuffer[0];
  sendBuffer[1]=receiveBuffer[length];
  sendBuffer[2]=2;//x 方向的坐标值
  sendBuffer[3]=2;//y 方向的坐标值
/*********************END*******************/
if(res_receive==TRUE)//判断接收是否成功
          {
           If(sender==0x01)
               {
                YLED=LED_ON;
                halWait(50);
                res_send=radioSend(sendBuffer,sizeof(sendBu
ffer),remoteAddr,DO_NOT_ACK);//发送数据
                halWait(50);
                YLED=LED_OFF;
              }
          else
              {
              YLED=LED_OFF;//异常
              }
         }
  return;
```

```
}
```

固定节点接收数据程序段如下：

```
void ReadRSSI(void)
{
  chars1[25];
  BYTE*receiveBuffer;//接收缓冲区
  BYTE res_receive;//接收成功标志
halWait(30);延时 30 ms
  YLED=LED_OFF;
  GLED=LED_OFF;
  halWait(20);
  res_receive=radioReceive(&receiveBuffer,&length,RECEIVE_
TIMEOUT,&sender);//接收数据
     if(res_receive==TRUE)//接收到数据成功进行数据处理
     {        ……
              ……
     }
  }
```

8.3.3　网关节点和上位机

试验中网关节点硬件结构基本与固定节点相同，网关节点主要完成节点任务分配和数据转发的功能。网关节点程序流程如图 8-23 中上半部分的右侧程序所示。网关节点接收 WSN 传来的信息，对 WSN 节点任务进行分配，分配结果发回 WSN；同时，网关节点通过 RS-422 接口连接到上位机，实现 WSN 节点与上位机的通信，网关协议转换程序包括：射频收发驱动、RS-422 驱动、帧格式转换代码、数据存储和处理代码等；网关协议转换程序用单片机 C 语言编写，由 C51 编译器编译成 bin 文件下载到网关的 CPU 内运行。

上位机实现实验数据实时更新、状态实时显示、对节点和网关进行更新等功能；上位机监控程序包括命令生成、数据处理、帧格式处理、图形化显示等，上位机 GUI 使用微软 VC++6.0 开发工具。上位机监控程序结构框图如图 8-24 所示。本试验所用网关节点和上位机设备如图 8-25 所示。

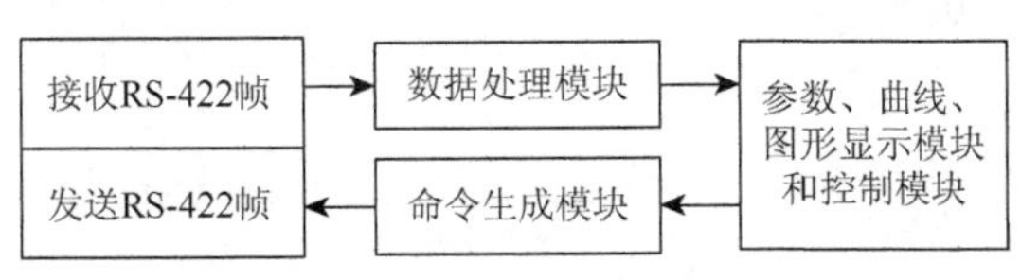

图 8-24　上位机监控程序流程框图

(a) 网关节点

(b) 上位机

图 8-25　网关节点和上位机设备

8.3.4　试验及结果分析

1. 试验流程及内容

WSN 节点任务分配与 MTT 试验流程及内容如图 8-26 所示，主要包括部署 WSN 监控网络和移动目标、WSN-MTT 试验、在上位机显示参数和实验结果等内容。

由于本试验中受试验平台硬件的限制，节点以 CC2430 芯片为核心，其存储能力和计算能力受到限制，实际试验时通过 WSN 获得目标实测数据，实测数据经 WSN 传送到与网关节点相连的 PC 上，由 PC 完成相应的节点任务分配、数据融合、目标预测、

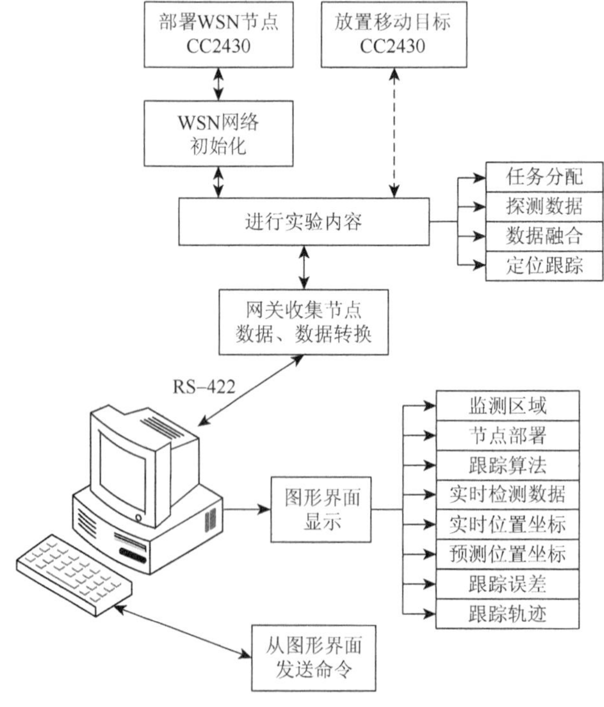

图 8-26　WSN 节点任务分配与 MTT 试验流程及内容

目标跟踪算法计算，并把结果返回 WSN。下面试验结果均是在 WSN 实测目标数据，WSN 节点传送到与网关节点相连的 PC 上执行算法的结果。目前，随着计算机与电子技术的发展，32 位 CPU 节点逐渐成为主流，并且在价格上逐渐接近 8 位 CPU 节点，如果本试验平台硬件得到改善，用 32 位 CPU 节点替代 8 位 CPU 节点（如用 STM32W108 代替 CC2430），使硬件平台节点的计算能力和存储能力大大加强，上述相关算法就完全可以在 WSN 节点和网关节点完成。只要测量数据和算法相同，最终的试验结果不会变化。

试验中几个关键步骤详细过程如下。

（1）部署 WSN 和移动目标。在某室外球场[0,30]m×[0,30]m 的监测区域中心均匀部署 16 个节点，节点间相距 5 m，部署完后不再移动，节点通信和监测半径均为 15 m；网关节点连接上位机，置于[0,0] 位置；在监测区域任意位置放置 2 个载有无线节点的小车作为移动目标，节点工作在 2.4 GHz 频段。试验布置和试验场地一角如图 8-27 所示。

图 8-27　试验布置和试验场地一角

（2）进行 WSN-MTT 试验。WSN 网络初始化后，WSN 自动探测目标，把探测到移动目标的位置及身份 ID 的信号强度指示（received signal strength，RSS）信息发送到汇聚节点，汇聚节点执行节点任务分配算法构建目标监测联盟，联盟簇头执行数据融合、目标位置预测算法，运算结果可以在节点上液晶显示，也可经网关节点转换传送到 PC 显示结果。

（3）上位机显示试验参数及图形结果。WSN 监测数据和定位预测信息发送到网关节点，网关节点解析收到的无线数据帧，进行相关处理再封装成 RS-422 帧，通过 RS-422 串口传送给 PC，由 PC 上的数据处理模块对收到的数据进行分析处理，并将参数和结果以图形化形式显示出来。显示的图形和参数包括监测区域固定节点及移动目标部署情况、实时监测数据、移动目标实际位置和预测位置、移动目标轨迹及跟踪误差等。WSN-MTT 试验中各节点及与 PC 机之间的信息传递关系如图 8-23 所示。

2. 试验结果及分析

按照图 8-27 部署试验场景，按照图 8-26 试验步骤和内容进行试验。图 8-28 为试验过程中联盟节点和盟主节点信息显示。图 8-29 为上位机图形和参数显示界面。

(a) 试验过程中的联盟节点

(b) 盟主节点信息显示

图 8-28 试验过程中的联盟节点和盟主节点信息显示

由图 8-29 可见，上位 PC 机可以显示的参数和图形包括监测区域、WSN 节点部署情况、实时监测数据、移动目标的实际位置和预测位置、移动目标跟踪误差等。在图 8-29 左半部分显示的监测区域中，16 个参考节点两两相隔 5 m 均匀分布，实心三角形和空心三角形分别代表两个目标 T_1、T_2 在三个采样时刻的实际位置，实心圆和空心圆形分别代表 T_1、T_2 在三个采样时刻的预测位置。

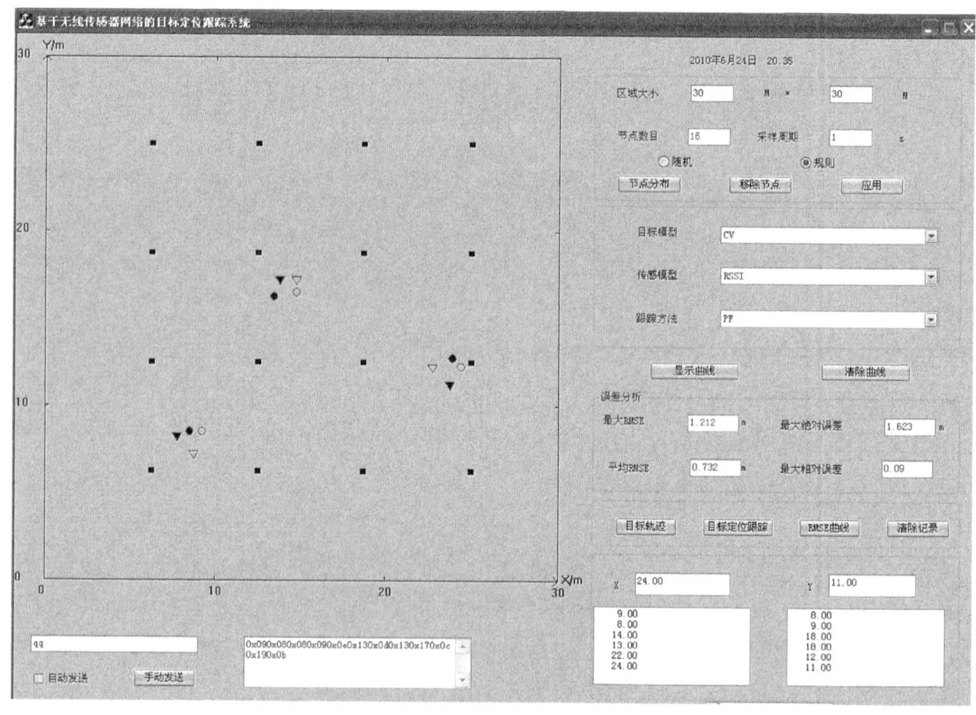

图 8-29 上位机图形和参数显示界面

表 8-3 为 FCM-PF、PGM-RPF 跟踪方法下 T_1、T_2 两个目标在不同测试位置预测结果对比情况。由表 8-3 可见，基于 PGM-RPF、FCM-PF 方法的平均预测误差分别为 1.27 m、1.72 m，PGM-RPF 方法较 FCM-PF 方法跟踪准确度平均提高 26.1%。同时在试验中可以

发现，本算法的跟踪误差主要来源于传感检测部分，传感检测数据准确度高，跟踪精度可以达到很高水平。试验验证了所提方法的有效性。

表 8-3 FCM-PF、PGM-RPF 跟踪方法下 T_1、T_2 两个目标不同在测试位置预测结果对比情况（单位：m）

跟踪方法	T_1 实际位置	T_1 预测位置	T_1 预测误差	T_2 实际位置	T_2 预测位置	T_2 预测误差	最大预测误差	最小预测误差	平均预测误差
FCM-PF	（9.00，8.00）	（9.32，9.42）	1.46	（8.00, 9.00）	（8.82，9.40）	0.91	2.91	0.91	1.72
	（14.00，18.00）	（14.00，16.90）	1.10	（13.00，18.00）	（12.67，16.51）	1.53			
	（22.00，12.00）	（24.82，12.71）	2.91	（24.00，11.00）	（24.22，13.42）	2.43			
PGM-RPF	（9.00，8.00）	（9.23，9.12）	1.14	（8.00，9.00）	（8.62，9.32）	0.70	1.86	0.70	1.27
	（14.00，18.00）	（14.10，17.12）	0.89	（13.00，18.00）	（12.36，17.00）	1.19			
	（22.00，12.00）	（23.72，12.70）	1.86	（24.00，11.00）	（24.22，12.84）	1.85			

8.4 WSN-MTT 石化环境监控系统

基于 WSN 的目标监测跟踪系统硬件需求低、实现简易，在工业、农业中有广阔应用前景，尤其适合地面复杂环境和特殊应用场合。下面结合石化企业装置监控初步设计一个基于 WSN 的硫黄回收装置员工跟踪监控系统应用方案。

8.4.1 基于 WSN 的石化硫黄回收装置员工跟踪监控系统项目背景

在石化工业中，硫是石油中最主要、含量最大的非烃元素，硫化氢（H_2S）存在于石油开采、炼制加工的各个环节，是石化企业最重要的化学毒物。它无色、易燃，具有急性剧毒，吸入少量高浓度 H_2S 可于短时间内使人致命，被列为第Ⅱ类重大职业中毒气体[195]。据中国石油化工集团公司《石油化工硫化氢中毒典型事故汇编》统计，1958～1993 年，中国石油化工集团公司系统共发生 H_2S 中毒典型事故 27 起，死亡 37 人；1994～1998 年，H_2S 中毒 16 人中 5 人死亡，死亡率为 31.2%。从 1958～1998 年的典型事故统计情况来看，H_2S 中毒事故的发生次数及死亡人数均呈上升趋势[196]。2009 年，南京一家化工公司发生 H_2S 中毒 3 人死亡事故[197]，尤其 2015 年天津市滨海新区天津港危险品集装箱特大爆炸中不乏 H_2S 中毒死亡事故。石化行业发生 H_2S 中毒的可能性和普遍性远高于其他行业。

随着石油企业加工进口高含硫原油的增加，H_2S 中毒的防治成为企业搞好职业安全卫生的重要课题。实时在线监测工厂生产过程含硫物的状况，是直接减少工厂损失和确保工人生命安全的重要措施。近年来，通过政府、企业、医疗和科研等机构努力，H_2S 中毒防治取得了一定成效，但 H_2S 中毒事件仍时有发生，防治形势依然严峻[198]。

面对 H_2S 危害，国内外传统网络监控采用固定式 H_2S 检测系统。固定式 H_2S 检测系统中 H_2S 气体智能探测器拾取环境中 H_2S 浓度信息，转换成电信号，并利用连接的现场总线将信息传递出去。系统通过实时在线测量，获得生产过程的 H_2S 浓度曲线。但由于监测终端和主控终端采用有线通信，通信严重依赖基础设施。同时，在设计中受布线限制，布线、改线工程量大，线路容易损坏，网中节点不可移动。特别是当要把相距较远的节点连接起来时，敷设专用通信线路的布线施工难度大、费用高、耗时长，对正在迅速扩大的联网需求形成严重的瓶颈阻塞[199]。

WSN 是由大量具有无线通信能力、体积小、能源受限传感器节点组成的无线网络。将 WSN 应用于石化企业装置的监控，可通过大量分布于不同监控区域的不同类型传感器节点，解决在高危险环境下人工方式现场测量有害生化气体浓度的困难，同时克服有线通信中系统庞大、安装困难等难题，有利于提高有害气体监测的可信度和效率。硫黄回收装置是石化生产流程的一个非常重要的装置，实时在线监测硫黄回收装置含硫物的状况及对员工进行跟踪监控，对做好安全生产、确保工人生命安全具有重要的社会意义和现实意义。

8.4.2　跟踪监控系统总体构成及工作过程

基于 WSN 的石化硫黄回收装置员工跟踪监控系统部署示意图如图 8-30 所示，系统网络结构如图 8-31 所示。硫黄回收装置监控区域被划分为多个监控小区，在每个监控小区按需要部署传感器节点，每个监控小区安置一个汇聚节点，多个监控小区组成 WSN 监控网络区域，WSN 监控网络信息通过网关节点与厂内计算机网络（Intranet）连接。

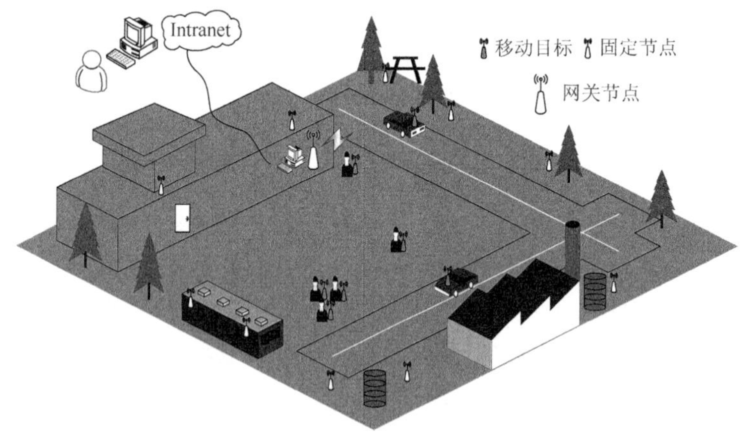

图 8-30　石化硫黄回收装置员工跟踪监控系统部署示意图

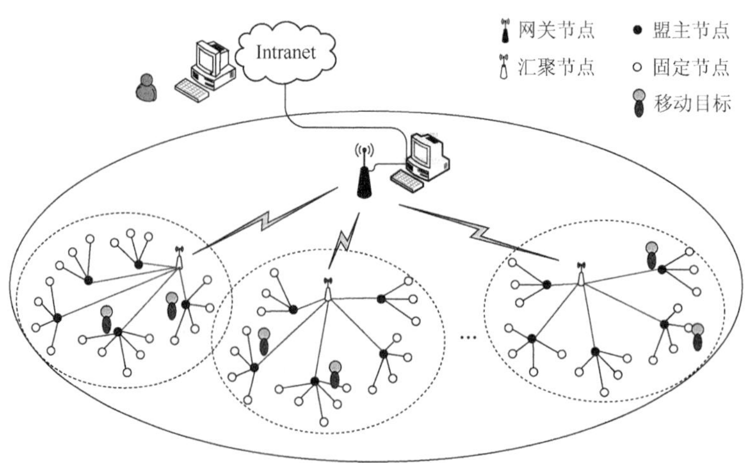

图 8-31　系统网络结构示意图

传感器节点以 ST 公司的 STM32W108 为核心，STM32W108 是高性能的 IEEE802.15.4 无线片上系统（SoC），集成了 2.4 GHz IEEE 802.15.4 兼容的收发器，32 位 ARM Cortex-M3 微处理器，128 kB 闪存和 8 kB RAM 存储器以及基于 ZigBee 系统的外部设备。微处理器工作频率为 6 MHz、12 MHz 或 24 MHz。收发器有极好的 RF 性能，正常模式链接高达 102 dB，可配置到 107 dB，RX 灵敏度为–99 dBm，可配置到–100 dB，正常模式输出功率为+3 dBm，可配置到+7 dBm。传感器固定节点以 STM32W108 为核心，并配有 H_2S、温湿度传感器、LED 显示器、报警装置、防爆装置[200]等，固定节点硬件结构框图如图 8-32 所示，所采用的 SHT1x/SHT7x 系列温湿度传感器、H_2S 传感器实物如图 8-33 所示。传感器节点可对节点所处位置的 H_2S 浓度、温湿度进行采集、显示、报警，并通过无线通信模块协助便携式节点定位、传送信息到网关节点。工作人员随身携带便携式节点，便携式节点结构与固定节点基本相同，便携式节点硬件结构框图如图 8-34 所示，也有 H_2S、温湿度传感监测、报警通信等功能，但增加了 LCD 显示和键盘，方便参数设定。

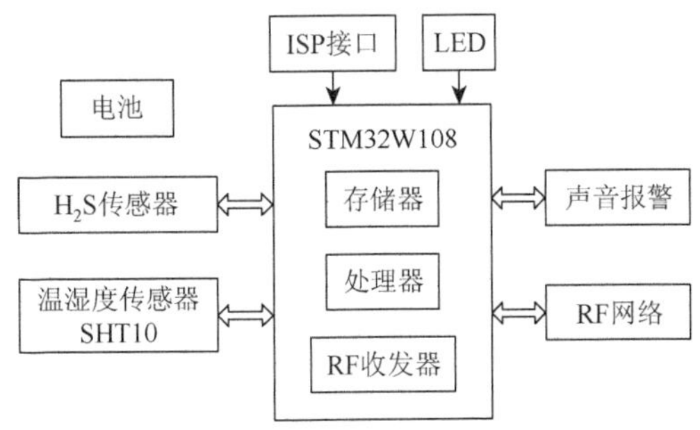

图 8-32　固定节点硬件结构框图

图 8-33　SHT1x/SHT2x 系列温湿度传感器、H_2S 传感器实物

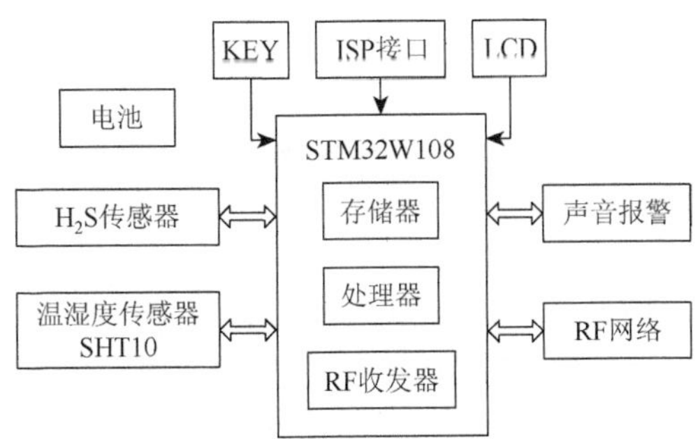

图 8-34　便携式节点硬件结构框图

当工作人员携带便携式节点进入装置区域执行任务时，工作人员通过便携式节点实时了解所处位置的 H_2S 浓度及温湿度等情况，为工作人员是否深入装置执行任务提供依据，当所处位置的 H_2S 浓度达到危险临界状态时便携式节点报警，提醒工作人员立刻撤离现场。对已经进入装置检修和维护的人员，WSN 节点接收移动目标的 RF 信号，通过接收到 RF 信号强度进行定位和跟踪，预测工作人员位置和行进方向，通过汇聚节点传送到网关节点，网关节点与厂内 Intranet 连接，实现上位监控中心远程监控。WSN 节点之间使用 2.4 GHz 频段无线传输信息，网关节点与上位监控中心主机通过标准 RS-422 串行连接。PC 上位监控主机通过收集网关节点的相关信息，实时监测员工现场作业及安全生产情况，及时控制和消除事故隐患，实现对现场装置的有效控制与管理。一旦发生泄漏安全事故，监控管理人员能够立即从监控计算机上查询事故现场的人员位置分布情况、被困人员数量、遇险人员安全撤退路线及救援人员的安全行进路线等信息，解决很多仅靠工作人员经验无法解决的问题，保证抢险救灾和安全救护工作的高效运作，为石化安全生产管理提供可靠的技术保障。

参考文献

[1] Al-Karaki J N，Kamal A E. Routing techniques in wireless sensor networks：A survey[J]. IEEE Wireless Communications，2004，11(6)：6-28.

[2] Chong C Y，Kumar S P. Sensor networks：Evolution，opportunities and challenges[J]. Proceedngs of the IEEE，2003，91(8)：1247-1256.

[3] Chipcon[EB/OL]. http：//www.chipcon.com[2010-12-30].

[4] Liu J，Chu M，Liu J，et al. Distributed state representation for tracking problems in sensor networks[C]. Proceeding of the Third International Symposium on Information Processing in Sensor Networks. ACM，2004：234-242.

[5] Liu J，Chu M，Reich J E. Multitarget tracking in distributed sensor networks[J]. IEEE Signal Processing Magazine，2007，24(3)：36-46.

[6] Chin T L，Hu Y H. Optimal target detection with localized fusion in wireless sensor networks[C]. Global Telecommunications Conference，2008. IEEE GLOBECOM 2008. IEEE Xplore，2008：1-5.

[7] Taylor C，Rahimi A，Bachrach J，et al. Simultaneous localization，calibration，and tracking in an ad hoc sensor network[C]. Proceedings of the 5th international conference on Information processing in sensor networks. ACM，2006：27-33.

[8] Wang Z，Li H，Shen X，et al. Tracking and predicting moving targets in hierarchical sensor networks[C]. IEEE International Conference on Networking，Sensing and Control，ICNSC，2008：1169-1173.

[9] Wang Y，Zhang D，Ma X，et al. Novel dynamic power management of sensor node in wireless sensor networks [J]. Journal of Jilin University(Engineering and Technology Edition)，2008，4：26.

[10] Hu H，Chen Y，Ku W S，et al. Weighted trust evaluation-based malicious node detection for wireless sensor networks[J]. International Journal of Information and Computer Security，2009，3(2)：132-149.

[11] Kulkarni R V，Venayagamoorthy G K，Cheng M X. Bio-inspired node localization in wireless sensor networks[J]. IEEE International Conference on Systems，Man and Cybernetics. IEEE，2009：205-210.

[12] Abusaimeh H，Yang S H. Dynamic cluster head for lifetime efficiency in WSN[J]. International Journal of Automation and Computing，2009，6(1)：48-54.

[13] Yiu S，Schober R. Nonorthogonal transmission and noncoherent fusion of censored decisions[J]. IEEE Transactions on Vehicular Technology，2009，58(1)：263-273.

[14] Joshi P P，Jannett T C. Performance-guided reconfiguration of wireless sensor networks that use binary data for target localization[C]. Third International Conference on Information Technology：New Generations. IEEE Computer Socirty，2006：562-565.

[15] Zemek R，Hara S，Yanagihara K，et al. A joint estimation of target location and channel model parameters in an IEEE 802.15.4-based wireless sensor network[C]. IEEE 18th International Symposium on Personal，Indoor and Mobile Radio Communications. IEEE，2007：1-5.

[16] Ozdemir O，Niu R，Varshney P K. Channel aware target localization with quantized data in wireless sensor networks[J]. IEEE transactions on signal processing，2009，57(3)：1190-1202.

[17] Anzai D，Hara S. Experimental evaluation of a simple outlier RSSI data rejection algorithm for location estimation in wireless sensor networks[J]. IEICE Transactions on Communications，2008，91(1)：3442-3449.

[18] Yang C，Chen L，Chen D，et al. Topology optimization for target localization in wireless sensor networks[C]. Networks Security，Wireless Communications and Trusted Computing，2009. NSWCTC'09. International Conference on. IEEE，2009，1：481-484.

[19] Kuang X H，Liu Y Q，Wu Y X，et al. Distributed plume source localization using hierarchical sensor networks[J]. Journal of Donghua University，2009，26(1)：56-61.

[20] 匡兴红，邵惠鹤.无线传感器网络中基于贝叶斯技术的气体源定位研究[J]. 兵工学报，2008，29(12)：1474-1478.

[21] Liu X Q，Zhao G，Ma X L. Target localization and tracking in noisy binary sensor networks with known spatial topology[J]. Wireless Communications and Mobile Computing，2009，9(8)：1028-1039.

[22] 周全，朱红松，徐勇军，等. 基于最小包含圆的无线传感器网络定位算法[J]. Journal on Communications，2008，29(11)：84-90.

[23] Al-Hertani H，Ilow J. Detection and localization in a wireless network of randomly distributed sensors[C]. Canadian Conference on Electrical and Computer Engineering. IEEE，2003，2：1239-1242.

[24] Wu Y，Hu J，Chen Z. Radio map filter for sensor network indoor localization systems[C]. IEEE International Conference on Industrial Informatics. IEEE，2007，1：63-68.

[25] Bahl P，Padmanabhan V N. RADAR：An in-building RF-based user location and tracking system[C]. INFOCOM 2000. Nineteenth Annual Joint Conference of the IEEE Computer and Communication Societies Proceedings. IEEE. IEEE Xplore，2000，2：775-784.

[26] Anlauff M，Sunbul A. Deploying localization services in wireless sensor networks[C]. International Conference on Distributed Computing Systems Workshops，2004. Proceedings. IEEE Xplore，2004：782-787.

[27] Ohta Y，Sugano M，Murata M. Autonomous localization method in wireless sensor networks[C]. IEEE International Conference on Pervasive Computing and Communications Workshops. IEEE Xplore，2005：379-384.

[28] Sadaphal V P，Jain B. Localization accuracy and threshold network density for tracking sensor networks[C]. IEEE International Conference on Personal Wireless Communications. IEEE，2005：408-412.

[29] Pi X，Yu H. A distributed and cooperative target localization algorithm in wireless sensor networks[C]. International Conference on Parallel and Distributed Computing，Applications and Technologies. IEEE，2005：887-889.

[30] Wu Y，Hu J，Chen Z. Radio map filter for sensor network indoor localization systems[C]. IEEE International Conference on Industrial Informatics. IEEE，1935：63-68.

[31] Ohta Y，Sugano M，Murata M. Autonomous localization method in wireless sensor networks[C]. IEEE International Conference on Pervasive Computing and Communications Workshops. IEEE，2005：379-384.

[32] Yang H，Sikdar B. A protocol for tracking mobile targets using sensor network[C]. Proceedings of IEEE International Workshop on Sensor Network Protocols and Applications，2003：71-81.

[33] 焦竹青，熊伟丽，张林，等. 基于曲线拟合的无线传感器网络目标定位算法[J]. 东南大学学报，2008，38(S1)：249-252.

[34] Gu Y Z，Zhang W，Liu H C，et al. Energy-efficient target localization based on a prediction model[C]. International Conference on Embedded and Ubiquitous Computing. Springer Berlin Heidelberg，2005：1178-1190.

[35] Luo H Y，Li J T，Zhu Z M. Mobile target localization in wireless sensor networks[C]. International

Conference on Wireless Communications，Networking and Mobile Computing. IEEE，2008：1-6.

[36] Doucet A. On sequential simulation based methods for Bayesian filtering[J]. Statistics and Computing，1998，10(3)：197-208.

[37] Thrun S. Particle filters in robotics [C]. Eighteenth Conference on Uncertainty in Artificial Intelligence，2002：511-518.

[38] Yick J，Mukherjee B，Ghosal D. Analysis of a prediction-based mobility adaptive tracking algorithm[C]. International Conference on Broadband Networks. IEEE，2005：753-760.

[39] Majdi MRibeiro-da-Silva A，Cuello A C. Variations in excitatory and inhibitory postsynaptic protein content in rat cerebral cortex with respect to aging and cognitive status[J]. Neuroscience，2009，159(2)：896-907.

[40] Wang X，Ding L，Wang S，et al. Multi-step optimized measurement in hierarchically clustered wireless sensor networks[J]. Journal of Mechanical Engineering，2009，45(4)：1-7.

[41] Chen J，Yu F Q. A location independent and coverage efficient protocol for wireless sensor networks[C]. IEEE International Conference on Integration Technology. IEEE，2007：751-755.

[42] Raza H M M T，Akbar A H，Chaudhry S A，et al. A yaw rate aware sensor wakeup protocol (YAP) for target prediction and tracking in sensor networks[C]. Military Communications Conference，2007. Milcom IEEE，2007：1-7.

[43] Wang H B，Yao K，Pottie G，et al. Entropy-based sensor selection heuristic for target localization[C]. Proceedings of the 3rd International Symposium on Information Processing in Sensor Networks. ACM，2004：36-54.

[44] Wang W T，Ssu K F，Jiau H C. Density control without location information in wireless sensor networks[C]. International Conference on Wireless and Mobile Communications. IEEE，2006：1.

[45] Jang K W. Location tracking for wireless sensor networks[C]. International Conference on Next Generation Wired/Wireless Networking. Springer Berlin Heidelberg，2007：306-315.

[46] Kaplan L M. Global node selection for localization in a distributed sensor network[J]. IEEE Transactions on Aerospace and Electronic Systems，2006，42(1)：136-146.

[47] Joshi P P，Jannett T C. Performance-guided reconfiguration of wireless sensor networks that use binary data for target localization[C]. International Conference on Information Technology：New Generations. IEEE，2006：562-565.

[48] Ercan A O，Yang D B，El Gamal A，et al. Optimal placement and selection of camera network nodes for target localization[C]. International Conference on Distributed Computing in Sensor Systems. Springer Berlin Heidelberg，2006：389-404.

[49] Yu L G，Yuan L，Qu G，et al. Energy-driven detection scheme with guaranteed accuracy[C]. International conference on Information processing in sensor networks. IEEE，2006：284-291.

[50] Ren W. A rapid acquisition algorithm of WSN-aided GPS location[C]. 2nd International Symposium on Intelligent Information Technology and Security Informatics. IEEE Compater Society，2009：42-46.

[51] Tufail A，Khayam S A，Ali A，et al. On the reliability of backbone-assisted end-to-end transmissions in WSNs[C]. International Conference on Ubiquitous and Future Networks. IEEE，2009：22-27.

[52] Sheu J P，Hu W K，Lin J C. Distributed localization scheme for mobile sensor networks[J]. IEEE Transactions on Mobile Computing，2010，9(4)：516-526.

[53] Menegatti E，Zanella A，Zilli S，et al. Range-only SLAM with a mobile robot and a wireless sensor networks[C]. IEEE International Conference on Robotics and Automation. IEEE，2009：1699-1705.

[54] Mendoza M L，Silva V H Z. Evaluation of self-organization architecture for special WSN using

geometrical arrays of nodes[C]. International Conference on Computational Intelligence，Communication Systems and Networks. IEEE，2009：137-142.

[55] Xiao W，Xie L，Lin J，et al. Multi-sensor scheduling for reliable target tracking in wireless sensor networks[C]. International Conference on ITS Telecommunications Proceedings. IEEE，2007：996-1000.

[56] Mehta P，Chander D，Shahim M，et al. Distributed detection for landslide prediction using wireless sensor network[C]. Global Information Infrastructure Symposium，2007. GIIS 2007. 1st International IEEE，2007：195-198.

[57] da Cunha A B，de Almeida B R，da SilvaJr D Ó C. Remaining capacity measurement and analysis of alkaline batteries for wireless sensor nodes[J]. IEEE Transactions on Instrumentation and Measurement，2009，58(6)：1816-1822.

[58] Quek T Q S，Win M Z，Dardari D. Energy efficiency of cooperative dense wireless sensor networks[C]. Proceedings of the 2006 International Conference on Wireless Communications and Mobile Computing. ACM，2006：1323-1329.

[59] 吴成东，孟伟，纪鹏，等. 基于无线传感器网络的森林火灾模型参数估计[J]. 东北大学学报（自然科学版），2009，30(1)：21-25.

[60] Yang J，Huang D. Communication mechanism & correlation steps of integrating of WSN and grid[C]. IEEE International Conference on Control and Automation. IEEE Xplore，2007：250-255.

[61] Liu J，Chu M，Reich J E. Multitarget tracking in distributed sensor networks[J]. IEEE Signal Processing Magazine，2007，24(3)：36-46.

[62] Lee S M，Cha H. A locating mechanism for multiple mobile nodes in wireless sensor networks[C]. IEEE International Conference on Embedded and Real-Time Computing Systems and Applications. IEEE Compute Society，2005：273-276.

[63] 申兴发. 基于无线传感器网络的分布式定位跟踪系统[D]. 杭州：浙江大学博士学位论文，2007.

[64] Zhang P，Sadler C M，Lyon S A，et al. Hardware design experiences in ZebraNet[C]. Proceedings of the 2nd ACM Conference on Embedded Networked Sensor Systems. ACM，2004：227-238.

[65] Butler Z，Corke P，Peterson R，et al. Virtual fences for controlling cows[C]. IEEE International Conference on Robotics and Automation，2004. Proceedings. ICRA. ICRA. IEEE，2006，5：4429-4436.

[66] Srivastava M，Muntz R，Potkonjak M. Smart kindergarten：sensor-based wireless networks for smart developmental problem-solving environments[C]. Proceedings of the 7th Annual International Conference on Mobile Computing and Networking. ACM，2001：132-138.

[67] He T，Vicaire P，Yan T，et al. Achieving long-term surveillance in vigilnet[R]. Proceedings of the International Conference on Computer Communications，2006，5(1)：1-12.

[68] Simon G，Maróti M，Lédeczi Á，et al. Sensor network-based countersniper system[C]. Proceedings of the 2nd international conference on Embedded networked sensor systems. ACM，2004：1-12.

[69] Sharp C，Schaffert S，Woo A，et al. Design and implementation of a sensor network system for vehicle tracking and autonomous interception[C]. Proceedings of the 2th European Worksshop on Wireless Sensor networks，2005：93-107.

[70] Kaplan L M. Transmission range control during autonomous node selection for wireless sensor networks[C]. Aerospace Conference，2004. Proceedings. IEEE，2004，3：2072-2087.

[71] Oh S，Russell S，Sastry S. Markov chain Monte Carlo data association for general multiple-target tracking problems[C]. Decision and Control，2004. CDC. 43rd IEEE Conference on. IEEE，2004，1：735-742.

[72] Sandell N F，Olfati-Saber R. Distributed data association for multi-target tracking in sensor networks[C]. IEEE Conference on Decision and Control. IEEE，2008:1085-1090.

[73] Lee Y W. Development of the multi-target tracking scheme using particle filter[C].International Symposium on Neural Networks. Springer Berlin Heidelberg，2007：1192-1201.

[74] Kalandros M. Covariance control for multisensor systems[J]. IEEE Transactions on Aerospace and Electronic Systems，2002，38(4)：1138-1157.

[75] 刘先省，周林，杜晓玉. 基于目标权重和信息增量的传感器管理方法[J]. 电子学报，2005，33(9)：1683-1687.

[76] Nash J M. Optimal allocation of tracking resources[C]. Decision and Control including the 16th Symposium on Adaptive Processes and A Special Symposium on Fuzzy Set Theory and Applications，1977 IEEE Conference on. IEEE，1977，16：1177-1180.

[77] Ertin E，Fisher J W，Potter L C. Maximum mutual information principle for dynamic sensor query problems[C]. Proceedings of the 2nd International Workshop on Information processing in sensor networks. Springer Berlin Heidelberg，2003：56-58.

[78] 刘梅，李海昊，沈毅. 无线传感器网络空中目标跟踪任务分配技术的研究[J]. 宇航学报，2007，28(4)：960-965.

[79] Park H，Srivastava M B. Energy-efficient task assignment framework for wireless sensor networks[J]. Center for Embedded Network Sensing，2003.

[80] Krishnamachari B，Wicker SB，Béjar R，et al. On the complexity of distributed self-configuration in wireless networks [J]. Telecommunication Systems，2003，22(1)：33-59.

[81] Kang H，Li X. Power-aware sensor selection in wireless sensor networks[C].Proceedings of the 5th International Conference on Information Processing in Sensor Networks(IPSN)，2006.

[82] 陈国龙，郭文忠，陈羽中. 无线传感器网络任务分配动态联盟模型与算法研究[J]. 通信学报，2009，30(11)：48-55.

[83] 沈艳，郭兵，丁杰雄，等. 无线传感器网络节能动态任务分配[J]. 四川大学学报，2008，40(4)：143-147.

[84] Zoghi M R，Kahaei M H. Sensor selection for target tracking in WSN using modified INS algorithm[C]. International Conference on Information and Communication Technologies：From Theory to Applications. IEEE，2008：1-6.

[85] 杨万海. 多传感器数据融合及其应用[M]. 西安：西安电子科技大学出版社，2004.

[86] Rajagopalan R，Varshney P K. Data aggregation techniques in sensor networks[J]. IEEE Communications Surveys & Tutorials，2006，8(4)：48-63.

[87] 郑勇，杨志义，李志刚. 基于无线传感器网络的网内数据融合[J]. 计算机应用研究，2006，23(4)：243-245.

[88] Chu M，Mitter S，Zhao F. Distributed multiple target tracking and data association in ad hoc sensor networks[J]. Information Fusion，2003. Proceedings of the 6th International Conference of. IEEE，2003，1(8)：447-454.

[89] Ihler A T. Inference in sensor networks：Graphical models and particle methods [D]. Massachusetts Institute of Technology，2005.

[90] 何友. 多传感器信息融合及应用[M]. 2 版. 北京：电子工业出版社，2010.

[91] Abdel-Aziz A M. An all-neighbor fuzzy association approach in multisensor-multitarget tracking systems[C]. Arabic：Radio Science Conference，2004. NRSC2004. Proceedings of the Twenty-First National. IEEE，2004：C6-1-7.

[92] 孔凡天. 无线传感器网络节点定位与数据融合技术研究及实现[D]. 武汉：华中科技大学博士学位论文，2006.

[93] 王萍，杨培龙，罗颖听. 统计模式识别[M]. 北京：电子工业出版社，2004.

[94] 吴喜之. 非参数统计[M]. 北京：中国统计出版社，1999.

[95] 牛君. 基于非参数密度估计点样本分析建模的应用研究[D]. 济南：山东大学博士学位论文，2007.

[96] Ahmed M，Elgamma L. Effieient nonparametric kemel density estimation for real time computer vision[D]. Maryland：University of Maryland，2002.

[97] 贾静平，张飞舟，柴艳妹. 基于核密度估计尺度空间的目标跟踪算法[J]. 清华大学学报（自然科学版），2009，(4)：595-598.

[98] 孙志海，张桦，武二永，等. 非参数核密度估计视频目标空域定位技术研究[J]. 光电工程 2010，37(8)：12-18.

[99] 曹玉苹，田学民. 基于信息散度的过程故障检测与诊断[J]. 浙江大学学报（工学版），2010，44(7)：1315-1320.

[100] 高歌，王艾丽，曹晓韵. 非参数逐步判别分析在脑中风分类诊断中的应用[J]. 数理统计与管理，2004，23(5)：48.

[101] 匡兴红. 无线传感器网络中定位跟踪技术的研究[D]. 上海：上海交通大学博士学位论文，2008.

[102] Haug A J. A tutorial on Bayesian estimation and tracking techniques applicable to nonlinear and non-Gaussian processes[J]. MITRE Corporation，McLean，2005.

[103] Lee Y W. Development of the multi-target tracking scheme using particle filter[C]. International Symposium on Neural Networks. Springer Berlin Heidelberg，2007：1192-1201.

[104] Crisan D，Doucet A. A survey of convergence results on particle filtering methods for practitioners[J]. IEEE Transactions on signal processing，2002，5(3)：736-746.

[105] Celebi M B，Kara A，Akar B，et al. A new approach to threat tracking on ESM systems by using Kalman filters[C]. Signal Processing and Communications Applications Conference，2009. SIU 2009. IEEE 17th. IEEE，2009：173-176.

[106] Spanos D P，Olfati-Saber R，Murray R M. Approximate distributed Kalman filtering in sensor networks with quantifiable performance[C]. International Symposium on Information Processing in Sensor Networks. IEEE，2005：18.

[107] Doucet A. On Sequential simulation-based methods for Bayesian filtering[J]. Dept of Engineering University of Cambridge，1998.

[108] Bar-ShalomY，Li X R，Kirubarajan T. Estimation with Applications to Tracking and Navigation：Theory algorithms and software[M]. NewYork：John Wiley & Sons，2004.

[109] Binazzi G，Chisci L，Chiti F，et al. Localization of a swarm of mobile agents via unscented Kalman filtering[C]. IEEE International Conference on Communications. IEEEE，2009：1-5.

[110] Arulampalam M S，Maskell S，Gordon N，et al. A tutorial on particle filters for online nonlinear/non-Gaussian Bayesian tracking[J]. IEEE Transactions on signal Processing，2002，50(2)：174-188.

[111] Liu J S，Chen R. Sequential Monte Carlo methods for dynamic system[J]. Journal of the American Statistical Association，1998，93(443)：1032-1044.

[112] Gordon N J，Salmond D J，Smith A F M. Novel approach to nonlinear/non Gaussian Bayesianstate estimation[J]. IEEE Proceedings-F Radar and Signal Processing，1993，140(2)：107-113.

[113] Fujimoto M，Nakmura S. Particle filter based non-stationary noise tracking for robust speech recognition[C]. IEEE International Conference on Acoustics，2005，1：257-260.

[114] Orton M，Fitzgerald W. A Bayesian approach to tracking multiple targets using sensor arrays and particle filters[J]. IEEE Transactions on Signal Processing，2002，50(2)：216-223.

[115] Andrieu C，Doucet A，Singh S S，et al. Particle methods for change detection，system identification，

and control[J]. Proceedings of the IEEE，2004，92(3)：423-438.

[116] Tang Q，Huang J G，Yang X D，et al. A novel passive tracking algorithm using sensor-array based on particle filter[J]. Journal of Astronautics，2007，28(2)：375-379.

[117] Baziw E. Real-time seismic signal enhancement utilizing a hybrid Rao-Blackwellized particle filter and hidden Markov model filter[J]. IEEE Geoscience and Remote Sensing Letters，2005，2(4)：418-422.

[118] 程水英，张剑云. 裂变自举粒子滤波[J]. 电子学报，2008，36(3)：500-504.

[119] Chu M，Mitter S，Zhao F. Distributed multiple target tracking and data association in ad hoc sensor networks[J]. Information Fusion，Sixth International Conference of，2003，1(8)：447-454.

[120] Zheng H，Farooq M，Main R R. Multitarget tracking algorithm performance evaluation[C]. AeroSense'99. International Society for Optics and Photonics，1999：300-310.

[121] Heinzelman W B，Chandrakasan A P，Balakrishnan H. An application-specific protocol architecture for wireless microsensor networks[J]. IEEE Transactions on wireless communications，2002，1(4)：660-670.

[122] Instruments T. CC2430：A true system-on-chip solution for 2.4 GHz IEEE 802.15. 4/ZigBee[EB/OL]. http：//www.ti.com/lit/gpn/cc2430[2016-11-08].

[123] da Cunha A B，de Almeida B R，da SilvaJr D Ó C. Remaining capacity measurement and analysis of alkaline batteries for wireless sensor nodes[J]. IEEE Transactions on Instrumentation and Measurement，2009，58(6)：1816-1822.

[124] Colegrove S B，Davcy S J，Cheung B. A tracker assessment tool for comparing tracker performance[R]. Scientific&Technical Report published by DSTO Information Science Laboratory，2005. Australia：DSTO Information Science Laboratory，2005.

[125] Colegrove S，Cheung B，Davey S . Tracking System Performance Assessment[C]. Proceedings of the 6th International Conference on Information Fusion. Cairns，Australia，2003，33(4)：926-933.

[126] Nizam M，Mohamed A，Hussain A. Dynamic voltage collapse prediction in power systems using support vector regression[J]. Expert Systems with Applications，2010，37(5)：3730-3736.

[127] Vanneschi L，Gustafson S.Using crossover based similarity measure to improve genetic programming generalization ability[C]. Proceedings of 11th Annual Genetic and Evolutionary Computation Conference on Genetic and Evolutionary Computation. ACM，2009：1139-1146.

[128] Cherkassky V.，Ma Y. Another look at statistical learning theory and regularization[J]. Neural Networks，2009，22(7)：958-969.

[129] Jayadeva K R，Chandra S. Regularized least squares support vector regression for the simultaneous learning of a function and its derivatives[J]. Information Sciences，2008，178(17)：3402-3414.

[130] Chuang C C，Jeng J T，Chan M L. Robust least squares-support vector machines for regression with outliers[C]. Proceedings of IEEE International Conference on Fuzzy Systems，2008：312-317.

[131] Khemchandani R，Jayadeva C S. Regularized least squares fuzzy support vector regression for financial time series forecasting[J]. Expert Systems with Applications，2009，36(1)：132-138.

[132] Khawaja T S，Georgoulas G，Vachtsevanos G. An efficient novelty detector for online fault diagnosis based on least squares support vector machines[C]. Auto testcon，2008：202-207.

[133] 王建刚，王福豹，段渭军. 加权最小二乘估计在无线传感器网络定位中的应用[J]. 计算机应用研究，2006，23(9)：41-43.

[134] 邓乃扬，田英杰. 数据挖掘中的新方法——支持向量机[M]. 北京：科学出版社，2004.

[135] 杨钟瑾. 核函数支持向量机[J]. 计算机工程与应用，2008，44(33)：1-6.

[136] Tateishi K，Ikegami T. Decision experiment of attenuation constant during location estimation in RSSI[C]. Ninth International Conference on Parallel and Distributed Computing，Applications and Technologies.

IEEE，2008：431-436.

[137] 张玉国，方赵郭. 基于 RSSI 测距分析[J]. 传感技术学报，2007，20(11)：2526-2530.

[138] Chuang C C，Jeng J T，Chan M L. Robust least squares-support vector machines for regression with outliers[C]. Proceedings of International Conference on Convergence Information Technology，2007：1213-1218.

[139] 刘桂雄，张晓平，周松斌. 基于最小二乘支持向量回归机的无线传感器网络目标定位法[J]. 光学精密工程，2009，17(7)：1777-1784.

[140] 张晓平，刘桂雄，何学文. 消除 WSN 目标功率变化影响的信号强度差 LSSVR 定位方法[J]. 哈尔滨工程大学学报，2009，30(12)：1-6.

[141] 刘桂雄，张晓平，周松斌. 一种无线传感器网络目标定位与跟踪方法[P]. 中国，CN101393260.2008.

[142] Phan A H，Cichocki A. Local learning rules for nonnegative Tucker decomposition[C]. International Conference on Neural Information. Processing. Springer Berlin Heidelberg，2009：538-545.

[143] Zeng H，Cheung Y M. Kernel learning for local learning based clustering[C]. International Conference on Artificial Neural Networks. Springer Berlin Heidelberg，2009：10-19.

[144] Modares H，Alfi A，Fateh M M. Parameter identification of chaotic dynamic systems through an improved particle swarm optimization[J]. Expert Systems with Applications，2010，37(5)：3714-3720.

[145] Sakthivel V P，Bhuvaneswari R，Subramanian S. Multi-objective parameter estimation of induction motor using particle swarm optimization[J]. Engineering Applications of Artificial Intelligence，2010，23(3)：302-312.

[146] Lin T L，Horng S J，Kao T W，et al. An efficient job-shop scheduling algorithm based on particle swarm optimization[J]. Expert Systems with Applications，2010，37(3)：2629-2636.

[147] Choi S，Cha H，Cho S C. A soc-based sensor node：Evaluation of retos-enabled cc2430[C]. Sensor，Mesh and Ad Hoc Communications and Networks，2007. SECON'07，4th Annual IEEE Communications Society Conference on. IEEE，2007，132-141.

[148] 于浩，陈雄，苏鸿明. 基于能量的无线传感器网络目标定位[J]. 系统仿真技术，2007，3(1)：15-19.

[149] 张晓平，刘桂雄. 基于二次多项式运动建模的 WSN 目标跟踪预测[J]. 暨南大学学报（自然科学版），2009，30(5)：474-478.

[150] Bayard D，Schumitzky A. Implicit dual control based on particle filtering and forward dynamic programming[J]. International Journal of Adaptive Control and Signal Processing，2010，24(3)：155-177.

[151] Nasrellah H A，Manohar C S. A particle filtering approach for structural system identification in vehicle-structure interaction problems[J]. Journal of Sound and Vibration，2010，329(9)：1289-1309.

[152] 黄奕微，张晓平，刘桂雄，等. 粒子滤波实现无线传感器网络目标跟踪预测[J]. 计算机测量与控制，2010，18(4)：930-932.

[153] 刘桂雄，张晓平，刘波. 一种基于自适应预测的无线传感器网络目标跟踪方法[P]. 中国，CN101458325.2009.

[154] 王丽芳，陈蒋. 无线传感器网络仿真平台能耗模型研究[J]. 计算机仿真，2009，26(5)：162-164.

[155] Kronewitter F D. Dynamic Huffman addressing in wireless sensor networks based on the energy map[C]. Military Communications Conference，2008. Milcom. IEEE. 2008：1-6.

[156] Hammoodi I S，Stewart B G，Kocian A. A comprehensive performance study of OPNET modeler for ZigBee wireless sensor networks[C]. 3rd International Conference on Next Generation Mobile Applications，Services and Technologies. IEEE Computer Society，2009：357-362.

[157] Hasan M S，Yu H，Carrington A. Co-simulation of wireless networked control systems over mobile ad hoc network using SIMULINK and OPNET[J]. IET Communications，2009，3(8)：1297-1310.

[158] 蒋长锦. 线性代数计算方法[M]. 合肥：中国科学技术大学出版社，2003.

[159] Duarte R，Neto H，Véstias M. Double-precision Gauss-Jordan algorithm with partial pivoting on FPGAs[C]. Euromicro Conference on Digital System Design：Architectures，Methods and Tools. IEEE，2009：273-280.

[160] Shang L，Petiton S，Hugues M. A new parallel paradigm for block-based Gauss-Jordan algorithm[C]. 8th International Conference on Grid and Cooperative Computing. IEEE Computer Society，2009：193-200.

[161] Shams S. Neural network optimization for multi-target multi-sensor passive tracking [J]. Proceedings of the IEEE，1996，84(10)：1442-1457.

[162] 刘美，黄道平. 无线传感器网络中目标跟踪的马尔可夫模型与预测方法[J]. 传感技术学报，2010，23(5)：708-712.

[163] 刘美，黄道平. WSN 中传感器节点的弹性神经网络任务分配方法[J]. 华南理工大学学报（自然科学版），2010，38(6)：66-72.

[164] 赵莉萍. MEM 模型在多传感器多目标无源定位与跟踪中的应用[J]. 华东理工大学学报（自然科学版），2001，27(5)：527-532.

[165] Wang B，He Z. Distributed optimization over wireless sensor networks using swarm intelligence[C]. IEEE International Symposium on Circuits and Systems. IEEE，2007：2502-2505.

[166] 于剑，程乾生. 模糊聚类方法中的最佳聚类数的搜索范围[J]. 中国科学（E 辑），2002，4(2)：274-280.

[167] 谢宇，程维明. 一种基于类间距阈值的模糊聚类算法[J]. 计算机应用与软件，2008，25(9)：248-249.

[168] Fan L，Wang H，Wang H. A solution of multi-target tracking based on FCM algorithm in WSN[C]. IEEE International Conference on Pervasive Computing and Communications Workshops. IEEE，2006：290-294.

[169] Kennedy J，Eberhart R. Particle swarm optimization[C]. IEEE International Conference on Neural Networks，1995. Proceedings. IEEE，2002，4(8)：1942-1948.

[170] Liu M，Huang D P. Node task allocation based on PSO in WSN multi-target tracking[J]. Advances in Information Sciences and Service Sciences，2010，25(2)：48-49.

[171] Tseng Y C，Kuo S P，Lee Hung-Wei，et al. Location tracking in a wireless sensor network by mobile agents and its data fusion strategies[J]. The Computer Journal，2004，47(4)：448-460.

[172] Sudderth E B，Ihler A T，Freeman W T，et al. Nonparametric belief propagation[J]. Communications of the ACM，2010，53(10)：95-103.

[173] Li Y，Cai W，Tian G，et al. Loss tomography in wireless sensor network using Gibbs sampling[C]. European Conference on Wireless Sensor Networks. Springer Berlin Heidelberg，2007：150-162.

[174] Ihler A T，Fisher J W，Moses R L，et al. Nonparametric belief propagation for sensor self-calibration[C]. IEEE International Conference on Acoustics，Speech，and Signal Processing，2004. Proceedings. IEEE，2004，3：861-864.

[175] Sudderth E B，Mandel M I，Freeman W T. Visual hand tracking using nonparametric belief propagation[C]. Conference on Computer Vision and Pattern Recognition Workshop. IEEE，2004：189.

[176] Han T X，Ning H Z，Huang T S. Efficient nonparametric belief propagation with application to articulated body tracking [C]. Proceedings of the 2006 IEEE Computer Society Conference on Computer Vision and Pattern Recognition. IEEE，2006，1：214-221.

[177] Liu J S，Sabatti C. Generalised Gibbs sampler and multigrid Monte Carlo for Bayesian computation[J]. Biometrika，2000，87(2)：353-369.

[178] Tatikonda S C，Jordan M I. Loopy belief propagation and Gibbs measures[C]. Proceedings of the Eighteenth conference on Uncertainty in artificial intelligence. Morgan Kaufmann Publishers Inc，2002：

493-500.

[179] Lauritzen S L. Graphical Models[M]. Oxford：Oxford University Press，1996.

[180] Trivedi N，Balakrishnan N. Graphical models for distributed inference in wireless sensor networks[C]. Third lnternational Conference on Sensor Technologies and Applications. IEEE，2009：596-603.

[181] 李刚. 知识发现的图模型方法[D]. 北京：中国科学院软件研究所博士学位论文，2001.

[182] Oh S，Russell S，Sastry S. Markov chain Monte Carlo data association for general multiple-target tracking problems[C]. 43rd IEEE Conference on Decision and Control.IEEE，2004，1：735-742.

[183] Delouille V，Neelamani R N，Baraniuk R G. Robust distributed estimation using the embedded subgraphs algorithm[J]. IEEE Transactions on Signal Processing，2006，54(8)：2998-3010.

[184] MacKay D J C. Introduction to Monte Carlo Methods[M]//Jordan M I. Learning in Graphical Models. Kluwer Academic Publishers，1998：175-204.

[185] Thrun S，Langford J，Fox D. Monte Carlo HMMs[J]. International Conference on Machine Learning，1999：415-424.

[186] Wainwright M J，Jordan M I. Graphical models，exponential families，and variational inference[J]. Dept of Statistics，2003，1(1-2)：1-305.

[187] Willsky A S. Multiresolution Markov models for signal and image processing[J]. Proceedings of the IEEE，2002，90(8)：1396-1458.

[188] 程水英，张剑云. 粒子滤波评述[J]. 宇航学报，2008，29(4)：1009-1111.

[189] Chen Z，Haykin S. On different facets of regularization theory[J]. Neural Compution，2002，14(12)：2791-2846.

[190] LAN/MAN Standards Committee of the IEEE Computer Society. Wireless Medium Access Control (MAC) and Physical Layer (PHY). Specifications for Low-Rate Wireless Personal Area Networks (LR-WPANs) [M]. New York：The Institute of Electrical and Electronics Engineers Inc.，2003.

[191] Rajbharti N. Microchip Stack for the ZigBee™ Protocol[M]. Arizona：Microchip Technology Inc.，2004.

[192] Dang G，Sahinoglu Z，Orlik P，et al. Tree-Based Data Broadcast in IEEE 802.15.4 and ZigBee Networks[J]. IEEE Transactions on Mobile Computing，2006，5(11)：1561-1574.

[193] TI Corporate. Low-Power RF Selection Guide[Z]. 2006.

[194] 斯凯科技[EB/OL]. http: //www.armsky.net/Index.html[2016-10-28].

[195] 维基百科. 硫化氢[EB/OL]. http: //zh.wikipedia.org/zh-cn/%E7%A1%AB%E5%8C%96%E6%B0%AB [2016-10-28].

[196] CCTV. 共同关注. http: //news.cctv.com/china/20090822/103895.shtml[2016-10-28].

[197] 新华网. 四川彭山县一企业发生中毒事故造成 2 死 6 伤[EB/OL]. http: //news.sohu.com/20100110/ n269477005. shtml [2010-01-10].

[198] 朱燕群，刘克俭. 石油加工行业中硫化氢的危害性及安全对策分析[J]. 职业与健康，2006，22(16)：1248-1251.

[199] 童燕. 化工企业泄漏的检测与防治措施[J]. 浙江化工，2008，39(4)：26-30.

[200] GB 50493-2009. 石油化工企业可燃气体检测报警设计规范[S].